「学校における働き方改革」の先進事例と改革モデルの提案

- 学校・教師の業務
- 教育課程実施体制
- 生徒指導実施体制
- 学校運営・事務体制

藤原 文雄 [編著]
（国立教育政策研究所）

生田 淳一	福岡教育大学	谷 明美	勝浦町立横瀬小学校
内田 良	名古屋大学	大天 真由美	美咲町立加美小学校
押田 貴久	兵庫教育大学	露口 健司	愛媛大学
柏木 智子	立命館大学	二宮 伸司	国立教育政策研究所
川口 有美子	公立鳥取環境大学	日渡 円	兵庫教育大学
神林 寿幸	明星大学	福本 みちよ	東京学芸大学
久我 直人	鳴門教育大学	藤平 敦	国立教育政策研究所
坂下 充輝	札幌市立北野平小学校	宮古 紀宏	国立教育政策研究所
佐久間邦友	日本大学	本山 敬祐	東北女子大学
志々田まなみ	国立教育政策研究所	山下 絢	日本女子大学
諏訪 英広	兵庫教育大学	脇本 健弘	横浜国立大学
妹尾 昌俊	教育研究家、学校業務改善アドバイザー（文部科学省委嘱）		

学事出版

はじめに

　教職員が自分の人生も大切にしつつ，プロフェッショナルらしく働ける学校環境を作りたい。

　2017（平成29）年4月に公表された文部科学省「教員勤務実態調査（平成28年度）」は，教師の1日当たりの学内勤務時間（平日）が長時間に及んでいること，しかも，10年前と比較して学内勤務時間（平日）が増加していること，さらに，過労死ライン（それを超えると労災が認定されやすい基準）とされる月当たり時間外勤務80時間を超える教師の割合が中学校で6割，小学校でも3割に達していることを明らかにしました。調査公表時に松野博一文部科学大臣（当時）が記者会見時にコメントしたとおり，日本の教師の勤務実態は「看過できない深刻な事態」にあることは，もはや，誰の目にも明らかです。

　この勤務実態調査を踏まえ，松野博一文部科学大臣（当時）は，2017（平成29）年6月23日に，中央教育審議会に対し「新しい時代の教育に向けた持続可能な学校指導・運営体制の構築のための学校における働き方改革に関する総合的な方策について」諮問しました。それを受け，学校における働き方改革特別部会が設置され審議が進められています。2017（平成29）年12月22日には特別部会での審議を踏まえ，「中間まとめ」が中央教育審議会でとりまとめられ，林芳正文部科学大臣（当時）に提出されました。同「中間まとめ」は，「世界的にも評価が高い，我が国の教師が児童生徒に対して総合的な指導を担う『日本型学校教育』の良さを維持し，新学習指導要領を着実に実施することで，質の高い学校教育を持続発展させるためには，政府の動向も踏まえつつ，教師の業務負担の軽減を図ることが喫緊の課題である」と指摘しています。

　今日，学校における働き方改革には高い関心が寄せられています。学校における働き方改革に関する取組は各地で広がり，ノウハウ本も刊行されるに至っています。本書の執筆者の多くも各地の学校や教育委員会において，学校における働き方改革の取組にコンサルタント（助言者）として参画しています。こうした学校における働き方改革ブームはかつてから学校における働き方改革に関心を持ってきた筆者たちにとって，喜ばしいことです。

　他方，この学校における働き方改革が業務改善等の工夫を伴わない勤務時間管理の徹底に矮小化（わいしょう）されることによって，かえって教職員のモチベーションの低下やプロフェッショナルな教師としてのアイデンティティの崩壊につながってしまう危険性を憂慮しています。また，目指す学校や教師のあるべき姿についての検討を欠いたままあまりにも機械的に学校における働き方改革が進められれば，割り切り過ぎた教職員を生み出し公教育の質が低下してしまうといった危険性などについても筆者たちは危惧しています。学校における働き方改革の目指す学校や教師のあるべき姿，改革を進める上での検討課題についての深い理解がなければ，熱意はあっても残念な結果を引き起こす危険性があるのです。

　この点に関わって，中央教育審議会「学校における働き方改革特別部会」がとりまとめた「中間まとめ」も，「勤務時間管理は，働き方改革の『手段』であって『目的』ではない。勤務時間の把握を形式的に行うことが目的化し，真に必要な教育活動をおろそかにしたり，虚偽の記録を残す，又は残させたりすることがあってはならない。このため，国，教育委員会等は，勤務時間の把握の

徹底と併せて、その分析を行い、業務の削減や勤務環境の整備を進めなければならないと自覚し、必要な取組を実施すべきである」と述べていますが、まさに重要な指摘です。

今般、進められている学校における働き方改革は、教師が児童生徒に対して総合的な指導を担う「日本型学校教育」の良さを維持しつつ、その枠内で教師がよりプロフェッショナルとしての働き方ができるよう、業務の質的転換を図り、「限られた時間の中で、教師の専門性を生かしつつ、児童生徒に接する時間を十分確保し、教師の日々の生活の質や教職人生を豊かにすることで、教師の人間性を高め、児童生徒に真に必要な総合的な指導を持続的に行うことのできる状況を作り出す」ことが狙いです。

もちろん、今後とも、勤務時間内外を問わず、子供や授業のことを考え続ける教師像は理想であるべきでしょう。しかし、子供のために頑張りすぎて先生が疲弊するようでは子供のためにはなりません。自分の人生も大切にしつつ、プロフェッショナルらしく働く教職員であって欲しいと思います。そのためにも、業務の質的転換や教師をはじめ多様な教職員の専門性や高度情報技術（ICT/AI）を生かしたスマートな（賢い）学校運営組織の構築が必要なのです。

本書は、読者の皆さんが、学校における働き方改革の目指す学校や教師のあるべき姿、改革を進める上での検討課題について深く考えられるよう工夫しつつ、全国の学校における働き方改革の先進事例を執筆者固有の視点から紹介したものです。実践事例だけでもなく、概念や客観的証拠（エビデンス）だけでもなく、実践を概念や客観的証拠（エビデンス）を使いつつ紹介しているのが本書の特徴です。

なお、本書では執筆者に自由にご自身の考えを記述していただいています。そのため、本書の意見に関する部分はそれぞれの執筆者独自の見解であり、必ずしも文部科学省や国立教育政策研究所の意見を反映したものではないということにはご留意いただければと存じます。また、学校における働き方改革特別部会は、2018（平成30）年度内に答申をとりまとめる予定です。本書は「中間まとめ」以降の中央教育審議会の審議動向を反映したものではないことをお伝えしておきます。

本書は、好評を博している『世界の学校と教職員の働き方―米・英・仏・独・中・韓との比較から考える日本の教職員の働き方改革』（学事出版、2018年）の姉妹本です。学校における働き方改革特別部会がとりまとめた「中間まとめ」は、諸外国の学校及び教師が担う業務や地域での取組などを参照しつつ、学校及び教師が担う業務の明確化・適正化について具体的な業務に踏み込んで検討し、これまで学校・教師が担ってきた代表的な業務の在り方について、①基本的には学校以外が担うべき業務、②学校の業務だが、必ずしも教師が担う必要のない業務、③教師の業務だが負担軽減が可能な業務の、いずれかに変更可能か否かを検討しました。その際に一つの参照資料として活用されたのが、諸外国の学校及び教師が担う業務を比較調査した国立教育政策研究所（2017）です。この調査を踏まえ、さらに教育課程や生徒指導など領域別に諸外国の学校及び教師の業務を比較調査したのが同書です。学校における働き方改革を進める上でのアイデアが豊富に掲載されています。こちらも併せてご一読いただければと存じます。

本書が、教職員が自分の人生も大切にしつつ、プロフェッショナルらしく働ける学校環境づくりに少しでも貢献できることを願っています。

編著者　藤原文雄

目　次

はじめに ……………………………………………………………………………………… 3
プロローグ―プロフェッショナルな教師の働き方とスマートな学校運営組織を目指して
　　1．「二兎を追う学校づくり政策」 ………………………………………………… 11
　　2．『チームとしての学校の在り方と今後の改善方策について（答申）』 ……… 13
　　3．文部科学省「教員勤務実態調査（平成28年度）」 …………………………… 14
　　4．『新しい時代の教育に向けた持続可能な学校指導・運営体制の構築のための学校に
　　　　おける働き方改革に関する総合的な方策について（中間まとめ）』 ……… 15
　　5．日本の「働き方改革」の先進事例―「二兎を追う学校づくり政策」の最先端 ……… 16

第1部　学校・教師の業務
　ガイダンス　学校・教師の業務の見直しの意義 …………………………………… 20
　第1章　持続可能な部活動を構想する ……………………………………………… 21
　【提案】部活動を「仕分け」する
　　1．部活動の位置づけ ………………………………………………………………… 21
　　2．制度設計なき部活動の悲劇 ……………………………………………………… 23
　　3．制度設計なき部活動の過熱 ……………………………………………………… 25
　　4．部活動を持続可能に ……………………………………………………………… 27
　第2章　小・中学校運営体制の改革 ………………………………………………… 30
　【提案】「シフト制」を導入する
　　1．ケアと業務負担 …………………………………………………………………… 30
　　2．多部制高校の事例 ………………………………………………………………… 31
　　3．事例からの提案 …………………………………………………………………… 34
　第3章　コミュニティ・スクールにおける学校支援活動の活性化と教員の勤務負担軽減 …… 38
　【提案】コミュニティ・スクールを生かす
　　1．コミュニティ・スクールに対する期待と懸念 ………………………………… 38
　　2．岡山県矢掛町立矢掛小学校の事例 ……………………………………………… 39
　　3．山口県宇部市立上宇部中学校の事例 …………………………………………… 42
　　4．CSの導入による教職員の勤務負担軽減に関する示唆 ……………………… 44
　第4章　官民協働による不登校児童生徒への支援に向けて教育行政職員に求められる働き方 ‥ 46
　【提案】フリースクール等と連携し多様なニーズに応答する
　　　はじめに …………………………………………………………………………… 46
　　1．教育行政文書から見るフリースクール等との協働 …………………………… 47
　　2．京都府教育委員会によるフリースクール認定制度 …………………………… 48
　　　おわりに …………………………………………………………………………… 53
　　コラム1　地域学校協働活動による教師の働き方改革の可能性
　　　　　　　～茨城県牛久市放課後対策課の取組～ ……………………………… 54

第2部　教育課程実施体制
　ガイダンス　教育課程実施体制の見直しの意義 …………………………………… 58

第1章　プロフェッショナルとしての働き方改革 ……… 59
【提案】高度情報技術（ICT/AI）を活用する
1．何が問題か？ ……… 59
2．どのように対応しているのか？ ……… 61
3．プロフェッショナルとしての働き方改革 ……… 61
4．働き方改革の成果指標 ……… 62
5．高度情報技術（ICT/AI）を活用した働き方改革 ……… 64

第2章　新しい学習指導要領と教職員の働き方改革 ……… 67
【提案】教員の資質・能力向上のための仕組みを作る
1．新しい学習指導要領と教員の働き方改革 ……… 67
2．小学校外国語教育の導入に向けた文部科学省の取組 ……… 68
3．教育委員会・学校における取組〜宮崎県宮崎市を事例に〜 ……… 70
4．働き方改革と全教職員の英語指導力の向上を目指して ……… 73

第3章　学校教育目標実現に貢献する「つかさどる」学校事務職員の働き方 ……… 74
【提案】学校事務職員の調整機能を生かす
はじめに ……… 74
1．平成27年度の加美小学校の現状 ……… 74
2．教師業務アシスタントのマネジメント担当として ……… 74
3．地域学校協働活動の地域連携担当として ……… 78
4．学校教育目標実現のための事務職員の関わり〜カリキュラム・マネジメントへの視点で ……… 79
5．取組の成果と課題 ……… 82

第4章　学習塾のノウハウを公立学校に取り入れることにより教員はどう変わるのか ……… 84
【提案】塾を生かして仕事の質を上げる
1．はじめに―学校の学習塾へのアレルギー ……… 84
2．公教育と学習塾の接近―学校外教育への公費投入 ……… 85
3．学校と連携・協働する学習塾のはじまり ……… 86
4．学習塾のノウハウを活用した教育課程・活動 ……… 87
5．子供たちの高まる自己肯定感と学力向上 ……… 88
6．学習塾のノウハウを活用したことによる教員への影響 ……… 89
7．まとめ―仕事の向き合い方が変化する ……… 90

コラム2　施設環境と地域の教育力から"学校"を考える ……… 92

第3部　生徒指導実施体制
ガイダンス　生徒指導体制の見直しの意義 ……… 96
第1章　生徒指導の充実と「働き方改革」 ……… 97
【提案】「効果のある学校づくり」を進める
1．日本の学校教育の構造的課題 ……… 97
2．教職員の多忙化の実態 ……… 98
3．子どもの健やかな成長と業務改善を同時に具現化する「効果のある学校づくり」の展開 … 98

4．実践事例：生徒指導困難校における取り組み（「A中大好きプロジェクト」） ……… 101
　　5．まとめ ……………………………………………………………………………………… 104
第2章　落ちついた学習環境を維持している学校における教職員の働き方 ……………… 106
【提案】組織的な生徒指導を展開する
　　1．落ちついた学習環境を維持している学校における共通点 ………………………… 106
　　2．生徒指導における「働き方改革」の先進事例 ……………………………………… 107
　　【事例1】「連携するためのツール（「成長ノート」）を開発」
　　　　　　（京都府久御山町立東角小学校） ………………………………………………… 107
　　【事例2】「児童生徒の交流活動が組織を機能させた」
　　　　　　（横浜市立義務教育学校霧が丘学園） …………………………………………… 111
　　【事例3】「同じベクトルで行う各教科の取組」（福岡県立築上西高等学校） ………… 112
第3章　いじめ問題における専門家の活用 ……………………………………………………… 116
【提案】外部専門家を活用する
　　はじめに：求められる専門家の活用 ……………………………………………………… 116
　　1．スクールカウンセラー及びスクールソーシャルワーカーの活用 ………………… 117
　　2．インターネットを通じたいじめ問題への対応 ……………………………………… 118
　　3．いじめサミットの実施状況 …………………………………………………………… 120
　　4．自治体におけるいじめ防止基本方針策定の状況 …………………………………… 120
　　おわりに：教職員と専門家の協働にむけて ……………………………………………… 122
第4章　実効的な生徒指導のための学校と関係機関の連携・協力体制 ……………………… 123
【提案】学校と関係機関の連携・協力体制を確立する
　　1．生徒指導に係る学校における働き方改革の方向性 ………………………………… 123
　　2．生徒指導における学校と関係機関の連携・協力体制の取組
　　　―「学校の指導体制」「学校外の支援体制」「学校と外部機関の接続体制」及び
　　　　「連携・協働のコンプライアンス」の4つの領域からみた事例 ………………… 124
　　3．今後の展望 ……………………………………………………………………………… 129
第5章　客観的データを生かした予防・開発型学級経営の展開 ……………………………… 131
【提案】客観的データを生かす
　　1．日本型の学級経営の特徴 ……………………………………………………………… 131
　　2．客観的データを生かした予防・開発型学級経営―心理アセスメントの活用 …… 133
　　3．客観的データを生かす学校レベル・行政レベルでの展開 ………………………… 135
　　4．これからの学級経営の在り方 ………………………………………………………… 137

第4部　学校運営・事務体制
ガイダンス　学校運営・事務体制の見直しの意義 ……………………………………………… 140
第1章　教育資源の有効活用によるカリキュラムマネジメントの推進 ……………………… 141
【提案】「学級王国」の文化から脱却する
　　1．教育資源について ……………………………………………………………………… 141
　　2．学校文化の中心「学級王国」 ………………………………………………………… 142
　　3．事例1（A町の小学校） ……………………………………………………………… 143

4．事例2（C町の学校） ……………………………………………………………… 145
　　5．おわりに …………………………………………………………………………… 147
第2章　主幹教諭のマネジメントへの効果的な関わりとその育成のあり方 ……… 148
【提案】管理職チームの力で学校を改善する
　　1．ミドルリーダーと学校のマネジメント …………………………………………… 148
　　2．学校のマネジメントを効果的に行うための主幹教諭の関わり方 ……………… 149
　　3．主幹教諭の育成を考える …………………………………………………………… 152
　　4．まとめ ……………………………………………………………………………… 155
第3章　教育課題に対応するための学校組織づくり ………………………………… 156
【提案】一人で抱えこまない組織づくりを活用する
　　1．はじめに―学校教育の機能拡大に伴う教員の業務負担の増大 ………………… 156
　　2．神戸市における総務・学習指導担当の配置 ……………………………………… 156
　　3．おわりに―教頭や担任で抱え込まない組織づくりとしての総務・学習指導担当の可能性 ‥ 163
第4章　教育行政職員による学校運営事務改革（事例：京都市教育委員会） ……… 164
【提案】教育行政職員の専門性を生かし事務職員の力を生かす
　　1．教育行政職員 ……………………………………………………………………… 164
　　2．京都市学校事務支援室の概要 ……………………………………………………… 165
　　3．学校財務マネジメントの取組 ……………………………………………………… 167
　　4．京都市の学校間連携 ………………………………………………………………… 168
　　5．事務職員を中核とした取組 ………………………………………………………… 169
　　6．教育行政職員の在り方 ……………………………………………………………… 171
　　7．まとめ ……………………………………………………………………………… 171
第5章　コンサルタントの眼から見た，学校の働き方の成功と失敗の分かれ道 ………… 173
【提案】コンサルタントの視点と場づくりを生かす
　　1．「会議を見直しました」だけではダメ ……………………………………………… 173
　　2．間違いだらけの働き方改革になっていないか？ ………………………………… 173
　　3．「子どもたちのためになるから」で思考停止してはいけない …………………… 174
　　4．事例①：部活動のあり方を考える（高知県） …………………………………… 175
　　5．その活動，手段は妥当か，代替案と比べてどうなのか ………………………… 175
　　6．時間やコストとの見合い（"温泉理論"でひも解く） …………………………… 177
　　7．事例②：カエル会議で定期的に見直す（埼玉県伊奈町） ……………………… 178
　　8．振り返り・進捗確認なくして改革・改善なし …………………………………… 179
　　9．外部コンサルタントが有効になるには …………………………………………… 180
第6章　学校と行政を両輪とした教職員の働き方改革 ……………………………… 181
【提案】学校と行政の連結ピンとしての学校経営推進会議を生かす
　　1．はじめに …………………………………………………………………………… 181
　　2．横浜市における「教職員の働き方改革」の推進プロセス ……………………… 181
　　3．「改革プラン」の概要 ……………………………………………………………… 185
　　4．「教職員の働き方改革」の推進プロセスにみる改革推進の「鍵」 ……………… 186

5．おわりに ……………………………………………………………………………… 187
　コラム3　学校事務職員が進める学校における働き方改革 ……………………………… 188
　コラム4　学校の労働安全衛生管理と時間外勤務抑制に向けた制度措置の在り方 ……… 190
エピローグ―EdTechによる「学びの革命」と「働き方改革」 ………………………… 193
引用・参考文献 ……………………………………………………………………………… 195
執筆者一覧 …………………………………………………………………………………… 197

プロローグ｜プロフェッショナルな教師の働き方とスマートな学校運営組織を目指して

1.「二兎を追う学校づくり政策」

　求められる資質・能力を多様な子供が確実に習得できるよう「学校組織全体の総合力の向上（学校組織の機能拡大）」を図りつつ，他方では「教師の長時間勤務の是正（教員の機能縮小）」を図るという2つの政策目標を両立させる上では，どのような施策が有効なのでしょうか。

　選択肢の一つに，既存の学校・教師の業務の在り方を前提とし，教員数を大幅に増やすというアプローチ（方法）があります。文部科学省も教員の定数増に継続的に取り組んでいます。しかし，厳しい財政状況の下で，この選択肢の実現には難しさが伴うことから，残念ながら，教員数が増えるとしても大幅に増えるという見通しは持ちづらいというのが現実です。

　こうした情勢の下では，「学校組織全体の総合力の向上」と「教師の長時間勤務の是正」という2つの政策目標は対立する契機を有することになります。そこで，両者が対立することを踏まえた上で，2つの政策目標の両立を図る施策が求められているのです。それは，あたかも，二羽の兎を同時に捕まえようとする「二兎を追う学校づくり政策」と言うことができるでしょう。この「二兎を追う学校づくり政策」こそ，近年の中央教育審議会における重要なテーマの一つなのです。こうした教育水準の向上と教員の勤務負担の軽減の両立を図る取組は，労働党政権下の英国でも大胆に進められました（藤原編（2018））。教師がプロフェッショナルとして力を発揮できるよう業務の質的転換を図り，学校組織の現代化を図り，サポートスタッフや教師の数を増加させた，この英国の取組は日本の教育政策形成において，しばしば参照されています。

　「二兎を追う学校づくり政策」の先駆けは，1998（平成10）年にとりまとめられた『今後の地方教育行政の在り方について（答申）』です。同答申は，「子どもの数の減少により学校の小規模化が進行しているが，その一方で，『総合的な学習の時間』の導入や選択教科の拡大，あるいは学校予算を各学校の要求や実態に応じて編成するなど，学校裁量権限の拡大に応じて，学校の責任において判断し対応することが必要となる事務・業務が今後増えていくことが予想される。また，校長や教職員が子どもと触れ合う時間をより一層確保することも必要である」と指摘しました。その上で，同答申は，調査統計の精選，学校に対する作文コンクールや絵画コンクール等への参加依頼などのいわゆる持ち込み行事に係る学校の負担軽減といった「学校事務・業務等に係る負担軽減」，学校間で連携した教育活動の実施や学校事務の共同実施の推進といった「学校の事務・業務の共同実施」，養護教諭，学校栄養職員，学校事務職員，スクールカウンセラーや外国語指導助手など教諭以外の職種の配置促進やその専門性の活用といった「専門的人材の活用」などを提言しました。

　「二兎を追う学校づくり政策」に関して，教師の勤務実態に関わるエビデンス（根拠）に言及しつつ検討したのは，2007（平成19）年にとりまとめられた『今後の教員給与の在り方について（答申）』です。文部科学省「教員勤務実態調査（2006（平成18）年度）」の結果を活用しつつ，同答申は「取り巻く環境の変化に応じて，教員が対応すべき課題の複雑化・多様化が進み，これにより教員の職務負荷が増大している中で，文部科学省が平成18年度に実施した教員勤務実態調査暫定集計によれば，恒常的な時間外勤務の実態が明らかになっている」と指摘しました。その上で，同答申

表1 『今後の地方教育行政の在り方について（答申）』と『今後の教員給与の在り方について（答申）』が提案した解決のためのアプローチ

アプローチの名称	内容	例
①業務改善	業務の見直しを行い，業務改善の効率化を図る	学校のICT環境の整備・充実，調査の縮減・統合，業務日誌，学校運営関連書類等の様式の簡素化・統一化
②地域社会からの持ち込み行事の圧縮	地域社会からの持ち込み行事の圧縮を図る	学校に対する作文コンクールや絵画コンクール等への参加依頼などのいわゆる持ち込み行事の圧縮
③研究・研修の圧縮	研究・研修の圧縮を図る	授業時間内に実施する研修の削減や研究指定に伴う業務簡素化
④学校の事務・業務の共同実施	学校間で資源を共有したり，学校間で役割を分担したりすることによって業務の効率化を図る	事務の共同実施の促進，複数の学校による共同した学校行事や野外体験活動，部活動などの教育活動の実施
⑤教職員分業化	教諭の種類の多様化や教諭以外の職種の配置促進を図る	スクールカウンセラーや外国語指導助手などの配置の充実
⑥校外の諸機関との連携	校外の諸機関との連携を進める	校外の諸機関との連携を進める
⑦学校・教師の業務の見直し	学校・教師の業務の見直しを行う	教師の職務の見直し，それぞれの職に応じた役割分担の明確化
⑧勤務時間管理	勤務時間管理や給与法制の見直しによって勤務時間に関する意識改革と時間外勤務の抑制を図る	部活動による時間外勤務等に係る校長の適切な管理・監督
⑨学校の組織運営体制の見直し	教頭の業務のサポート体制の強化など学校の組織運営体制の見直しを進める	教頭の複数配置の促進，副校長（仮称）制度や主幹（仮称）制度の整備
⑩社会連携・協働	地域住民や専門家（大学，コンサルタント），機関との連携・協働によって学校運営の充実を図る	ボランティアとの連携・協働，福祉や医療等機関との連携促進
⑪アウトソーシング	アウトソーシングの実施	専門的な能力を持った民間人や退職教員等の活用
⑫事務職員の機能強化	事務職員の機能強化を図る	事務職員の学校運営への参画促進，事務の共同実施の促進，事務職員の質の向上のための研修の充実
⑬学校外機関機能強化	放課後子供教室や学童保育，公的な塾等学校外機関の機能を強化する	放課後子どもプランの推進
⑭人的資源開発	教員，教員集団の資質・能力の向上による教育・組織能力の向上	教育課題に対応できるような研修の充実

※アプローチの名称及び内容は，答申で示された例をもとに筆者がより抽象化した概念で整理したものです。

は，「学校教育の一層の質の向上」を目的としつつ，「教員の時間外勤務の縮減」を実現するための施策を提案しました。『今後の地方教育行政の在り方について（答申）』と『今後の教員給与の在り方について（答申）』において提案された施策を分類した結果が表1です。

『今後の地方教育行政の在り方について（答申）』において，教職調整額については，「今後更に専門的・技術的な検討を行っていくことが必要である」とされたことを受け，学校の組織運営の在り方を踏まえた上で教職調整額の見直しなどについて専門的・技術的な観点から検討するため，

2008（平成20）年4月に「学校の組織運営の在り方を踏まえた教職調整額の見直し等に関する検討会議」が設置され，同年9月には『審議のまとめ』がとりまとめられました。同まとめでは，学校の役割の明確化や学校における教職員の適切な役割分担の必要性を指摘し，教職調整額の見直し等を進める上での論点について整理しました。

2008（平成20）年11月には，中央教育審議会初等中等教育分科会に学校・教職員の在り方及び教職調整額の見直し等に関する作業部会が設けられ，教職調整額の見直しについて専門的・技術的な検討に入ることとなりました。こうしてみれば，10年ほど前にも，今日，検討が行われている学校における働き方改革と同じような議論が行われていたことが分かります。

2.『チームとしての学校の在り方と今後の改善方策について（答申）』

ところが，これまでの自由民主党・公明党政権下の「二兎を追う学校づくり政策」の具現化は一端中断することになります。2009（平成21）年から2012（平成24）年の間，民主党政権への政権交代があったからです。民主党政権もマニフェストで「教員が子どもと向き合う時間を確保するため，教員を増員し，教育に集中できる環境をつくる」ことを謳い，「二兎を追う学校づくり政策」に取り組みます。民主党が採用したアプローチは「教員数の増加」でした。民主党は，政権1年目に前年の5倍となる4,200人の教職員定数増を措置し，2年目には学級編制標準の見直しに着手し，小学校1年生限定で35人以下学級を導入する標準法の改正を実現しました。しかし，残念なことに，小学校2年以上の学級編制の標準の見直しは実現せず，「⑨教員定数の増加」アプローチによる「二兎を追う学校づくり政策」は十分な成果を見ることはありませんでした。

その後，自由民主党・公明党政権の政権復帰により，再び，中断していた自由民主党・公明党政権の「二兎を追う学校づくり政策」の具現化の議論が再開されることになります。2014（平成26）年7月29日に下村博文文部科学大臣（当時）は中央教育審議会に対し，「教員が指導力を発揮できる環境を整備し，チームとしての学校の力を向上させるための方策」についての検討をするよう諮問しました。この諮問を受け，1年数か月にわたる審議を経て2015（平成27）年12月にとりまとめられたのが，『チームとしての学校の在り方と今後の改善方策について（答申）』です。この「チームとしての学校」答申が解決すべき課題として捉えたのは，新しい時代に求められる資質・能力を育む教育課程を実現するとともに，複雑化・多様化した課題を解決し，教師が子供と向き合う時間を確保するという「学校組織全体の総合力の向上」と「教員の子どもと触れ合う時間の確保」という2つの目的の両立です。これは，まさに，「二兎を追う学校づくり政策」と言えるものです。

同答申は，課題解決の方策として，「業務改善」の推進やコミュニティ・スクール及び地域学校協働本部等の仕組みによる「学校・教師の役割の見直し」，スクールカウンセラーやスクールソーシャルワーカーなど教師以外の職種の配置促進など「教職員分業化」，主幹教諭や事務職員の機能強化など「学校の組織運営体制の見直し」「事務職員の機能強化」，学校事務の共同実施など「学校事務・業務の共同実施」などのアプローチを提案しました。もちろん，同答申は，「教員数の増加」の重要性も指摘しました。しかし，これらのアプローチのうち，最もウェイトが置かれたのは「教職員分業化」アプローチと言えます。そのことは，多職種から構成される「チームとしての学校」という言葉からも窺えることでしょう。

同答申を受け，2017（平成29）年3月に学校教育法施行規則が改正（4月1日施行）され，スク

ールカウンセラー，スクールソーシャルワーカー，部活動指導員に係る規定が整備されました。それぞれ，スクールカウンセラーは「児童の心理に関する支援に従事する」，スクールソーシャルワーカーは「児童の福祉に関する支援に従事する」，部活動指導員は「中学校におけるスポーツ，文化，科学等に関する教育活動（中学校の教育課程として行われるものを除く。）に係る技術的な指導に従事する」という規定が設けられました。部活動指導員については，学校外での大会・練習試合等の引率が可能な部活動指導員の名称及び職務等を明らかにすることにより，学校における部活動の指導体制の充実が図られるようにしたものです。

また，2017（平成29）年3月27日には，義務教育諸学校等の事務職員の職務内容を，「事務職員は，事務に従事する」から「事務職員は，事務をつかさどる」に変更する義務教育諸学校等の体制の充実及び運営の改善を図るための公立義務教育諸学校の学級編制及び教職員定数の標準に関する法律等の一部を改正する法律案が可決され，4月から施行されました。

同改正と同時に，地方教育行政の組織及び運営に関する法律の一部改正が行われ，教育委員会に対する学校運営協議会の設置の努力義務化が定められるとともに，地域学校協働活動推進員は，地域学校協働活動に関する事項につき，教育委員会の施策に協力して，地域住民等と学校との間の情報の共有を図るとともに，地域学校協働活動を行う地域住民等に対する助言その他の援助を行う「地域学校協働活動推進員」に関する規定が整備されました。

3．文部科学省「教員勤務実態調査（平成28年度）」

『チームとしての学校の在り方と今後の改善方策について（答申）』を受けてなされた法改正は，「二兎を追う学校づくり政策」という観点で画期的なものです。しかし，今日の教員の深刻な勤務実態は更なる急速な改革を必要としています。表2は，2017（平成29）年4月に公表された文部科学省「教員勤務実態調査（平成28年度）」の一部です。2006（平成18）年度に実施した調査から10年ぶりの調査であり，社会的に高い関心を集めています。同調査結果によれば，教師の1日当たりの学内勤務時間（平日）が長時間に及んでいること，しかも，10年前と比較して学内勤務時間（平日）が増加していることが分かります。また，過労死ライン（それを超えると労災が認定されやすい基準）とされる月当たり時間外勤務80時間を超える教師の割合が中学校で6割，小学校でも3割に達していることも明らかにされています。こうした勤務実態の下，我が国の教師は世界的にもトップ水準の教育成果を生み出し続けているのです。教職員の心身の健康という観点に加え，人手不足という状況を加味すれば，こうした状況が持続可能とは言えません。

この勤務実態調査を踏まえ，松野博一文部科学大臣（当時）は，2017（平成29）年6月23日に，中央教育審議会に対し「新しい時代の教育に向けた持続可能な学校指導・運営体制の構築のための学校における働き方改革に関する総合的な方策について」諮問しました。それを受け，学校における働き方改革特別部会が設置され審議が進められています。2017（平成29）年12月22日には特別部会での審議を踏まえ，「中間まとめ」が中央教育審議会でとりまとめられ，林芳正文部科学大臣（当時）に提出されました。同「中間まとめ」は，「世界的にも評価が高い，我が国の教師が児童生徒に対して総合的な指導を担う『日本型学校教育』の良さを維持し，新学習指導要領を着実に実施することで，質の高い学校教育を持続発展させるためには，政府の動向も踏まえつつ，教師の業務負担の軽減を図ることが喫緊の課題である」と指摘しています。

表2 教師の1日当たりの学内勤務時間（平日）

平日	小学校			中学校		
	28年度	18年度	増減	28年度	18年度	増減
校長	10：37	10：11	＋0：26	10：37	10：19	＋0：18
副校長・教頭	12：12	11：23	＋0：49	12：06	11：45	＋0：21
教諭	11：15	10：32	＋0：43	11：32	11：00	＋0：32
講師	10：54	10：29	＋0：25	11：17	11：04	＋0：13
養護教諭	10：07	9：38	＋0：29	10：18	10：01	＋0：17

（出典）文部科学省「教員勤務実態調査（平成28年度）」。この調査は業務分類に従い，1週間の業務記録を30分単位で記録するよう依頼し集計しています。業務記録において，出退勤時刻内に記入されたものを「学内勤務」，出勤時刻より前，退勤時刻より後に記録されたものを「持ち帰り業務」と分類しています。

同「中間まとめ」は，教員の勤務の長時間化について11の理由を挙げています。そこでは，教師の持ち授業時数を減らすという観点の教職員定数の改善が不十分，スクールカウンセラーやスクールソーシャルワーカーなどの配置が不十分といった理由のほか，部活動の休養日の設定等が浸透していない，書類作成等への対応策が不十分，時間管理の概念が希薄，「子供たちのために」という使命感と責任感による業務範囲の拡大など，業務改善の不徹底や学校・教師の業務の拡大に係る理由が多く挙げられています。

4.『新しい時代の教育に向けた持続可能な学校指導・運営体制の構築のための学校における働き方改革に関する総合的な方策について（中間まとめ）』

学校における働き方改革特別部会が目指す解決の方向性は，教師が児童生徒に対して総合的な指導を担う「日本型学校教育」の良さを維持しつつ，その枠内で教師がよりプロフェッショナルとしての働き方ができるよう，業務の質的転換を図り，「限られた時間の中で，教師の専門性を生かしつつ，児童生徒に接する時間を十分確保し，教師の日々の生活の質や教職人生を豊かにすることで，教師の人間性を高め，児童生徒に真に必要な総合的な指導を持続的に行うことのできる状況を作り出す」ことです。

もちろん，今後とも，無理なく，勤務時間内外を問わず，子供や授業のことを考え続ける教師像は理想であるべきでしょう。しかし，今日の教師には，長時間勤務とともに専門性の発揮が必ずしも必要とされない業務にも従事しているという二重の負荷がかかっているのです。子供のために頑張りすぎて先生が疲弊するようでは子供のためにはなりません。自分の人生も大切にしつつ，プロフェッショナルらしく働く教職員であって欲しいと思います。そのためには，教職員のワーク・ライフ・バランスの確立が不可欠なのです。プロフェッショナルとしての働き方を実現する上では，業務の質的転換や教師をはじめ多様な教職員の専門性や高度情報技術（ICT/AI）を生かしたスマートな（賢い）学校運営組織の構築が不可欠なのです。プロフェッショナルらしく働くためには，まずは，ワーク・ライフ・バランスの確立が必要なのです。

こうした学校における働き方改革を進めることによって，「長時間労働を良しとする，これまで

表3　業務の役割分担・適正化を着実に実行するための方策

国	教育委員会等	各学校
・学校や教師の担うべき業務範囲の明確化，学校管理規則モデル等の提示 ・地域や保護者の理解のための資料提供 ・業務改善の取組の優良事例の提供 ・調査，統計，依頼事項の精選 ・民間団体等からの出展依頼や家庭向け配布物について，学校の負担軽減に向けた協力の呼びかけ ・現場に様々な業務が付加されてきた反省を踏まえ，勤務時間や人的配置，業務改善等を踏まえ，業務量を俯瞰，一元的に管理する部署を設置　等	・所管する学校に対する業務改善方針・計画の策定 ・事務職員の資質・能力・意欲向上，学校事務の共同実施の促進 ・独自に実施する調査，統計，依頼事項の精選 ・学校の業務改善の取組に対する支援 ・ICT等業務効率化に必要な環境整備　等	・学校の重点目標，経営方針の明確化 ・関係機関や地域住民との連携の推進　等

（出典）『新しい時代の教育に向けた持続可能な学校指導・運営体制の構築のための学校における働き方改革に関する総合的な方策について（中間まとめ）【概要】』

の働き方を見直し，教師が日々の生活の質や教職人生を豊かにすることで，自らの人間性を高め，子供達に対して効果的な教育活動を行うことができるようになる」というのが究極のねらいです。横浜市では，『横浜市立学校 教職員の働き方改革プラン』（平成30〜34年）を策定していますが，その副題は「先生のHappyが子どもの笑顔をつくる」というものです。これは，学校における働き方改革のエッセンスを実に分かりやすく表現したものと言えるでしょう。

『新しい時代の教育に向けた持続可能な学校指導・運営体制の構築のための学校における働き方改革に関する総合的な方策について（中間まとめ）』は，これまでの業務改善の歴史を継承しつつ，業務の役割分担・適正化を着実に実行するための方策として表3のように，国，教育委員会等，各学校が協力して一体的に取り組めるよう，それぞれが取り組むべき方策について提言しています。

また，同「中間まとめ」は，諸外国の学校及び教師が担う業務や地域での取組などを参照しつつ，学校及び教師が担う業務の明確化・適正化について具体的な業務に踏み込んで検討し，これまで学校・教師が担ってきた代表的な業務の在り方について，①基本的には学校以外が担うべき業務，②学校の業務だが，必ずしも教師が担う必要のない業務，③教師の業務だが，負担軽減が可能な業務の，いずれかに変更可能か否か検討し，表4のように整理しています。

これは，国立教育政策研究所（2017）などで示された諸外国の実態も踏まえて検討されたものです。同「中間まとめ」は，こうした整理を参考に，服務監督権者である教育委員会等において，業務の役割分担と適正化を図り，具体的な削減目標の設定の検討等を通じて業務の総量を削減することを提言しています。学校・教師が担ってきた業務の見直しの必要性はこれまでも指摘されてきましたが，ここまで具体的に検討したのは初めてのことです。

5．日本の「働き方改革」の先進事例
―「二兎を追う学校づくり政策」の最先端

これまで述べたとおり，学校における「働き方改革」は決して，突然に登場した施策ではありません。多様な子供の資質・能力が向上するよう「学校組織全体の総合力の向上」を図りつつ，他方

表4　これまで学校・教師が担ってきた代表的な業務の在り方に関する考え方

基本的には 学校以外が担うべき業務	学校の業務だが，必ずしも 教師が担う必要のない業務	教師の業務だが， 負担軽減が可能な業務
①登下校に関する対応 ②放課後から夜間などにおける見回り，児童生徒が補導された時の対応 ③学校徴収金の徴収・管理 ④地域ボランティアとの連絡調整	⑤調査・統計等への回答等（事務職員等） ⑥児童生徒の休み時間における対応（輪番，地域ボランティア等） ⑦校内清掃（輪番，地域ボランティア等） ⑧部活動（部活動指導員等）	⑨給食時の対応（学級担任と栄養教諭等との連携等） ⑩授業準備（補助的業務へのサポートスタッフの参画等） ⑪学習評価や成績処理（補助的業務へのサポートスタッフの参画等） ⑫学校行事の準備・運営（事務職員等との連携，一部外部委託等） ⑬進路指導（事務職員や外部人材との連携・協力等） ⑭支援が必要な児童生徒・家庭への対応（専門スタッフとの連携・協力等）

（出典）『新しい時代の教育に向けた持続可能な学校指導・運営体制の構築のための学校における働き方改革に関する総合的な方策について（中間まとめ）【概要】』

では「教員の長時間勤務の是正」を図るという「二兎を追う学校づくり政策」の系譜に属するものです。

　こうした施策の取組にもかかわらず，文部科学省「教員勤務実態調査（平成28年度）」で示されたとおり，教員の勤務実態の「看過できない深刻な事態」が継続していることは，「二兎を追う学校づくり政策」の大胆な見直しと加速化を要請していると言えるでしょう。同「中間まとめ」においても，国が取り組むべき方策の一つとして「現場に様々な業務が付加されてきた反省を踏まえ，勤務時間や人的配置，業務改善等を踏まえ，業務量を俯瞰，一元的に管理する部署を設置」することなど国レベルにおける反省と，これまでにない取組に着手することの必要性について言及されているところです。文部科学省としても，これまでと同様に，これまで以上に「二兎を追う学校づくり政策」に徹底的に取り組もうとしているのです。

　以下の章では，読者の皆さんが学校における働き方改革の目指す学校や教師のあるべき姿，改革を進める上での検討課題について深く考えられるよう工夫しつつ，23人の執筆者が全国の学校における働き方改革の先進事例を執筆者固有の視点から紹介します。

（藤原文雄）

第1部

学校・教師の業務

ガイダンス
学校・教師の業務の見直しの意義

　新しい時代の教育に向けた持続可能な学校指導・運営体制の構築を図るための一つの改善方策が，学校・教師の業務の見直しです。2017（平成29）年12月22日にとりまとめられた中央教育審議会『新しい時代の教育に向けた持続可能な学校指導・運営体制の構築のための学校における働き方改革に関する総合的な方策について（中間まとめ）』が提言したのは，まさに，この学校・教師の業務の見直しでした。

　もっとも，同「中間まとめ」は，教師が児童生徒に対して総合的な指導を担う「日本型学校教育」を廃止し，教師は授業のみを担当するといった教師像に転換したわけではありません。同「中間まとめ」は，「世界的にも評価が高い，我が国の教師が児童生徒に対して総合的な指導を担う『日本型学校教育』の良さを維持し，新学習指導要領を着実に実施することで，質の高い学校教育を持続発展させるためには，政府の動向も踏まえつつ，教師の業務負担の軽減を図ることが喫緊の課題である」と述べ，「膨大になってしまった学校及び教師の業務の範囲を明確にし，限られた時間の中で，教師の専門性を生かしつつ，児童生徒に接する時間を十分確保し，教師の日々の生活の質や教職人生を豊かにすることで，教師の人間性を高め，児童生徒に真に必要な総合的な指導を持続的に行うことのできる状況を作り出す」という提案を行ったのです。

　中央教育審議会等の審議では，それ以前からも学校・教師の業務の見直しの必要性は指摘されてきました。しかし，具体的に検討を進めたのは今回が初めてであり，画期的とも言えるものです。

　この学校・教師の業務の見直しという提案に対する評価は分かれています。「学校における働き方改革特別部会」の小川正人部会長も，学校・教師の業務の見直しの提言が，「これまで思ってもなかなか取り組めずにいたが，『中間まとめ』が背中を押してくれたことで業務分担・適正化の取組をポジティブに進められると肯定的に評価する声もある」一方で，「日本型教育を崩壊させるのではないか，機械的で行き過ぎた『分化』（分業）は，逆に，教職員間や教員と他専門・支援スタッフとの連携・協働，そして，学校内外のネットワークづくりに新たな問題を生じさせるのではないか等の指摘や危惧も出ている」（小川（2017））ことを紹介しています。

　どのような改善方策，また，それに対する批判にも，可能性とともにリスクがあります。いずれの立場に立つとしても，学校・教師の業務の見直しという改善方策にどのような可能性があり，どのようなリスクがあるのか，また，それを進めるためにどのような条件が必要なのか，多角的かつ具体的な検討が望まれるということは論をまちません。

　そこで，第1部では，読者の皆さんが，学校・教師の業務の見直しによる新しい時代の教育に向けた持続可能な学校指導・運営体制の構築という改善方策について考える上での示唆となるよう，学校・教師の業務の見直しという改善方策に対する批判的見解も含め，①部活動を「仕分け」する，②「シフト制」を導入する，③コミュニティ・スクールを生かす，④フリースクール等と連携し多様なニーズに応答する，といった4つの提案を収録します。

（藤原文雄）

第1章 持続可能な部活動を構想する

【提案】部活動を「仕分け」する

1. 部活動の位置づけ

(1) 学校教育の一環

　学校の部活動が授業ともっとも大きく異なる点は，部活動が「自主的な活動」であるということです。教育課程内の授業は生徒が必ず受講すべきものですが，教育課程外の部活動は参加したい生徒のみが参加すればよいものです。この「自主的な活動」という位置づけは，部活動の性格を大きく規定してきました（中澤 2014, 2017）。

　部活動は「自主的」であるがゆえに，その運営が野放しにされてきました。勝手に運営すればよい活動ですから，国も自治体も基本的に介入しません。そうした現場まかせの態度は，結果的に部活動にさまざまな矛盾を生じさせました。本章では，教育行政による非介入の立場を「制度設計の不備」と表現して，その視点から今日の部活動の課題を明らかにし，そのうえで部活動の将来展望（行政主導の制度設計のあり方）を示していきたいと思います。

　さて，中学校の学習指導要領（2017年3月改訂，2021年度全面実施）において，部活動は次のように定められています（高校の学習指導要領もほぼ同様の記述です）。

第1章　総則
第5　学校運営上の留意事項
1　教育課程の改善と学校評価，教育課程外の活動との連携等
ウ　教育課程外の学校教育活動と教育課程の関連が図られるように留意するものとする。特に，生徒の自主的，自発的な参加により行われる部活動については，スポーツや文化，科学等に親しませ，学習意欲の向上や責任感，連帯感の涵養等，学校教育が目指す資質・能力の育成に資するものであり，学校教育の一環として，教育課程との関連が図られるよう留意すること。その際，学校や地域の実態に応じ，地域の人々の協力，社会教育施設や社会教育関係団体等の各種団体との連携などの運営上の工夫を行い，持続可能な運営体制が整えられるようにするものとする。

　ここで重要な論点は，次の3つです。第一に，先述したとおり部活動は「教育課程外の活動」であるということです。第二に，「学校教育の一環」として「生徒の自主的，自発的な参加により行われる」ということです。第三に，「持続可能な運営体制」を目指さなければならないということです。

　第三の点は後述するとして，第一と第二の点について部活動の実像を見ていきましょう。学習指導要領の規定によると部活動は，教育課程外ではあるものの，生徒の自主的な参加をとおして，学

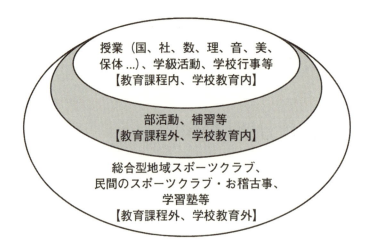

図1　学校教育における部活動の位置づけ（内田 2017, p.29）

校教育のなかで取り組まれるべきものとされています。学校で行うことにはなっているけれども，生徒（とその指導者である教員）まかせという中途半端な位置づけです（図1）。

（2）廊下でのトレーニングが意味すること

　これを象徴する場面が，廊下でのトレーニングです。廊下をダッシュする，校舎内を使って長距離を走る，あるいは廊下に並んで筋トレに励むなど，部活動の練習は，廊下や階段を含むさまざまな空きスペースで行われます。ところが，放課後の部活動が始まるつい直前まで，校則やきまりとして，廊下を走るのは禁じられていたはずです。廊下は歩く場所であり，そこを走れば，滑って転ぶかもしれないし，廊下の角や教室の中から出てきた人に勢いよく衝突してしまうかもしれません。事故防止のために，廊下は歩いて渡るべきものです。

　それにもかかわらず，部活動が始まると，走ってはならないはずの廊下をむしろ積極的に走るよう指示されます。放課後になった途端に，廊下が安全になるということはありません。移動のために廊下を歩く人はたくさんいます。死角もたくさんあります。競技用の施設ではない場所で練習に励めば，事故のリスクは当然高まります。

　それではなぜ，廊下を走るのでしょうか。その答えが，「制度設計の不備」にあります。教育課程内の授業であれば，学習指導要領に定められた事項が適切に教育されるよう，学校という施設（校舎外のグラウンドを含む）が用意されています。体育館に生徒が集まりすぎて，保健体育科の実施場所がなくなることはありません。

　ところが部活動においては，「学校教育の一環」であること以上の具体的な設計がありません。そうすると，放課後に一斉に生徒が部活動を始めると，練習の場所が不足し，廊下をはじめとするさまざまな空きスペースが活用されることになるのです。

　廊下で生徒同士がぶつかると，その責任は生徒の不注意に帰されます。放課後の直前までは，廊下を走るとケガをするから，そこを走ることが禁じられていました。そうだとするなら，廊下を走らせるからこそ，事故が起きるのです。そしてそうせざるを得ないのは，トレーニングの場所がないからです。場所不足は当然の前提になっており，廊下でのトレーニングが日常の風景と化しているために，もはやその危機意識さえもてないような状況に至っているのです。

2. 制度設計なき部活動の悲劇

（1）生徒の死亡事故

　2017年12月のことです。群馬県の公立高校で陸上競技用のハンマー投げの練習中に，ハンマーがサッカー部の生徒の頭部を直撃し，生徒が死亡するという事故が発生しました。

　陸上部の男子生徒1人が女子生徒2人に指導をするため，女子用のハンマー（重さ約4kg，直径約10cm）を投げたところ，ハンマーがサッカーのフィールド側に逸れて飛んでいきました。それがサッカーのボールを拾いにきていたサッカー部員の男子生徒の頭部に当たり，生徒は同日病院で死亡が確認されました。

　ハンマー投げの練習場とサッカーのフィールドは隣接していて，同時に使う際には安全を考慮して，サッカー部は練習場から離れた南側の半分だけを使うことになっていました。ところが，転がったボールを拾おうと，サッカー部員が北側のエリアに入ってきて，そこで事故に遭ったとみられています。

　事故が起きたのは午後6時25分頃で，陸上部顧問は部員に練習を終えるよう指示し，すでに学校を離れた後でした。顧問が学校を去っていたことについて，校長は会見で，「事故の直前までは練習に立ち会っていた。最後まで面倒をみるべきで，通常はあり得ない対応。反省すべき点がある」と語りました（『読売新聞』東京朝刊，2017年12月22日付）。

　ここで問題点として指摘しなければならないのは，そもそも学校のグラウンド内に，ハンマー投げとサッカーのエリアが，特に物理的な隔てもなく隣り合わせであったということです（図2）。

　図を見ればわかるように，投げたハンマーが少しだけ左側に逸れると，すぐそこはサッカーのフィールドです。ハンマー投げの練習時にはサッカー部はグラウンドの南側半分で活動していたという点で，それなりに学校としては工夫をしていたのでしょう。しかしながら，ハンマー投げとサッカーのエリアが隣接している限りは，ちょっとした偶然が重大事故につながります。起こるべくして起きた事故と言わざるをえません。

　すでに述べたとおり，教室や特別教室（理科室，音楽室等），体育館やグラウンドを含めて，学校施設は，基本的に授業用に設計されています。だから，授業を実施するにあたってその場所が足り

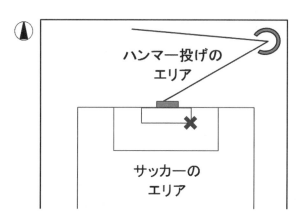

図2　死亡事故が起きたグラウンドの状況
（×印の場所でハンマーが生徒を直撃した。google mapの航空写真をもとに筆者が作図）

なくなるということはありません。ところが，部活動はそうした制度設計がないために，無理矢理に学校の施設空間を使いこなすことになります。授業用のグラウンドに，ハンマー投げとサッカーの練習場が押し込められるのです。

（2）指導者の専門性

　足りないのは，場所だけではありません。専門的な指導ができる人材も不足しています。泳げない水泳部顧問，楽譜が読めない吹奏楽部顧問，受け身のとれない柔道部顧問，字がヘタな書道部顧問，囲碁にしか興味がない将棋部顧問……といったように，まったく素人の先生が部活動顧問に就くことが常態化しています。

　教員は，教科指導の専門家として大学でトレーニングを受け，各自治体の採用試験も突破しています。ところが部活動については，その指導方法を学ぶ授業が，大学に設けられているわけではありません。なぜなら学習指導要領にあるとおり，部活動は教育課程外の活動であり，生徒が自主的に行うものだからです。

　教員は，各種スポーツや文化活動を指導する専門性を持ち合わせていません。実際に，日本体育協会の運動部活動に関する調査（「学校運動部活動指導者の実態に関する調査報告書」，2014）では，中学校で52.1％，高校で45.0％の教員が，担当する部活動について競技の「経験なし」と回答しています。もちろんこういった事態が，授業において生じることはありません。教員の本務は授業であり，教科の専門性を最優先にして採用や人事異動が行われるからです。

　先に述べた群馬県のハンマー投げによる死亡事案では，これがもし保健体育の授業におけるハンマー投げであるとすれば，教員がその場に不在ということはまずありえません。ところが，部活動だからこそ教員の関わりが中途半端になっていたと言えます。

　2017年3月下旬には，栃木県で山岳部の「春山安全登山講習会」（県高等学校体育連盟が主催）に参加していた高校生ら8人が，雪崩に巻き込まれて死亡するという痛ましい事件が起きました。県内7つの高校の生徒46名及び教員9名の計55名が，3日間の講習会に参加するなかで，その最終日に雪崩が発生しました。

　この最大の被害者は，言うまでもなく生徒たちです。事故検証委員会の報告書（『平成29年3月27日那須雪崩事故検証委員会報告書』）によると，実は7年前の2010年3月に実施した講習会においても，事故現場に近接する場所で雪崩が発生し，腰や全身が雪に埋もれた生徒が複数いました。それにもかかわらず，県高等学校体育連盟や県教育委員会に報告が上がることもなく，また県高等学校体育連盟の登山専門部内で文書による次年度への申し送りもなかったとのことです。連盟の登山専門部，すなわち山岳部顧問らの責任は極めて重大であると言えます。

　ただし，実は亡くなった「高校生ら8人」のなかに，山岳部顧問の教員一人が含まれていることを忘れてはなりません。29歳の新任教員で，第三顧問として山岳部を担当しました。もちろん山岳部は未経験でした。そして山岳部の生徒らを率いるなかで，雪崩の危険性を察知することもできず，自らも雪崩に巻き込まれて命を落としたのです。

　事故検証委員会は，根源的要因として，高体連及び登山専門部の「計画全体のマネジメント及び危機管理意識の欠如」を挙げました。200ページにわたる報告書のなかには，「高校における部活動の顧問は，必ずしも当該競技の経験者が務めるわけではなく」と，顧問らの指導技術の不足を指摘する記述もあります。

しかしながら、そもそも運動部の半数がその競技種目の未経験者であることを踏まえるならば、教員が部活動を指導するという体制自体に無理があると考えるべきでしょう。教員は、大学で専門的に登山（あるいは運動部活動）の指導方法を学んでいるわけではありません。亡くなった生徒も教員も、「制度設計の不備」の犠牲者なのです。

3. 制度設計なき部活動の過熱

（1）活動時間数の増加

　2014年6月に、経済協力開発機構（OECD）の調査結果により、日本の中学校教員が世界34の国・地域のなかでもっとも長時間働いていることが明らかにされました。この調査結果は教育界で驚きをもって受け止められ、以降、教員の働き方に対する問題意識が少しずつ高まってきました。同調査において日本の教員が世界のなかで突出して多く時間を割いていた業務が、課外指導（放課後の活動）でした。参加国・地域の平均が2.1時間／週であるのに対して、日本はもっとも長く、7.7時間／週と突出していました。

　OECDの調査結果は、部活動の負担をはじめとして教員の長時間労働の問題を顕在化させました。それに加えて、2016年度の文部科学省による「教員勤務実態調査」（速報値）の結果が、教員の過酷な労働状況をより詳細に明らかにしました。調査からは、時間外労働が月80時間以上の過労死ラインを超える教員が小学校で33.5％、中学校では57.7％に達していることが分かりました。ただしここには自宅への持ち帰り仕事は含まれていないので、それを含めると過労死ラインを超える教員は小学校で57.8％、中学校で74.1％にのぼります（妹尾 2017）。

　そして2016年度の調査結果を2006年度のそれと比較してみると、部活動を含む労働時間全体について、2006〜2016年度の間に、平日1日あたりでは小学校教諭で43分、中学校教諭で32分、休日1日あたりでは小学校教諭で49分、中学校教諭で109分も労働時間が増えました。長時間労働が問題視されてきたなかで、さらに時間数が増えたということです。ここで注目したいのは、その内訳です。グラフを見ると分かるように、小中学校の各種業務のなかで、突出して労働時間が増加したものが、中学校の休日における「部活動・クラブ活動」でした。休日の1日あたりで、64分もの増加です（図3）。

　また生徒の部活動についても、その活動時間の変化が明らかになっています。2016年度にスポーツ庁は、全国体力テストに合わせるかたちで、運動部の実態を調査・公表しました。調査は2017年度においても実施されたため、2016〜2017年度の1年間の変化を知ることができます。

　2017年度は、中学2年男子における1週間全体の活動時間数は、公立校が16.0時間、国立校が10.9時間、私立校が10.6時間でした。運動部活動は、公立校でとりわけ盛んであることが分かります。女子においても傾向はほぼ同様です。公立校が16.2時間、国立校が10.1時間、私立校が10.3時間です。そして国公私立全体について、2017年度から2016年度の数値を引いてみると、1週間全体で男子は8.9分、女子は6.9分の増加という結果でした。

　ただしこの増加幅は、全国の数値として各都道府県の増減が相殺されて、そのようにあらわれたものです。公立中学校について都道府県別のデータが発表されているので、それを調べてみると、31都道府県が増加、16県が減少しています。全国的には増加している自治体が多数派であり、もっとも増加したのは岐阜県の42.4分、次が長野県の39.4分です。すなわち、増加した自治体では1年

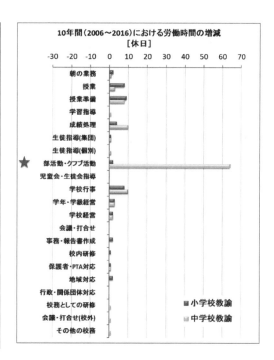

図3　教員の各種業務における労働時間の増減［2006～2016年度］
（「教員勤務実態調査」の結果をもとに筆者が作図）

の間に大幅な増加が認められるということです。なお活動時間が減少した自治体をみてみると，もっとも減少したのは和歌山県の56.4分，次が奈良県の42.4分でした。

（2）上限規制がない

　ここで，改めて授業と部活動を比較してみましょう。

　例えば国語の授業において教員が，「今日の国語の授業は楽しかった。来週からは土日も授業をやりましょう」ということには至りません。教科というのは年間の標準的な時間数や単位数が決まっており，各クラスで時間割も組まれています。さらには教えるべき内容も定まっています。制度設計が整っていると，その枠を超えて過熱することが難しくなってきます。そして50分の授業のなかで，授業が楽しくなる方法を考えるのです。

　他方で，「学校教育の一環」であること以上には具体的な制度設計がない部活動では，活動時間をどれくらいに設定するかは，学校現場の自由裁量です。だがそれは，全国大会を頂点とする競争原理のもとに部活動が置かれている限りは，練習量を拡大する方向へと突き進んでいくのです。

　たとえ素人であったとしても，教員は指導者としての責務を果たすために，それなりに勉強して指導にあたります。ひとたびしっかりと練習をしてみると，生徒の技能は上達し，試合に勝てるようになります。試合に勝って，喜ばない人はいません。その喜びをもっと得たいと，練習に力が入ります。そこに保護者からの応援も入り，部活動は土日を費やしながら盛り上がっていくのです。

　しかもその過程では，生徒との関係性も強くなっていきます。自分が受け持つクラス以上に，部活動の生徒に愛着が生まれます。なるほど，部活動の話題になると，「部活動の生徒とは，卒業してもいまだに付き合いがある」という語りは定番です。生徒との深い絆と，試合で勝つことの喜び

を味わってしまうと，もうそこから抜け出ることは難しくなっていきます。

4．部活動を持続可能に

(1)「競争」と「居場所」の論理

　制度設計なき部活動は，物理的空間と専門的指導者の圧倒的な「不足」をうやむやにしたまま，今日の部活動を無理矢理に成立させ，また過熱させてきました。私たちはいま，人や場所，予算といった資源の有限性を踏まえたうえで，「自主性」の名のもとに肥大化してきた部活動を，制度的にしっかりと整備しなければなりません。つまり，現状の資源に見合ったかたちで，部活動を持続可能な（sustainable）ものとして構想するのです。

　そのためにはまず，放課後のスポーツ・文化活動を，トップアスリートやプロフェッショナルを目指す「競争」型と，その活動に親しむための「居場所」型に分ける必要があります（図4）。この分類は，スポーツ倫理学を専門とする友添秀則による，「競技」の論理と「教育」の論理（友添2016）に準ずるもので，その主張を基本的に踏襲しつつ，その内実をより直接的に表現しようとするものです。

　友添が指摘するように，今日の運動部活動は「競技の論理が教育の論理を押し切ってきた過程」の上に成り立っています。つまり，全国大会につながる巨大なピラミッドの底辺において，勝利することを目標にかかげながら，生徒も教員も日々練習に励んでいます。そして休みをとっていては負けてしまうからと，練習の時間数や日数を増やしてきました。

　しかしながらこれはトップを目指したい「競争」型の生徒・教員にとっても，ほどほどに楽しみたい「居場所」型の生徒・教員にとっても，不幸な形式をとっています。まずもって，ほどほどに楽しみたい生徒・教員にとって，土日や長期休暇を練習や大会でつぶす理由はありません。もっと少ない活動量でよいわけです。その一方で，勝ち上がっていきたい生徒・教員にとっては，必ずしもやる気や技術が高くない人たちといっしょに練習をしていては，効率が悪くなります。だからこそ，「競争」または「居場所」の論理により，放課後の活動を棲み分けることが，重要になってくるのです。

　そこで，まずは「居場所」の論理のもと，部活動の活動量を大幅に縮小すること，すなわち「総

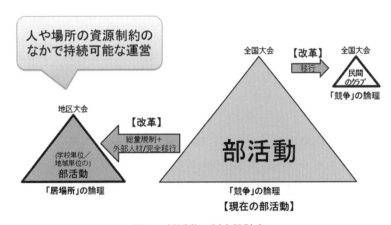

図4　部活動の制度設計案

量規制」を進めることが要請されます。ここでいう「総量規制」とは，具体的には大会やコンクールの参加回数の制限，練習時間数や日数の制限を意味しています。活動の総量がこれまでの半分以下になることを，行政主導により目指していきます。

　過熱してきた部活動を，例えば週2～3日にまで減らすとします。ただ活動量を減らせばよいだけですので，予算は1円もかかりません（活動量を増やす場合には，さまざまな面で予算が必要です）。各部活動の練習日を，月水金と火木土というかたちに分ければ，学校の施設を，ゆとりをもって使えるようになります。廊下を使う必要性も小さくなり，事故の抑制にもつながります。

　そこで専門性がありさらに安全性を保障してくれてかつ指導を希望する限られた教員や地域住民が，限られた日時だけ指導にあたればよいのです。単純に考えると，必要な人的資源は，半分で済みます。さらに，全国大会は廃止にして，せいぜい年に1回だけ，当該地区内であるいは複数校の間で交流試合を行えば十分でしょう。そして，このように総量規制が進んでいくと，部活動を学校から地域へと移行することの実現可能性が高まっていきます。部活動の構成員である指導者や生徒を疲弊させることなく，また事故に遭う犠牲者も減らしていくという意味で，持続可能な部活動がここに誕生します。

（2）民間の活性化

　「居場所」としての部活動はそれでよいとしても，「県大会上位，全国大会出場を目指して頑張りたい生徒は，どうすればよいのか」という疑問が浮かぶかもしれません。その答えは，もう「部活動」と呼ばれる仕組みのなかにはありません。

　トップアスリートや音楽家・芸術家を目指して頑張りたい生徒は，具体的には，民間のクラブ（スポーツクラブやお稽古事）に通うという選択をとることになります。実際に今日のトップアスリートには，民間のクラブチーム出身者が目立ちます。水泳，体操，卓球，フィギュアスケート，サッカーなど，さまざまな競技種目で多くのメダリストやプロ選手が，民間のクラブチームを経由してそこにたどり着いています。

　公共のサービスたる部活動は，低額で機会を保障してくれるけれども，それ以上のものではありません。トップを目指すのであれば，私費を投じて民間の機関で特別な指導を受けなければならないのです。

　学校の教員のなかには，「部活動指導がしたくて教員になった」という人がたくさんいます。部活動で頑張りたいのに，部活動が始まる夕方までは，授業や各種校務に時間を費やさねばならないとは，これもとても不幸なことです。

　学校の外にスポーツや文化活動の市場が整備されていれば，そこで活躍できる可能性が生まれます。その意味で，現在の部活動は民業を圧迫しているとも言えます。強い選手を育成したい場合には，教員にならずに民間のスポーツクラブに就職するという可能性がもっと開かれるべきでしょう。

（3）競争から降りる──静岡市の部活動ガイドライン

　2018年3月に，スポーツ庁が「運動部活動の在り方に関する総合的なガイドライン」を策定しました。ガイドラインでは，中学校と高校において，休養日を1週間に2日以上設けることなどが明記され，話題を呼びました。

　これまで肥大化してきた部活動に対して国がその活動量を制限しようとしている点は，高く評価

すべきです。ただし，スポーツ庁が提示した週に2日以上の休養日というのは，言い換えると週に5日は練習してもよいということになります。

　この発想は，より正しい勝利至上主義の方法論です。今日のスポーツ科学では，例えば3日練習して1日休み，2日練習して1日休むというかたちで1週間を過ごしながら強くなっていくというトレーニングを重視しています。「たくさん練習すれば強くなる」という発想は誤った勝利至上主義であり，しっかりと休みをとりながら勝利することを目指すのです。

　しかしこれは，依然として「競争」の論理に乗るものです。学校の部活動は，総量規制をとおして，「居場所」型の活動形態へと姿を変えていくべきです。実際に，大学生にもなると学生はサークルといったかたちで，ゆるやかに当のスポーツや文化活動を楽しんでいます。社会人でいうと草野球のような活動もその一つです。

　そしていま，「競争」から降りようとする自治体が現れ始めています。最後に，静岡市の事例を紹介して，本稿を閉じたいと思います。

　静岡市は，スポーツ庁のガイドラインに先立って，2018年2月に「静岡市立中学校部活動ガイドライン」を発表しました。その策定趣旨には，部活動は「人間形成のための魅力ある教育活動」である一方，「運動部・文化部を問わず，連日又は長時間にわたる活動など，十分な休養を生徒も教師も取りづらいこと，顧問の約半数が未経験の種目を担当しており，指導に自信がもてず，指導面の改善も必要である等の課題」があると記されています。

　「十分な休養を生徒も教師も取りづらい」という課題意識は，とても重要な着眼点です。そして，静岡市は，次のような大胆な方針を示しています（以下の方針には，運動部だけでなく文化部も含まれています）。

　第一に，「部活動は生徒の希望による自由参加」により営まれます。この視点は，実はスポーツ庁のガイドラインには記載されていません。冒頭で述べたように，部活動はそもそも生徒の自主的な活動により成り立つものです。そうであるならば，まずもって生徒の自由参加を保障することが不可欠です。

　第二に，活動日は平日が「週3日（原則として火曜日，水曜日，金曜日）」，休日が「土曜日又は日曜日，どちらか1日」です。スポーツ庁のガイドラインが，1週当たり計5日までと規定したのに対して，静岡市は計4日です。計4日までとなると，試合で勝つことはかなり難しくなることでしょう。これは「競争」から降りる覚悟をもった設定であるように見えます。

　部活動が「自主的な活動」である限りは，字義どおりに生徒の参加は自由とすべきです。また学校教育として位置づける限りは，その活動量はスポーツや文化活動に親しむ機会を保障する程度にとどめるべきです。部活動はこれまで学校に「あって当たり前」のものとして，その活動形態や内容が反省されることなく，放置されてきました。今後は，持続可能な新しい部活動の「制度設計」に率先して取り組む自治体が，少しずつ増えていくことが期待されます。

（内田　良）

〈参考文献〉
○中澤篤史，2014，『運動部活動の戦後と現在―なぜスポーツは学校教育に結び付けられるのか』青弓社。
○中澤篤史，2017，『そろそろ，部活のこれからを話しませんか―未来のための部活講義』大月書店。
○妹尾昌俊，2017，『「先生が忙しすぎる」をあきらめない』教育開発研究所。
○友添秀則，2016，「これから求められる運動部活動とは」『運動部活動の理論と実践』大修館書店，pp. 2-15.
○内田良，2017，『ブラック部活動―子どもと先生の苦しみに向き合う』東洋館出版社。

第2章 小・中学校運営体制の改革

【提案】「シフト制」を導入する

1. ケアと業務負担

　子どもにとっての非常事態は，学校が終わってから起きます。
　「先生，お母さんが帰ってこない」。夜の7時に拓也が中学校に戻ってきました。「どうしたんや」と聞いても，拓也は「分からない」と首を振るだけです。隣には，小学生の弟と妹が，不安そうな顔をして兄と先生のやりとりを聞いています。「よっしゃ。こっちにおいで」。応対した間宮先生が，職員室の先生に声をかけます。子どもたち3人は，そのまま校長室へと向かい，校長室のソファへと腰掛けました。「のど，かわいているやろう。何か飲もうか」。間宮先生が飲み物を取りにいくと，秋田先生がやってきます。「おなか減ってないか？ちょっと待っていてな。何かないか見てくるわ」。秋田先生が食べ物を探しに校長室を出ると，入れ替わりに「しんどくないか？」と手塚先生が心配そうにのぞきにやってきます。子どもたちが飲み物や食べ物を口にして少し落ち着くと，彼らを取り囲んでいた5〜6人の先生たちは，テレビの話をしたり，お笑いのネタを披露したり，あの手この手で子どもたちをリラックスさせようと，おどけた調子で振る舞いながら一生懸命です。もちろん，校長も教頭も加わって，子どもたちの緊張を解きほぐしながら，情報を収集し，お母さんの帰りを一緒に待っています。結局，夜の11時になってお母さんはようやく帰ってきました。
　これは，実話です。こうした話は，学校によりますが，珍しい話ではありません。2016年に厚生労働省が公表した「国民生活基礎調査」の結果では，子どもの7人に1人が貧困状態にあるとされています。貧困状態にある子どもたちが，各学校区に均等に散らばっているわけではありません。20人に1人のところもありますし，2人に1人のところもあります。困難を抱える子どもが多く住む地域の学校では，子どものSOSが数多く届きます。「お母さんが，お母さんが，薬飲んで起きない」と，夜中に泣きながら先生のところに電話がかかってくることもあります。
　こうした業務は，教員の業務ではないと言い切ってしまうことは簡単です。子どもは帰宅したら学校には絶対に戻ってきてはいけないし，教員は帰宅後の子どもの苦境には対応しなくてもよいとルールを作ることもできます。では，子どもの切羽詰まったSOSは，誰が受け取るのでしょうか。そして，誰が対応できるのでしょうか。
　近年では，様々な困難を抱える子どもに対して，地域住民の有志やNPO法人，行政からの委託団体などがケアを行っています。しかしながら，すべての学校区にそうした人々がいるわけでも，支援活動があるわけでもありません。また，いつ発生するかわからない子どもの非常事態に常に対応できる体制をとっているところは，全国でも限られています。そして，教員の業務負担は減らすけれども，有志で活動する人々の負担は考えないというのもおかしな話です。文部科学省は，24時間子供SOSダイヤルを創設していますし，各自治体も相談窓口を設けています。しかしながら，子どもが困ったときにふと思い浮かぶのは，毎日通っている学校であり，信頼をおいている教員で

す。そして，子どもの状況を日頃から把握しており，すぐに適切に対応できる可能性が高いのも，教員なのです。

また，子どもの困難は，緊急事態として現れるだけではありません。学校に来にくかったり，学校に来ても元気がなかったり，やる気が出なかったりと，さまざまな現れ方をします。子どもの背景を把握している学校では，毎日のように家庭訪問をしたり，家庭と連絡を取ったりしています。ある先生は，「毎日のように家庭訪問したり，子どもと連絡取ってます。そうするとね，その子がふと浮かび上がる瞬間が必ずあるんです。その瞬間を逃さなかったら，子どもは学校に来られるようになるんです」と語ってくれました。教員たちは，日々の子どもの状況を見ながら，引きこもりから少しでも脱せられるように，少しでも元気が出るように，やる気が出るようにと，頑張っています。そうだからこそ，子どもが学校に再び通えるようになったり，「ああ，この先生の言うことなら聞こうかな」と問題行動を起こさないようになったり，「授業，聞いておくか」と少し前向きになったりするのです。子どもにとって，安心できる学校，居心地のよい学校は，子どもの困難に真剣に対応する教員と，そこに生きていく希望を見いだせる子どもとの一つ一つの温かな関わりから生み出されるものだといえます。

山本・金子（2018）らは，「『勤務時間外は，学校は関係ありません』と言ったら，学校は成り立ちません。そもそも教員になった意味がない。（略）熱い志をもち，教師になった方の方が多いと思います。だからこそ，学校は子どもの命や安全を守るセーフティネットの「要」として機能するのです」と述べています。その通りだと思われます。教員養成の段階で，教育的愛情や責任感や使命などを学んできた多くの教員は，困っている子どもを少しでも救いたいと願っています。そのため，教員の中には，業務負担の軽減のため，困っている子どもへの対応を後回しにするような状況に陥ると，教員としての意義を見いだせずに非常に苦しむ人がいます。ただし，そうした先生も，すべての子どもへのさまざまな支援を一人で背負い込むことはできませんので，学校のケアの総量を変えずに，一教員の負担を減らす方法を編み出さなくてはいけません。

本章では，小・中学校のケアの総量を最大にしつつ，教員一人一人の業務負担を減らす学校運営について，主に多部制高校の事例に基づいて提案をします。本章の提案は，現在の日本の小・中学校運営からみると，突飛なものとして映るかもしれませんが，一考していただく価値はあると考えています。なお，ケアとは「他者の必要・要求に応答する」（久冨，2018：83）ことであり，ケアする学校とは「子どもの必要・要求に応答し，子ども一人一人の『生』を支える総合的な働きかけや発達保障に取り組む学校」です。

2. 多部制高校の事例

（1）公立定時制高校の改革動向

公立高校においては，全国各地で教育の多様化が進展しています。形態として，全日制で学年制，かつ普通科の高校が最も多いことには変わりありませんが，「学年制」に対して「単位制」（無学年制の場合もあれば，学年制の良さを残す場合もあります），「普通科」に対して「専門学科」と"第3の学科"と称される「総合学科」（「高等学校設置基準」第5条（学科の種類）），そして，「全日制」に対して「定時制」や「通信制」と，教育が施される形態は実に多様です。

定時制については，夜間だけではなく「昼夜間定時制」という，生徒が自分のライフスタイルや

学習ペースに合わせて，各時間帯（午前・午後・夜間）の授業を選ぶことができる仕組みの導入が全国的にも増えてきています。午前・午後・夜間の「3部制」，さらには「4部制」を取り入れる仕組みを「多部制」と称しています。

　例えば，東京都教育委員会では，主に勤労青少年に後期中等教育の機会を提供する定時制高校の役割の変化について，「勤労青少年の比率が減少する一方で，小・中学校時代に不登校経験のある生徒や全日制課程の中途退学者等，多様な生徒が入学してきており，勤労青少年の教育の機会の確保という，夜間定時制課程本来の役割が変化してきている」と述べています（東京都教育委員会「昼夜間定時制高校（新たなタイプ）基本構想検討委員会報告書」平成15年4月）。

　そこで，東京都では多部制の導入を進めてきたところですが，重視している取り組みは主として次の5つが挙げられています（東京都教育庁都立学校教育部都立高校改革推進担当提供資料）。昼夜間定時制高校（定時制・単位制・普通科・3ないし4部制の場合）では，①一人一人の能力に応じたきめ細かな指導により，基礎的・基本的な学力を身に付けた生徒の育成：基礎学習の徹底・習熟度別学習等。②異年齢等の多様な友人同士・教師・地域との交流等を通じて，豊かな人間関係を築ける生徒の育成：ホームルーム活動の重視，地域の教育力の活用等。③望ましい勤労観・職業観，社会人としての規範意識を身に付け，社会的に自立していける生徒の育成：キャリアガイダンスの実施等。④自分に合ったペースによる学習：4年で卒業することが基本であるが，他部の科目等を履修することで，3年で卒業可能。⑤生徒の学校生活の支援：スクールカウンセラー等の外部人材を活用した手厚い相談体制。

　多部制の中でも3部制を取り入れる高校が全国的に多くみられますが，例えば，図1のようなパターンで，生徒は授業を履修します。各校時の設定時間は学校によりますが，おおよそ1校時の開始は8時40分頃，12校時の終了は21時頃です。

校時			
1	【午前部】 必履修科目 選択科目		
2			
3		選択科目	
4			
	昼食		
5	選択科目	【午後部】 必履修科目 選択科目	
6			
7			選択科目
8			
	部活動・生徒会活動		
	給食		
9			【夜間部】 必履修科目 選択科目
10			
11			
12			

・午前部の生徒は，午前の1～4校時の授業を基本とするが，午後の5・6校時の選択科目を履修することにより，1日6時間の履修が可能。
・午後部の生徒は，午後の5～8校時の授業を基本とするが，午前の3・4校時の選択科目を履修することにより，1日6時間の履修が可能。
・夜間部の生徒は，夜間の9～12校時の授業を基本とするが，午後の7・8校時の選択科目を履修することにより，1日6時間の履修が可能。

図1　3部制の場合の履修例（東京都教育委員会）

(2) 教員の勤務形態—シフト制の導入

　上述のような多部制の高校における教員の勤務形態は，どのようになっているのでしょうか。筆者が訪問調査を行った，日本の公立の多部制高校（便宜的にここでは「A高校」とします）での事例を引用します。

　A高校では，教員（正規教員（教諭・主幹教諭等）約65名）を「A勤」：8時30分～17時（うち休憩45分）と「B勤」：12時55分～21時25分（うち休憩45分）とに分け，2交代制を採用しています。教科ごとにA勤とB勤の教員が半数ずつになるように，年度当初に決めています。ただし，前掲の図1でいう3校時から6校時の時間帯の授業を履修する生徒が非常に多いため，一部の教員を「C勤」として10時35分～19時5分（うち休憩45分）という勤務を週2回まで振替可としています。なお，校長はA勤で，副校長は2名配置されており，それぞれA勤とB勤としています。

(3) 学校運営の特徴

　同校は中規模校です。週1回のホームルーム以外は，授業選択が可能であり，個々の授業は10～30人前後の少人数クラスで行われています。制服はなく，行事や部活動への参加も自由，掃除当番やホームルームでの係活動等もありません。

　職員会議は月2回，各種研修会，分掌部会や部ごとの会議などを職員会議のない水曜日に行っています。教員の勤務が2交代制であることにより，引き継ぎや情報共有等については，メールも活用しているとのことでした。

　さまざまな配慮を要する多様な生徒を受け入れているため，同校は教育相談体制を充実させています。「相談室」があり，2名の教員が常駐しています。こちらについてもそれぞれがA勤とB勤とで勤務しています。両名とも担当教科がありますが，相談室業務に専従しています（教科の授業担当はなし）。両名ともに，同校赴任数年経過後に当該担当になったとのことでした。当然，カウンセリング等に関する専門的な研修も受けています。

　では，同校にスクールカウンセラーやスクールソーシャルワーカーが配置されていないかといえば，そうではなく，それぞれ2名ずつが配置されています。教員籍の者が相談室業務に専従することの意義を校長は，「スクールカウンセラーやスクールソーシャルワーカーの専門家と連携しつつも，授業，ホームルーム活動，部活動，生徒指導，進路指導等で多様な経験をしてきた教員だからこそわかることもある」とその配置の意義を述べていました。同校では，「相談室」がいわばキーステーションとなって，他職種であるスクールカウンセラーやスクールソーシャルワーカーとの連携の窓口となり，また，教員が抱えた生徒指導や教育相談にかかわる事案対応のサポートを可能にしています。校内の教育相談にかかわる研修会等の企画・運営も相談室が担い，教員間の共通理解の促進や生徒や保護者対応について教員が学べる機会を設定しています。ほぼ月例で，研修会は1件以上計画されています。例えば，4月早々には，「転入・新担任教員を対象に，生徒の様子や対応，相談室の役割とサポート体制等を紹介」する「校内研修会」を，6月には，「担任経験者と保護者面談の持ち方などを共有」する「担任交流会」を，10月には，「若手教員を中心にした事例検討会」として「教育相談交流会」を，2月には，「担任経験者と次年度の履修登録に向けて情報交換し，対応を学ぶ」ための「担任交流会」が行われています。

（4）「チーム」体制の構築

　多様な生徒を受け入れるA高校における教員の働き方について，考察を行いたいと思います。

　多部制という教育システムを機能させるため，教員の勤務は2交代制が採用されていました。ほとんどの教員が勤務時間を大幅に超えて業務にあたることは，あまりないということでした。会議等の開催や情報共有もA勤とB勤の勤務が重複する時間帯に行うことができているとのことでした。部活動は，多部制による放課後（という概念）がないことや，朝から夜まで授業があるため，生徒と教員それぞれの空き時間に部活動を実施しており，教員の部活動指導に伴う超過勤務や過度の自主性依存を招くことは生じていないようでした。

　しかし，同校に通学している生徒は，学力の高い生徒がいる一方で，特別支援を要する生徒や基礎学力が十分に身に付いていない生徒，人間関係の構築・他者とのコミュニケーションに困難を抱えている生徒，小・中学校で不登校経験がある生徒など実に多様で，教員が授業を展開する上でも多くの工夫や配慮が求められています。授業以外の教育指導場面においても，同様です。

　そのため，上述のように，同校では教育相談体制が対生徒だけでなく，対教員にとっても充実したものとなっていました。相談室専従教員の配置の意義は大きいといえます。筆者が以前訪問調査をしたドイツの中等学校でも「カウンセリングティーチャー」という教員籍の者が配置されていました。カウンセリング業務専従ではなかったものの，担当授業時数の軽減が措置されていました。カウンセリングティーチャーに任用されるためには，学校所在自治体主催の校外研修に参加し，1年間，1週間に1日，カウンセリング関係の研修科目を受講することが義務づけられていました。教員がカウンセリングティーチャーに相談を持ちかけたり，生徒のほうからカウンセリングティーチャーに相談を持ちかけたりすることもあるとのことでした。A高校も同様です。

　他職種の心理や社会福祉の専門家を学校に配置して「チーム学校」を実現していくだけでなく，教員の専門性（授業や学級経営，生徒指導や進路指導等の指導力）を活かしながら，教員の一部業務負担を軽減し，ケアに従事することも戦略としては有効です。結果として，学校としての教育力（学校力）も向上するといえます。また，2交代制の勤務体系も，A高校では引き継ぎや情報共有もほぼスムーズに行えており，教育相談や生徒指導を核にしながらまさに「チーム」として行われていました。従って，2交代制勤務による教職員の凝集性や一体感の低下もないようにみえました。

3．事例からの提案

（1）教員の勤務におけるシフト制の導入

　多部制高校の事例から，小・中学校でも，教員の勤務にシフト制を導入するというのが，一つ目の提案です。小・中学校の教員は，朝の7～8時頃には出勤します。そして，1日の学校の準備をしたり，朝から学校に来られない子どもの家庭を訪問したりします。（家族の了承を得て）子どもを起こし，服を着替えさせ，食事を少しでも取らせて，手を引っ張って出てくる場合もあります。困難を抱える子どもの多い学校では，朝の時間帯のケアも重要なのです。一方で，昼の時間帯は，子どもたちが持ち込むさまざまな要求に対応しなければいけません。そして，放課後は，1で述べた通りです。これらを一人の先生がすべて対応するのは困難です。

　朝から出勤した教員は，16時頃には退勤することができるシステムを作るのです。そして，そこで起きた出来事や，放課後に対応しなくてはならない事項については，午後からの勤務の教員に引

き継ぎをします。そうすると，ケアをしなかったことによる，教員の心的なダメージは少なくなり，物的負担に加えて心的負担も減ります。多部制高校の事例からも，それは示されています。午後からの勤務の教員は，子どもたちの問題解決にあたり，勤務時間内で対応可能となります。

近年では，スクールソーシャルワーカーやスクールカウンセラー，事務補助員といった，さまざまな職種の人々が学校の業務分担のために勤務しています。専門的知識とスキルを有するそうした職員の力を借りて子どもの問題改善にアプローチするのは大変重要です。これも，教員の業務負担を減らす一つの方法です。しかしながら，いつなんどき起きるかわからない，あるいは慢性的に抱えている子どもの困難へのケアから教員が撤退し，専門職員に全面的に任せられるわけではないのです。やはり，学校としてのケアへの最終的な責任は，教員にかかっています。

教員の勤務のシフト制については，紅林（2018）も提示しています。正規教員が，それぞれの事情やライフプランに応じた弾力的な勤務形態を選択できる雇用契約を結べるようにするという提案です。教員も家庭に帰れば子育てをしたり，介護をしたりします。仮に，16時に退勤できれば17時には保育園や学童保育に迎えに行けて，帰宅後に自身の子どもと触れ合える時間が取れます。多部制高校のように，すべてをシフト制にしなくとも，例えば15時から勤務する教員を何人か雇ったり，生徒指導・生活指導担当の教員数人だけをシフト制にしたりするといった案も考えられます。15時から勤務する教員として，退職教員を雇用してもいいでしょう。

上記提案には，教職員配置基準の変更の要請が含まれています。浜田（2018：21）は，「学校全体で何時間の勤務時間が必要なのかを算出し，そこからその学校に何人の教員が必要なのかを算出する」方法を提案しています。現行の子どもの数と学級数からの教員数の算出方法では，ケアを相当量負担しなくてはならない学校とそうではない学校での教員の働き方を同等に位置づけています。そうではなく，当該学校が子どもの指導とケアに必要としている時間を算出し，それに応じた教職員配置の方法が必要なのです。

（2）退職教員等の積極的雇用

上で述べたシフト制を成立させるためには，会議時間を日中にもってくる必要があります。すでに，働き方改革の流れの中で，14時や15時からの会議を実施している学校もあります。しかしながら，その時間は，子どもが学校にいる時間であり，教員が会議をしている間に，誰が子どもの学習活動を担当するのかという問題が生じます。そこで，ある曜日のある時間を担当する教員を雇うのです。大学では，教授会の時間に実施される授業に関しては，非常勤の時間担当講師が担っています。ただし，この提案は，非常勤教員を何人も雇って，財政負担を安くすませようと企図するものとは一線を画すものです。

また，ケアする学校が人手不足で困っているのは，家庭訪問や家庭との連絡に費やすための人員です。朝に登校できない子どもたちの家庭訪問を放課後に毎回のように担任がするわけにはいきませんし，1クラスに5～6人の子どもの家庭訪問をしなくてはならないときに，担任だけでは回りきれません。それが1日だけではなく，数か月続く場合もあります。朝の登校や放課後の家庭訪問を任せられる人がいてくれれば，教員の業務負担は，物的にも心的にもずいぶんと減ります。

家庭訪問は，簡単なように見えて，実は専門的な知識やスキルがいるものです。さまざまな事情を抱える家庭に，ボランティアの地域住民がおいそれと行けるわけでも，適切な対応をできるわけでもありません。スクールソーシャルワーカーがすべてを担当すると，スクールソーシャルワーカ

ー自身がバーンアウトする危険性もあります。

そのため，二つ目に，会議時間の確保と家庭とつながるケアのための退職教員等の積極的雇用を提案したいと思います。もちろん，ケアにはその他の細かい業務も多くありますので，そうした業務を担当するのも考えられます。教員の習得してきた専門性は，困難を抱える子どもへのケアに際して非常に有効です。もちろん，地域によっては地域住民や近隣のボランティアが家庭訪問を担っている場合もありますし，功を奏している事例はあります。しかしながら，そのことと，地域住民に完全に依存するのは別の問題です。教育や福祉の専門的知識とスキルを有した非常勤あるいは契約教員としての退職教員の雇用を検討すべきだと思います。

（3）教育と福祉の専門的資格を有する教員の養成

三つ目に，福祉（心理を含む）の専門的知識を有する教員を養成し，ケアの中核として位置づける学校運営を提案したいと思います。チーム学校の流れの中で，多職種連携が求められるようになっています。学校にさまざまな職員が関わり，それぞれの専門的知見を活かして協働しながら子どものケアにあたるのは理想的な状況です。ただし，多職種連携で見逃してはならないのは，そのマネジメントのための管理職およびミドルリーダーの業務負担の増加です。専門職員の勤務体制と負担を考慮しながら，教員から職員への適切な量と内容の業務移行を促しつつ，両者が協働できるよう調整するのは，大変な業務量です。また，ケアする教員は多くの葛藤を抱えやすく，ケアする教員のケアと教員間のケアリングコミュニティの形成が求められ（柏木，2018），そのためのキーパーソンが必要となります。

マネジメントをスムーズにするために，そして校内のケアを充実させるために，教員免許だけではなく，福祉の資格を有する教員を積極的に採用するなど，教育と福祉の専門的資格を有する教員の養成を提案します。多部制高校の事例では，相談室専従教員の配置がなされ，校内のケアのマネジメントと充実が図られていました。社会福祉士を取るのは時間も労力も多くかかりますので，教員が一定の努力で習得可能な福祉資格の創出にも取り組むべきだと思います。

（4）朝食の提供

最後に，朝食の提供について提案したいと思います。

日本のある小学校では，毎日30人程度の遅刻者に対する家庭訪問をしています。けれども，朝に子ども食堂のある日だけは遅刻者がゼロになります。朝にご飯を食べると，子どもは元気が出て授業に参加できますし，校庭に飛び出して友達と遊ぶこともできるようになるそうです。

アメリカでは，誰もが食べられる朝給食が普及している市や地域があります。ペンシルベニア州ピッツバーグ市のある公立小学校では，図2にあるように，朝と昼の給食が準備されています。子どもたちは登校して，給食が準備されている廊下を通って教室へ向かいます。朝ごはんを食べたい子どもは，教室へ向かう前に，食堂へ立ち寄って，そこから教室へ移動します。朝ごはんを食べなくてもよい子どもは，そのまま教室へ向かいます。申し込み制ではなく，食べるか食べないかはそのときに決められます。給食に支払う料金は別途徴収されません。

図2のメニューにあるように，簡単なごはんでいいと思います。ある先生は，「菓子パンでいいからお腹を空かせて登校した子どもに食べさせたい」と言います。パンと牛乳，あるいはおにぎりといったものを少しでもお腹に入れるのと入れないのとでは，子どもの様子は大きく異なります。

遅刻者や不登校も減ります。その分，教員のケアに関する業務負担は減ります。

図2　ピッツバーグ市公立小学校の給食メニュー（一部）

　学校は，子どもの最善の利益を守り，子どもの生を保障するためのケアする公的機関として位置づけられます。そのため，教職員配置を整え，社会の連帯を推し進められる学校運営を可能にする仕組みが必要となります。少子社会になりつつある今日，生まれてくる子ども一人ひとりを大切にし，安心して子どもを産める社会づくりへとつなげられればと考えています。

（柏木智子・川口有美子）

〈参考文献〉
○柏木智子「子どもの貧困問題に取り組むケアする教員の葛藤と対処様式」『学校経営研究』第43巻，大塚学校経営研究会，2018年，40-54頁。
○浜田博文「『働き方改革』論議が目をつぶっていること」『月刊　教職研修』教育開発研究所，2018年1月号，18-21頁。
○久冨善之「ケアと指導と教育実践」『教育』No.864，教育科学研究会，2018年，82-89頁。
○紅林信幸「より魅力的な教職にする処方箋」『月刊　教職研修』教育開発研究所，2018年1月号，94-95頁。
○山本修司・金子由美子・妹尾昌俊「生徒指導と『働き方改革』―学校・教師は何をどこまですべきか？」『月刊　教職研修』教育開発研究所，2018年1月号，35-42頁。

第3章 コミュニティ・スクールにおける学校支援活動の活性化と教員の勤務負担軽減

【提案】コミュニティ・スクールを生かす

1. コミュニティ・スクールに対する期待と懸念

　地方教育行政の組織及び運営に関する法律の改正（平成28（2016）年11月）により，学校運営協議会の設置が努力義務化されました。今日，学校運営協議会が設置された学校であるコミュニティ・スクール（以下「CS」）に対する期待は大きいものがあります。その理由は，学校運営における保護者・地域住民の参画による学校教育の推進，学校支援活動の活性化による子どもの多様な学びの拡大と深化，大人の学びとつながりの醸成などとされています。しかし一方では，CSの導入による教職員の勤務負担の増大が懸念されています。この懸念は妥当なのでしょうか。

　本書の「はじめに」でも示されたように，平成29（2017）年12月に中央教育審議会が出した「新しい時代の教育に向けた持続可能な学校指導・運営体制のための学校における働き方改革に関する総合的な方策について（中間まとめ）」では，現在学校が担っている業務を，「基本的には学校以外が担うべき業務」「学校の業務だが，必ずしも教師が担う必要のない業務」「教師の業務だが，負担軽減が可能な業務」に整理し，分担・改善することを提言しています。このように，教職員の働き方改革にともなう勤務負担軽減を考える上で，現在学校が担っている（担わざるを得ない）業務・役割を分担・改善していくという視点はとても重要です。そこで期待されるのがCSなのです。わが国において最初のCSが導入されて13年以上が経過した現在，CSに関する多くの研究論文・実践報告が発表されてきています。

　筆者は，CSに関する研修会の前に，必ず参加者に対してアンケートを実施します。回答者が教職員の場合，「CSの導入によって，勤務負担が増えるのではないかと心配です」といった声を多く聞きます。研修会では，「確かに，立場や役割によっては勤務負担が増える面はあります。しかし，それ以上に，メリットを享受することが多く，総体として，勤務負担，特に心理的な面での負担は減ります。また，減るようなCSにする必要があります」と回答します。根拠となる先行研究の一端を紹介しましょう。長年CS研究に取り組んでいる佐藤（2017）は，CSを導入している学校（校長）を対象とする調査データの分析結果をもとに，「CS制度は協議会の環境や活動，管理職のリーダーシップの在り方などの条件によっては勤務負担を増すことなく，あるいは勤務負担が増しても，高い成果が得られる可能性がある（p.56）」ことを明らかにしています。また，春日市教育委員会他（2014）は，CSが導入されて10年が経過した時点での成果として，教職員の勤務負担軽減に関する知見を提示しています（pp.33-35）。第一は，学校経営・運営面から見た成果として，保護者・地域の学校支援・理解が進んできたことです。具体的には，学校の考えが家庭・地域に浸透しやすくなってきたこと，学校に対する理不尽な苦情が激減したこと，地域と学校の連携行事が活性化してきたことです。第二は，子どもの生活面から見た成果として，子どもの基本的生活習慣の形成，地域行事への参画，生徒指導研修の激減，地域ボランティアの拡充が見え始めてきたことで

す。第三は，保護者・地域の取り組みの面から見た成果として，学校支援・協働の意識が醸成されてきたことです。具体的には，地域・保護者の意識が協力・参加から参画へと変わりつつあること，学校の風通しが良くなり，住民の目が学校に優しくなっていること，学校に気軽に出向いていく機会が増え，学校と地域との垣根がとれてきたことです。これらの成果から，CSの導入が学校支援活動を活性化させるとともに，量的面もそうですが，それ以上に質的面での教職員の負担軽減につながっていることが分かります。

そこで，以下では，実際に，CSが，学校支援活動の活性化とともに，教職員の勤務負担軽減に寄与した２つの学校の事例を通して，CSの導入による教職員の勤務負担軽減に関する示唆を提示したいと思います。

2. 岡山県矢掛町立矢掛小学校の事例

１校目の事例として，岡山県小田郡矢掛町立矢掛小学校を取り上げます。その理由は，コミュニティ・スクールの導入によって学校支援活動が活性化すると同時に，校内地域連携担当教職員配置や学校支援ボランティア・コーディネーター[1]（以下，「ボランティア・コーディネーター」）の機能強化等によって教職員の勤務負担軽減を成し遂げたことによります。本節では，矢掛小学校CS設置年（2011年）から2015年まで学校運営協議会委員を務め，現在も直接・間接的な関わりを継続している筆者の経験と弓取錦也校長からの聞き取り調査（2018年7月2日（月））に基づいて事例紹介を行います。弓取校長は，矢掛町内の小学校赴任が長く，同町内の別の小学校校長を経て，2016年度に矢掛小学校に赴任しました。

（１）矢掛小学校及び矢掛小CSの概要
１）矢掛小学校の概要

かつて旧山陽道の宿場町として栄えた矢掛町の中心に位置する矢掛小学校は，宿場町の雰囲気が色濃く残る歴史的建築物や豊かな自然環境に恵まれています。そして，それらの環境を活かし，伝統や文化を大切にし，ふるさと矢掛を誇りに思う学校づくりを目指した教育を推進しています。児童数は約200名，教職員数は約30名の規模です。

２）矢掛小CSの概要

矢掛町では全小中学校において，2006年度から継続的に国の研究指定を受けて，学校評価の実践研究に取り組んできた経緯があります。そして，2011年度より，学校評価を核とした持続可能な学校改善サイクルの確立と保護者・地域との連携・協力による学校づくりという理念を実現させるために，国の研究指定を受け，CSの推進（研究）に取り組み始めました。推進委員による協議の末，会議体としての学校運営協議会と保護者や地域住民による「学校支援ボランティア組織（学力向上部会，矢掛文化部会，安全・体力向上部会，ふるさと部会）」から成る「矢掛小スクラム21（以下，「スクラム21」）」が組織されることになりました。教職員及びCS委員もいずれかの部会に所属します。各部会の活動は校内においては教育課程と連動し，学校外においては，盆踊り等の事前練習・運営をふるさと部会が担うなど，地域行事と連動した活動を行います。学校―各部会―公民館等との間

---

[1] 報酬は，時給約850円，勤務時間は，週２時間（月最大８時間），勤務場所は，矢掛小学校。

で必要となるコーディネートは，主として，企画委員会に所属するボランティア・コーディネーターが担います。また，スクラム21が持続的な組織・営みとなるための工夫・仕掛けの一つに，総会を挙げることができます。年に1回開催される総会では，校長及び教務主任による矢掛小学校の目指す学校像や学校経営計画の説明とCS委員（主として大学教員）によるスクラム21のねらい及び概要の説明が行われます。後者については，①スクラム21とは何か，そのねらい，②前年度の取り組みの成果と課題は何か，③今年度の取り組みに対する期待などが語られます。総会終了後は，各部会の分科会が開催され，そこでは，①前年度の活動実績，成果，課題の確認や意見交換，②本年度の活動予定（追加，取りやめ）や新規メンバー（ボランティア）情報に関する意見交換がなされます。スクラム21全体及び各部会のねらいの確認，前年度の振り返り，本年度の計画立案等を組織的・計画的に行うための仕組みが確立されているのです。総会・分科会は，6月の日曜参観日に開催され，スクラム21のメンバーは，授業参観や教育講演会への参加が自由にでき，児童・保護者・教職員の様子を見る・知ることができます。また，総会・分科会終了後に，CS会議が開催され，総会・分科会に参加した感想や気づき等の情報交換が活発になされます。総会・分科会・CS会議の様子は後日，学校だより，学校ブログにて写真とともに詳しい情報が掲載されます。

（2）学校支援活動の活性化の実際

　次に，学校支援活動の活性化の様子を見ていきます。ボランティア・コーディネーターのネットワーク力や校長等の働きかけによって発掘された多くの保護者・地域人材は，学校支援活動の実働組織としてのスクラム21に登録し，学校の要請に応じた支援活動を展開しています。正規教育活動（教科指導・総合的な学習の時間・生活科・道徳・特別活動等）では，授業のゲスト講師，朝学習支援，地域学習（校外学習）時のガイド等の多岐にわたる支援活動がなされます。また，登下校時の見守り活動・安全パトロールといった児童の安全支援活動もなされます。しかし，学校の要請に応じた支援活動だけがなされるわけではありません。地域住民は，児童にもっとふるさと矢掛のことを知ってほしい，愛着を持ってほしいと願い，スクラム21を通して，学校に働きかけます。その結果，大名行列，盆踊りといった地域の伝統行事への児童の参加，児童による観光ボランティア（観光客に町の紹介をするボランティア）など，児童が地域行事や地域活動に積極的に関わることにより，地域住民との交流や学びが広がり，深まります。つまり，児童を介してのボランティアと学校，ボランティアと保護者，ボランティア同士のコミュニケーションが生起し，「つながり」が強くなります。このように，双方向な支援・交流活動にスクラム21の特徴があると言えます。前記したように，スクラム21の活動は，「学校運営協議会だより」（地域回覧及び各所掲示）や学校HP内のブログで写真付きで詳細に紹介されます。このことは，ボランティアや児童の活動の動機づけにつながります。以上のことから，矢掛小学校のCSは，児童の学びの深化と広がりだけでなく，大人自身の学びや大人同士のつながりを生み出していると言えます。

（3）教職員の勤務負担軽減のポイント

　このような特徴を持つ矢掛小学校のCSを推進していく中で，教職員の勤務負担軽減はどのように図られているのでしょうか。
　第一に，教職員の勤務状況に対する理解に基づくボランティア・コーディネーターの役割遂行があります。平成26（2014）年から平成29（2017）年度までボランティア・コーディネーターを務め

るA氏は，以前は，「要求の方が強い」[2]保護者でした。しかし，朝学習時の丸付けボランティアに参加するようになって，学校が抱える課題や教員の職務状況を知り，学校へのまなざしが変容しました。A氏は，学校現場に直接出向き，学校の活動に参加して初めて知ること，気づくこと，そして成功体験を積むことによって，「子どもや学校の役に立っている」というボランティアとしての自己効力感を高めました。A氏は，保護者仲間に学校の様子を伝え，ボランティアに誘うなど，学校支援活動を積極的に行うようになりました。A氏の変容は，当時の校長をはじめ周囲の方々が広く認知するものであり，必然的に，ボランティア・コーディネーターを委嘱されることになったのです。CSにおける学校支援活動が活性化すると，それに少しでも関わったボランティアの肯定的なまなざしによる言葉が周囲の大人に伝播し，学校に対する共感的理解を促進し，学校とのトラブルが生じにくくなるのです。A氏は，比較的時間を自由に使える環境にあったこともあり，学校が求めるボランティア人材を積極的に発掘，交渉，コーディネートする役割を担いました。このことは，教職員がボランティアと直接交渉する時間的・心理的負担を軽減させることにつながりました。と同時に，自身の経験や考えに基づき，ボランティアとして学校や児童に関わる際の留意点やポイントを他のボランティアの方々に丁寧に説明することにより，ボランティア時の行き違い等が生じにくくなりました。その意味でも，教職員の負担が軽減につながると言えるでしょう。

　第二に，地域連携担当職員の専任配置による他の教職員の職務負担軽減があります。平成29 (2017) 年の場合，弓取校長は，加配教員の配置という条件を活かし，主幹教諭を地域連携担当と兼務させ，学級担任から外しました。主幹教諭は，ボランティア・コーディネーターと協力しつつ，専らボランティアとの連絡調整を担い，教員に対して様々な情報やアドバイスを提供します。主幹教諭は，他の教員が地域に出ていくということの負担を減らすために，「橋渡し役」として，年度末ではなく新年度に変わった後に，ボランティア情報等の集約や諸手続き等の事務業務などの工夫を行っています。さらに，弓取校長は，教務主任も学級担任から外しました。教務主任は，教育課程の編成・実施の中で，主幹教諭と連携・協力しながら，保護者や地域とのやりとりを進めるとともに，主幹教諭と同様に，教員にさまざまな情報やアドバイスを提供します。結果として，ボランティアとの連絡・調整等にかかる他の教員の職務負担が軽減されることにつながりました。学校支援活動が活性化すればするほど，一方で，教職員の勤務負担が増えるという難題に対して，分掌配置での工夫を行うという校長のリーダーシップも見て取れます。

　第三に，学校運営協議会の協議に基づく設置者等への要請行動があります。矢掛小学校の場合，協議員と学校関係者評価委員は兼務であり，学校関係者評価書には，評価活動の結果として，設置者等への要望事項を記載し，教育長に提出します。さらに，学校運営協議会会長名で，町長及び教育長に，先の記載事項とほぼ同様の要望を記載した「要望書」を提出します。要望書の提出がただちに認められ，人事・予算面に反映されるとは限りませんが，協議会が有する権限を積極的に行使・活用しようとしています。結果として，例えば，町費による業務アシスタント職員及び用務員の専任配置を実現し，学級担任や教頭の負担軽減につながっています。学校運営協議会は，学校の実情を踏まえた協議を通して，学校支援ボランティアだけでなく，人事・財務的面からの支援に関与する可能性を有しているのです。

---

2) A氏に対する聞き取り調査（2014年9月22日）より。

3. 山口県宇部市立上宇部中学校の事例

　2校目の事例として、山口県宇部市立上宇部中学校を取り上げます。その理由は、CSの導入によって、学校支援活動だけでなく地域貢献活動が活性化し、生徒指導上の課題が劇的に改善するとともに学力が向上することによって、教職員の勤務負担軽減を成し遂げたことによります。本節では、師井浩二校長への聞き取り調査（2018年7月5日（木））に基づいて事例紹介を行います。師井校長は、県内他自治体の中学校校長を経て、2014年度に上宇部中学校に赴任しました。

(1) 上宇部中学校及び上宇部中学校CSの概要
1) 上宇部中学校の概要

　宇部文化発祥の地である「上宇部地区」のほぼ中央に位置する上宇部中学校は、校区に多くの官庁・教育機関を持ち、神社・仏閣など郷土の文化遺産・資料が豊富な教育環境に恵まれています。そして、それらの環境を活かし、自己の目標を高く持ち、共に感動できる生徒を育成する学校づくりを目指した教育を推進しています。生徒数は約450名、教職員数は約40名の規模です。

2) 上宇部中学校CSの概要

　師井校長の着任当時、上宇部中学校は、生徒指導上の課題が大きく、教職員は疲弊し、保護者や地域の学校に対するまなざしは、概して厳しいものでした。そこで、師井校長は、「感動　One for all, All for one（ひとりはみんなのために、みんなはひとりのために）」というスローガンのもと、「生徒、教職員、保護者、地域住民の全てが、お互い支え合い、認め合って感動を分かち合える学校経営方針」を策定し、「学校の組織的取組（教職員が組織で対応）」と「地域との連携（やまぐち型地域連携教育）[3]）」の二本柱からなる「チーム学校」への改革を始めました。その時から現在に至るまで、師井校長をはじめ、教職員の判断基準は、「生徒のためになる、先生のやりがい、保護者・地域の求めること」です。

　これらの教育理念を実現させるためのツールとして機能したのがCSでした。山口県では、CSの3つの機能として、「学校運営」「学校支援」「地域貢献」を掲げています。それは、上宇部中学校でも全く同様です。平成26（2014）年に導入された上宇部中学校のCSは、学校運営のあり方を協議する学校運営協議会と学校支援・地域貢献を担う実働組織としての学習支援部会、地域連携部会、環境美化部会、健康安全部会から構成されています。さまざまな立場の大人が学校運営に関して真剣に議論し、学校支援・地域貢献に具体的に結びつけていくために、学校運営協議会が会長1名と17名という比較的多人数の委員で構成されていることにも大きな特徴があります。また、前記したやまぐち型地域連携教育を推進するために、上宇部小学校、琴芝小学校との合同による学校運営協議会、小中合同研修会、PTA執行部・評議員会というヨコの連携から成る「地域協育ネット」が組織され、学校間連携を強化しています。さらに、上宇部中学校では、このようなCSの組織と実際の学校支援・地域貢献をつなぐ「ハブ＝場」として、校舎内に、「夢たまご」室を設置しています。これは、保護者や地域住民、コーディネーター等が必要に応じて集い、具体的な学校支援の内容や地域行事への参加斡旋、地域等との合同取組企画等について話し合ったり、検討したりする場です。以下に挙げるように、室設置の目的は、非常に明快かつ具体的であることが分かります。

---

[3]）「コミュニティ・スクールが核となり、山口県独自の取組である地域協育ネットの仕組みを生かして各中学校区で地域のネットワークを形成し、社会総がかりで子どもたちの学びや育ちを見守り支援する仕組み」のこと（山口県教育委員会HPより）。

・学校をより一層開き，信頼関係の構築を加速する。
・学校の様子や生徒の状況を理解していただき，具体的な協力や支援に結びつける。
・CS，地域協育ネットの推進を促す場とする。
・地域の学校という認識の向上，地域コミュニティの活性化に寄与する。

以上のように，上宇部中学校のCSは，山口県としての全体的取組に基づきつつも，独自の仕組みや方法を模索してきていると言えます。

（2）学校支援活動・地域貢献の活性化の実際

前記したように，上宇部中学校CSの場合，学校支援活動も重視されていますが，それと同じくらい，地域貢献活動が重視されています。そこで，2つの活動の実際を見ていきましょう。

学校支援活動としては，夢たまご塾（放課後の自主学習支援，長期休業中の補充学習の支援等），地域住民が講師を務める多くの教室（囲碁，将棋，紙芝居，手品，カローリング[4]，ミニランドセル作り，生花），安全見守り・見回り隊，ゲスト講師といった数多くの活動が保護者・地域住民によって行われています。

また，地域貢献活動としては，校区の文化祭での紙芝居披露（地域の講師の指導のもと生徒自身が作成した地元ゆかりの「福原越後とおふさ」）や吹奏楽演奏，血圧測定・焼き芋の手伝い，テントの設営・撤収，机・椅子の準備，靴袋の配布，ゴミ処理，地域運動会での出場者招集・誘導，バザーの手伝い，ブースの手伝い，地域の夏祭りでの提灯取り付け，太鼓の演奏，バザーの手伝い，進行の手伝い，放送の手伝い，地域のウォーキング大会・餅つき大会・敬老祝賀会などへのボランティア参加，美術部作成による地元神社への絵馬奉納，三世代交流地元神社清掃ボランティア，部活動単位での地域清掃ボランティアなど多種多様な活動がなされています。

さらには，上宇部中学校の地域貢献は地域ボランティアにとどまりません。学校という地域資源を活かした大人の学びを支援しています。具体的には，授業参観，ALTによる英会話教室の受講，図書館開放（貸出も可），給食試食会などです。また，生徒は，地域からの要請に応じるボランティアだけでなく，生徒同士，生徒と保護者・地域住民とで町づくりについて話し合い，アイデアを出し合い，行動に移します。その例として，地域の夏祭りでの生徒ブースの企画・運営があります。

以上見てきたように，上宇部中学校のCSは，学校支援だけでなく地域貢献という明確な目的を持って運営されていること，両活動における支援・被支援者や学び手は，生徒だけでなく大人も想定されていることに特徴があり，「地域とともにある学校」が体現されていることが分かります。

（3）教職員の勤務負担軽減のポイント

以上の特徴を持つ上宇部中学校のCSを推進していく中で，教職員の勤務負担軽減はどのように図られているのでしょうか。

第一は，チーム学校としての教職員集団の教育実践（校内清掃の徹底，授業改善，生徒主体の部活動運営等）とCSの諸活動との有機的つながりを通して顕著な成果が表れたことによる教職員の達成・充実感と勤務意欲の向上です。具体的な成果は，学力の大幅な向上，生徒指導上の課題の激減（問題行動，保健室利用者数等），部活動の成績向上，生徒の自信と自己肯定感の向上です。師井校長

---

[4] 氷上で行うカーリングをフロアーで手軽にできるように考えられたスポーツのこと。

の発案及び協議会委員や地域住民の財政支援・資金調達により作成された「のぼり旗(上宇部中学校,チーム上宇部)」は,上宇部中学校の看板・シンボルとなり,校内だけでなく,校外での生徒による地域貢献活動時には,常に携行します。旗を携行した生徒は,上宇部中学校の一員としての自覚と責任感が向上します。保護者・地域住民も生徒の変容を認め,褒め,肯定的な声掛けをするようになるといった好循環が生まれました。この状況は,生徒の変容・成長を自らのやりがいとする教職員にとって,達成感・充実感,自己効力感,勤務意欲を向上させます。このような意味では示唆を提供,心理的・質的な勤務負担軽減と言えるでしょう。

　第二は,学校支援活動の活性化による教職員の時間的な勤務負担の軽減です。具体的には,前記した学習支援ボランティアや自主学習支援が比較的多い頻度でなされることによって,教師の生徒に対する学習支援の重点化と分散化を実現でき,教師に時間的ゆとりが生じます。生徒が落ち着いてきたことによって生徒指導に割く時間が劇的に減りました。師井校長は,「子どものため,教師のやりがい」という視点から,学校がやるべきことを決め,教職員の職務負担軽減に最大限配慮します。さらに,校内の具体的工夫としては,「主任会・職員会議等の会議は極力短時間で実施」をはじめ,徹底したタイムマネジメントにより,子どもと関わる時間の創出を図ってきたのです。

4. CSの導入による教職員の勤務負担軽減に関する示唆

　最後に,本章で取り上げた2つの事例から得られた知見を踏まえて,CSの導入による教職員の勤務負担軽減に関して示唆されることを述べたいと思います。

　第一に,CSを導入しさえすれば,直ちに勤務負担軽減が図られるというわけではありません。CSはあくまでも手段であり,目的ではありません。学校運営協議会の重要な役割は,校長の学校運営方針を承認することです。子どもや教職員の実情をしっかり理解した上で,学校が目指していること,子どもや教職員にとってより良い姿を実現させるために十分協議する必要があります。そのことで,教職員理解・支援が促進され,結果として,勤務負担軽減につながり得る学校支援活動が実現できます。CSは,子どもだけでなく,教職員や保護者・地域住民といった大人に対してもメリットを生み出す仕組みとして捉え,運営していくことが大切になります。

　第二に,CSを学校支援活動と地域貢献活動の両面から捉える必要があります。特に,上宇部中学校の事例から明らかになったように,大人⇔生徒・学校という双方向的な活動は,互恵関係を生み出し,賞賛・承認・信頼という心理的報酬をもたらします。つまり,保護者・地域住民の子ども・学校に対する苦情や否定的なまなざしが縮減し,肯定的なまなざしが増えることは,教職員に対して安心と心理的ゆとりをもたらし,心理的・質的勤務負担が縮減されます。

　第三に,CSの推進によって教職員の勤務負担が増加することを防ぐための校長のリーダーシップです。CSの推進における専任担当教職員の分掌配置(矢掛小学校),CSを含む校務全般におけるタイムマネジメント(上宇部中学校)といった「見える化」の促進が大切です。また,協議会から,特に財務面での学校支援を引き出す交渉力(矢掛小学校の場合は,協議会による教職員加配の意見集約と請願,上宇部中学校は,協議会委員や地域住民による財政支援・資金調達)も大切です。

　最後になりましたが,CSを導入している学校,CSを導入しようしている学校にとって,本章で紹介した2つの事例が,教職員の勤務負担軽減に活かされることを切に願っています。

(諏訪英広)

〈参考文献〉
○春日市教育委員会・春日市立小中学校編（2014）『コミュニティ・スクールの底力―共育基盤形成9年の軌跡：「必要」から「必然」へ』北大路書房。
○佐藤晴雄（2017）「コミュニティ・スクールにおける教職員の勤務負担に及ぼす要因分析」『日本教育事務学会年報』第4号，pp.56-69。
○佐藤晴雄編（2018）『コミュニティ・スクールの全貌』風間出版。
○諏訪英広・田中真秀・畑中大路（2018）「『社会に開かれた教育課程』の理念の実現に向けたコミュニティ・スクールにおけるカリキュラム・マネジメントの検討―Y小学校を事例として」『兵庫教育大学研究紀要』第52巻，pp.161-171。
○妹尾昌敏（2017）『「先生が忙しすぎる」をあきらめない』教育開発研究所。

第4章 官民協働による不登校児童生徒への支援に向けて教育行政職員に求められる働き方

【提案】フリースクール等と連携し多様なニーズに応答する

はじめに

　2016（平成28）年12月17日に「義務教育の段階における普通教育に相当する教育の機会の確保等に関する法律」（以下，教育機会確保法）が可決成立しました。同法に基づき2017（平成29）年3月31日に出された基本方針において，「教育委員会・学校と多様な教育機会を提供している民間団体とが連携し，相互に協力・補完し合いながら不登校児童生徒に対する支援を行う取組」の推進が記されています。この基本方針は文部科学省初等中等教育局長通知「不登校児童生徒への支援の在り方について」（2016（平成28）年9月14日）と相まって不登校を「問題行動」と判断せず「不登校に対する根強い偏見を払拭する」ためにも，原籍校への復帰に限定されない不登校児童生徒への支援が教育行政職員や教職員の新しい働き方として求められ始めたと言えます。この点について藤原文雄（2018）は，学校の役割の見直しと並行して児童生徒の多様性を踏まえ一人ひとりにふさわしい生徒指導を行う上でフリースクール等を加えた生徒指導体制の構築を検討課題としています。

　フリースクール等と連携することで不登校児童生徒の学習支援や家庭訪問など学校として十分に対応しきれなかった支援ができるならば，「生徒指導上の問題解決能力の向上」と「教員の負担軽減」に資する手段の一つとしてフリースクール等との連携を積極的に検討する価値があります。ただし，教育委員会や学校が不登校児童生徒の対応をフリースクール等に任せきりにしてはいけません。一方で，フリースクール等との連携に際し，教育委員会や学校の視点や論理によってフリースクール等の存在価値ともいえる多様性や柔軟性に対して過度に干渉するのも避けなければなりません。このように慎重な配慮を要する課題を抱えながらもフリースクール等と連携することで，公教育全体として多様なニーズに対応できるだけでなく，不登校児童生徒を対象とする特別の教育課程の編成等について学ぶことができ，ひいては学校がすべての子どもにとって居場所となるような「やわらかい学校」[1]へと変容することが期待されます。

　しかしながら，長時間労働の帰結として，各学校では不登校児童生徒への対応に手が回らないのが実情なのかもしれません[2]。また，文部科学省が2016（平成28）年2月に全都道府県およびフリースクール等が所在する自治体に対して行った調査では，フリースクール等との連携に対して慎重な姿勢を示す教育委員会が少なくありません[3]。

　そこで本章では，教育行政文書を手がかりに教育委員会とフリースクール等との連携に関する動

---

1) 「やわらかい学校」とは，今津孝次郎（2017）が脱学校論やフリースクール等の実践と教師教育とを接合することによって導出している学校像で，開放性，柔軟性，親密性，自己改善性を特徴とします。「やわらかい学校」は変動社会における教員の職能開発や学校改善において追究されるべき学校像として位置づけられています。
2) 野口みな子「『教室にいる生徒でさえ…』不登校対応に影を落とす教師の長時間労働」（「with news」2018（平成30）年11月30日付）
3) 「フリースクール等との連携に関する実態調査」フリースクール等に関する検討会議「関連資料」15-17頁。

向を把握するとともに，全国に先駆けてフリースクールに対する独自の認定制度を導入した京都府教育委員会による取組の検討を通じて，今後の教育行政職員や教職員に求められる役割について考えていきます。

1. 教育行政文書から見るフリースクール等との連携

はじめに，教育行政文書を通じて教育委員会とフリースクール等との連携の動向を把握します。本稿では，フリースクール等が都市部に多く設置されていることを考慮し，都道府県，政令市，特別区の90か所を分析対象とします。分析資料は各自治体の当初予算，教育委員会の事務に関する点検・評価報告書（以下，点検・評価報告書），教育に関する大綱，教育振興基本計画です。これらの文書においてフリースクール等に関する記述を調べた結果を表1に示します。

表1　教育行政文書においてフリースクール等に関する記述が確認された自治体数[4]

当初予算		点検・評価報告書		教育に関する大綱	教育振興基本計画
2017年度	2018年度	2015年度実施分	2016年度実施分		
10 (11.1%)	8 (8.9%)	11 (12.2%)	15 (17.2%)	2 (2.2%)	20 (22.2%)

（出典）筆者作成

　当初予算事業の説明文書では10か所程度でフリースクール等に関する言及が確認されました。また，点検・評価報告書では2015（平成27）年度実施分から2016（平成28）年度実施分にかけてフリースクール等に関する言及が4か所増加しました。いまだ限定的ではありますが，フリースクール等との連携事業が一定程度行われていることが指摘できます。教育に関する大綱のうちフリースクール等に関する記述が確認できたのは，教育振興基本計画をもって大綱としている2か所のみです。そして，20か所の教育振興基本計画において，フリースクール等に関する言及が確認されました。以下ではこれらの文書に記されている取組の一部を紹介します。

（1）公共施設の利用優遇や専門職員による支援

　北海道教育委員会は2000（平成12）年より調査票を提出したフリースクール等に対して，道立施設を利用する際の引率者の利用料金の減免や道立施設の専門職員による指導をはじめとする「10の支援」を行っています[5]。また，調査票を提出したフリースクール等は希望に応じて北海道教育委員会のホームページに連絡先が掲載されます。そのため，教育委員会がフリースクール等の活動を把握しフリースクール等が教育資源を補えるだけでなく，不登校児童生徒や保護者がフリースクール等を認知しやすくなっていると考えられます。

---

4) 2018（平成30）年7月1日時点で収集した情報をもとに作成しました。なお，点検・評価報告書がホームページ上で未公表である自治体や教育振興基本計画の改訂作業中の自治体が存在することから，一部の項目において90か所すべてが対象となっているわけではないことをお断りします。
5) その他の支援項目は「道立施設の主催事業等案内の送付」「児童や生徒に対する相談機関の紹介」「不登校に関する研究報告書・関係情報の送付」「不登校に関する会議等への参加や助言者，事例発表者としての活用」「当該児童生徒の内科検診，歯科検診の病院などでの受診」「教育器具などの譲渡」「学校の授業時数の扱いやJR定期券の学割の適用についての周知」です。

（2）教育委員会のホームページ上での紹介

　北海道教育委員会の他にも一部の教育委員会のホームページにおいてフリースクール等の連絡先等が公開されています。本稿では7か所の教育委員会のホームページにてフリースクール等の連絡先が掲載されているのを確認しました[6]。教育委員会が個々の団体の質を保障しているとは限りませんが，大きな予算をかけずに導入可能な取組であり，不登校児童生徒や保護者がいざというときに速やかに情報収集ができるメリットは大きいと言えます。

（3）学校・教育委員会およびフリースクール等による進路説明会・相談会の開催

　官民連携による事業の一例として，不登校児童生徒および保護者に対する進路説明会や相談会の開催が挙げられます。点検・評価報告書では神奈川県や静岡県で実施が報告されていました。このうち静岡県では県教育委員会社会教育課が不登校やニート，ひきこもり等の悩みに応えるための合同相談会を主催しています。官民を超えた教育主体が同じ空間に相談窓口を設置していることで，不登校児童生徒や保護者がフリースクール等に気軽に接触できる機会となっていると推察されます。また，静岡県の合同相談会では就労支援を含め学齢期を超えた当事者も参加可能となっています。

（4）フリースクール等に対する財政支援

　教育機会確保法第6条では教育機会確保等に関する施策を実施する上で必要な財政上の措置を講ずることが努力義務とされています。今後さまざまな方法が考えられるでしょうが，現在3か所でフリースクール等の運営費等に対する支援が行われています[7]。とりわけ札幌市子どもの権利推進課は2017（平成29）年度に年間補助限度額や受付期間を見直し，フリースクール等のニーズに柔軟に対応しています。ここで注目されるのは，フリースクール等の運営費等に対する補助事業の所管は教育委員会ではないということです。鳥取県では県教育委員会義務教育課が作成したガイドラインに基づき活動している民間施設に補助が行われていることから，教育委員会の協力は欠かせません。ただし，一般行政がフリースクール等の運営費に対する補助事業を所管しているということは，フリースクール等への財政支援を検討する上で踏まえるべき前提となっています。

　限られた紙幅で各地の動向を詳細に記述することは叶いませんが，教育行政文書の分析からは次のことが言えます。すなわち，行政組織の所管に応じて導入可能な施策は複数ありうるということです。それは，フリースクール等との連携の窓口（「境界連結の担当部門」）が掲げる目標や当該部門の職員が共有する規範に加え，各部門で利用可能な資源や働きかける対象が異なるためです。そのため，今後各地でフリースクール等をどのような文脈に位置づけるかが問われていくでしょう。

2．京都府教育委員会によるフリースクール認定制度

　財政支援に限らずフリースクール等を公教育の担い手として位置づけるためには，何らかの形で

---

[6] ホームページの問い合わせ先は次の通りです。北海道教育委員会義務教育課，神奈川県教育委員会支援部子ども教育支援課，静岡県教育委員会社会教育課，島根県教育委員会，大分県教育庁学校安全・安心支援課，横浜市教育委員会教育総合相談センター，川崎市教育委員会学校教育部指導課。このほか，子ども若者支援地域協議会を設置している自治体の一部においても所管部署のホームページにてフリースクール等の連絡先が公表されています。

[7] フリースクール等の運営費に対する補助事業を行う自治体の所管は次の通りです。札幌市子ども未来局子ども育成部子どもの権利推進課，鳥取県地域振興部教育・学術振興課，福岡県人づくり・県民生活部私学振興・青少年育成局私学振興課。

フリースクール等を評価する必要があります。この教育委員会によるフリースクール等の評価に関して，京都府教育委員会学校教育課が所管するフリースクール認定制度が示唆に富んでいます。文部科学省が2003（平成15）年に「民間施設についてのガイドライン（試案）」を提示したのを機に，京都府教育委員会は2004（平成16）年度に京都府版の「不登校児童生徒の民間施設に係るガイドライン」を策定し不登校支援に関するネットワーク会議を設置しました。翌年よりフリースクール等利用者の学校復帰や進路保障を目的とした「民間施設連携支援事業」が開始されました。2007（平成19）年度には事業名を「フリースクール連携推進事業」と改め，「一定の要件を満たす民間施設を協働施設として認定」する「京都府独自の認定制度」として300万円の予算を伴い導入されたのがフリースクール認定制度です。2018（平成30）年7月末現在の認定フリースクールは表2の通りです。以下では筆者が行った調査[8]から得られた情報をもとに，認定開始から10年目を迎える認定制度の成果と課題を検討していきます。

表2　京都府教育委員会認定フリースクール一覧

名称	所在地	認定開始	設立
聖母の小さな学校	舞鶴市	2008年4月	1989年
安養寺フリースクール	京都市	2008年4月	1999年
学びの森フリースクール	亀岡市	2008年4月	2000年
認定NPO法人 夢街道国際交流子ども館	木津川市	2009年4月	2002年
フリースクールわく星学校	京都市	2011年4月	1990年
ほっとハウス	京都市	2012年4月	1999年

（出典）京都府教育委員会（2017）をもとに筆者作成

（1）認定制度導入当初

　京都府教育委員会はフリースクール等との連携を推進する上で，当初はフリースクール等から学校への働きかけを促進しました。梅澤良子氏によれば，舞鶴市に所在する聖母の小さな学校では，設立当初に非常勤講師として地域の中学校で授業をしていただけでなく原籍校の教員が聖母の小さな学校を訪問し指導を行うなど，連携事業の開始以前から連携ができていたとのことです。連携事業が開始された2007（平成19）年度には学習評価に関する検討会議が設置されました。その後会議を重ねる中で，2013（平成25）年度に舞鶴市中学校長会は聖母の小さな学校に通う児童生徒の評価・評定に関する合意を形成しました[9]。

　一方でフリースクール等から各学校への働きかけが期待されたため，その成果は一様ではありませんでした。学びの森の北村真也氏は連携事業の開始当初を次のように振り返ります。

---

[8] 2018（平成30）年2月20日から22日にかけて，京都府教育庁指導部学校教育課総括指導主事の竹林広司氏および指導主事の大岩洋一氏，学びの森フリースクールの北村真也氏，聖母の小さな学校の梅澤秀明氏，梅澤良子氏，舞鶴市教育委員会「明日葉」相談員の稗田靖彦氏，認定NPO法人夢街道国際交流子ども館の比嘉昇氏，比嘉治代氏，以呂免幸子氏，阪野将氏，森誠三郎氏にインタビューを実施しました。また，ほっとハウスの鷹羽良男氏にはインタビュー調査を通じて抽出された論点について質問紙でご回答いただきました。ご多用のところ本調査にご協力いただきました皆様には心より御礼申し上げます。なお，本稿に関する一切の責任は筆者が負います。

まず私たちが取り組んだのは，学校と教育委員会とのあいだで出席を認定しましょうという合意形成でした。これは国の枠組みがあったのである程度できました。次に，学校外で取り組んだ事が社会的にも評価される必要があるだろうということで，学習評価について取り組みました。ところが，府教委からの委託だとしても評価については学校の先生からひどく警戒されたので，3年ぐらい会議を続けても一向に進展しませんでした。進捗状況は府教委にも伝えており，その打開策としてフリースクールを府が認定するという施策が突然出てきたわけです。

　表1のとおり，フリースクール等に対する認定は2008（平成20）年度から2012（平成24）年度にわたって行われています。この間，京都府教育委員会の担当者は府内のフリースクール等を探索し認定制度への参加を呼びかけていました。6番目に認定を受けたほっとハウスの鷹羽良男氏は，京都府教育委員会に先行して京都市教育委員会からの委託を受けて不登校児童生徒に対する家庭訪問事業を行っていたため，認定制度に対しては慎重な姿勢を示していました。

　認定を申し込む何年か前から書類が毎年来ていたのですが，京都府教育委員会とはどんな連携をするのか形が全く見えなかったので申し込みをしませんでした。その後2011年の春に京都府教育委員会からご連絡があり「京都のフリースクールさんの認定は大体済ませていて，ぜひほっとハウスさんも認定フリースクールとしてどのような形で連携していくのか話し合っていきたい」という申し出があり，そこまで言われたならということで申し込み翌年認定に至りました。

　上記の証言より，認定制度の導入から数年経過した時点でも具体的な連携のあり方について見通しが立ちづらい状況であったと推察されます。

（2）フリースクール認定制度が生み出した責任と文化

　つづいて，教育委員会にとってフリースクール等を認定することの意味や，認定がフリースクール等に与える影響について検討します。関係者の証言からは，認定に伴う責任と文化が浮かび上がります。京都府教育委員会は認定を継続するにあたり毎年認定フリースクールに書類の提出を求めるだけでなく，担当者がすべての認定フリースクールを訪問しています。これは，担当者には京都府教育委員会が認定フリースクールの質保障について責任を負っているという認識があるためです。担当者による以下の証言の通り，制度が維持される中で導入当初の協働施設としての認定を超える意味が付与されていると推察されます。

　教育委員会として，もし何かあったときに本当にどこまで責任がもてるのかと。認定という言葉は重たい言葉ですよということは常々いろんなところで言われています。保護者の方がそ

9）具体的には聖母の小さな学校で定期テストが実施できた場合は原籍校での追試と同じ扱いとし，定期テストが実施できなかった場合でも聖母の小さな学校の学習内容と原籍校の学習内容の共通部分を協議し評価するというものです。このような取組の背景には，聖母の小さな学校が目指す社会的自立に向けた教育と中学校では学び方や内容に違いがあるとしても，「生きる力を身につけること，社会に出て貢献できる人間になることに関しては共通した目的である」（京都府教育委員会　2017：16）という基本的な考えがあります。また，このように学校や教育委員会と連携が深められた要因として，梅澤良子氏は会議を通じて記録が残ることの重要性を強調しています。

こに行くと決めるにあたって，認定という言葉は大なり小なり影響していると思うんです。もちろんフリースクールの理念や考え方というのは大事だけれども，京都府教育委員会が認定しているから安心だというのもあるだろうと。そこで万一のことがあったら保護者にも子どもにも申し訳ないですよね。

　今日に至るまで認定フリースクールに関して教育委員会が責任を問われる事態は発生していません。それでも多様な理念を掲げ直接の指揮・命令の対象ではないフリースクール等を教育委員会が認定するということは，万一の際にいつでも責任が問われうることを意味しています。
　一方でほっとハウスの鷹羽氏が「常に信頼される活動を目指しているので肩書が変わっただけで変化はありません」と言うように，認定フリースクールのすべてが認定を機に意識が変化したとは限りません。ただし，夢街道子ども館の比嘉昇氏は認定について次のように述べます。

　　改めて議論したことはないけれど，認定制度を導入した担当者と会ったときに認定フリースクールに何のメリットがあるのかと聞いたんです。そうしたら「何も無いです。ただ冠をかぶせただけ」だと。これは，教育委員会は私たちを信頼しているんだから時間をかけて信頼に応える実践を積み重ねていけということかなと解釈しています。学校ではないけれど，官ではなくて民だけど，学校にできない教育で子どもの命を守っているのが子ども館のフリースクールだと誇りをもっています。

　また，学びの森の北村氏は2016（平成28）年度に従来府の当初予算として計上されていた認定制度に対する予算が絶たれた際に，認定制度を京都府の文化として守ろうとしてきました。

　　当時，学校ではないところに1円でもお金を出すというのは，憲法89条のことがあってすごく大変なことだったんです。それでも，不登校を学校だけで解決するのは時代的に限界があるだろうという先見の明で担当者が苦労されたと思うんですけど，その思いは守らないといけないと。それが文化だと思ったんです。行政の担当者には異動がありますが，この事業を共に進めてきた私たちには異動がない。だからこそ，私たちはこの文化を守らなければという使命感を持ったのかもしれません。

　一連の証言より，認定フリースクールの一部は制度設計者の理念を踏まえ制度の維持に努めただけでなく，教育内容の質の向上を通じて教育委員会からの認定に応えてきたと言えます。
　しかしながら，北村氏は認定制度に関して次のような課題があるとも指摘しています。

　　文科省のガイドラインを受けて神奈川県と京都府が全国で先行する形で施策を打ったのは確かです。ところが両者には決定的な違いがあると思っていて，それは京都府が協議会を作らなかったことです。協議会が無いというのは，制度に関してフリースクールが意見を言える場が無いということです。府が責任をもつとなるとフリースクールのオリジナリティを府が管理することになります。そこで折り合いをつけていくためには協議しなければならないと思うのですが，協議会がありません。

このような中，教育機会確保法の施行を機に認定制度の意義と課題が問われ直されています。

(3) 教育機会確保法の影響

2017（平成29）年11月下旬に京都府教育委員会の橋本幸三教育長及び乙訓地区の教員が学びの森を視察しました。橋本教育長は学びの森に通う生徒の話を聞き「学校になじめない子は絶対にいる。学校だけが学ぶ場所ではないとは立場上，言いにくかったが，法律が施行されて，それも言えるようになった」[10]と述べています。長年認定制度を維持してきた京都府でさえ，教育長がフリースクール等を視察したのは初めてのことだとされています[11]。また，教育機会確保法の施行を機に，これまで無かった認定制度に関する問い合わせが増えているとのことです。しかしながら，以下の事情から2012（平成24）年度以降に新たな認定が出されていません。

> 長い時間かけてやってきて認定という重みがあるなかで，認定を今後どんどん増やして本当に大丈夫なのかという部分もあり，一方では連携していかなければいけないとすれば，どういう形があるのかなと。ただ，今は府が認定ということですが今後連携していただきたいのは市町村の教育委員会です。ところが市町村の教育委員会としては認定という言葉が付いているから連携もしやすいけれど，そうでないところは市として判断しようがないと。認定とは言わなくても一定の基準を示してほしいという声もあるので，次の大きな課題はそこになってくるだろうと感じています。

居住地とは異なる自治体に所在するフリースクール等を利用する児童生徒も一定数いるため，市町村教育委員会がフリースクール等と連携するとしても，単独での対応には限界があります。この点で京都府教育委員会が果たす役割は依然として大きいと言えます。市町村単位の取組として舞鶴市教育委員会では新任・転任教員が年度当初に研修として聖母の小さな学校を訪問し，学校と聖母の小さな学校で顔の見える関係を築いています。また，舞鶴市教育支援センター「明日葉」の相談員が市内の学校や聖母の小さな学校を訪問し，関連機関の情報共有や相互理解に努めています。

さらに，市町村教育委員会とフリースクール等の連携に加え，校内の指導体制の見直しも必要です。「明日葉」相談員で中学校長の経験がある稗田靖彦氏は，舞鶴市の教職員が聖母の小さな学校に出向いて指導にあたったり聖母の小さな学校における各種行事に参加したりしている実態を踏まえ，「校長が許可を出して先生が子どもを見に行ける，そして，先生が外へ出ても回せる校内体制を作るのが管理職の役割の一つ」と指摘しています。

---

10) 藤松奈美「フリースクールへ熱視線」（「京都新聞」丹波版，2017（平成29）年12月10日付）。
11) その後橋本教育長は2017（平成29）年12月14日に開かれた「文化・教育常任委員会及び予算特別委員会文化・教育分科会12月定例会」において，次のように答弁しています。

> 先日私もちょっとあるフリースクールを訪れましたけれども，やはり学校が全て（不登校に至った：注筆者）真の理由といいますかそこを把握しているかというと，なかなかわかりにくいところがあるんだなと。（中略：筆者）私は，学校だけで全てそこを捉えて，また復帰の道に持っていくのが適切なのかということも含めて，今どうすべきかというのを考えているんですけれども，一つはやはりもっと学校以外の機関も含めた総合的な相談なり後の対応の体制というのをつくり上げていくことが重要じゃないかな，そんなふうな思いでおります。

上記答弁からは，橋本教育長が学びの森を視察したのを機に学校教育の限界を認識し，学校復帰に限定されない総合的な支援体制を構想し始めているものとして理解できます。

おわりに

　本稿で得られた知見をまとめ，若干の考察を加えます。

　京都府教育委員会学校教育課によるフリースクール認定制度は，フリースクール等と学校の間のハードルを下げるのを目的として，フリースクール等に対する期待や信頼を制度化したものだと理解できます。また，教育委員会とりわけ学校教育課が10年前からフリースクール等を認定し一定の予算措置を行ってきたという点でも先駆性や独自性が認められます。一方で，今後増加しうるフリースクール等をすべて認定すると認定の質を低下させる恐れがあることから，長期的な制度運用により構造上の課題が浮上し始めていると考えられます。そして，その課題を克服する手段となりうる協議会が設置されてこなかったことが，逆説的に協議会を設置する重要性を示していると言えます。

　一方で，京都府教育委員会にとっては，担当者が認定フリースクールを訪問しフリースクール等で学ぶことで社会的自立を果たす子どもの姿を目の当たりにすることで，不登校やフリースクール等に対する認識が変容し学校教育の役割や教育委員会が果たすべき責任を問い直す「越境学習」を生み出す仕掛けとしてフリースクール認定制度が機能してきたと解釈できます。

　不登校等の生徒指導上の課題の多様化に伴い，学校の役割や生徒指導体制の見直しは不可避です。ただし，現実的に構想し選択しうる学校の役割や校内体制というのは，それぞれの地域にいかなる教育主体が存在するかによって異なるものです。そのため，官民協働による不登校対策の実現に向け境界連結を担う教育行政職員には，まず官民や行政分野の境界を越えて地域の教育主体を探索し，対話や学習を重ねることが求められます。そして，教育主体を組織化し公教育全体として提供できるケアの総量の増加と学校の役割の見直しを見据えた協議と学習の場の設置が求められます。協議に際してはフリースクール等と学校教育との間で目につきやすい差異にとらわれることなく，両者に共通する目的や理念を言語化することが肝心です。この点で連携の窓口を担う教育行政職員には，両者の共通点と相違点を翻訳する役割も期待されます。これらの官民協働による不登校児童生徒への支援に向けて教育行政職員に求められる働き方の事例として，京都府における実践が大いに参考になります。

　【付記】本稿はJSPS科研費18K13062による研究成果の一部です。

（本山敬祐）

〈引用・参考文献〉
○藤原文雄「生徒指導体制」藤原文雄編著『世界の学校と教職員の働き方―米・英・仏・独・中・韓との比較から考える日本の教職員の働き方改革』学事出版，199-209頁，2018年。
○今津孝次郎『新版変動社会の教師教育』名古屋大学出版会，2017年。
○京都府教育委員会『学校復帰や進路希望の実現を図るフリースクールと学校・教育委員会との連携の在り方について』2017年。
○J. D. トンプソン（大月博司・廣田俊郎訳）『行為する組織―組織と管理の理論についての社会科学的基盤』同文舘出版，2012年。
○石山恒貴『越境的学習のメカニズム―実践共同体を往還しキャリア構築するナレッジ・ブローカーの実像』福村出版，2018年。

地域学校協働活動による教師の働き方改革の可能性
～茨城県牛久市放課後対策課の取組～

1. 放課後対策課の設置

　地域学校協働活動（地域と学校が相互にパートナーとして連携・協働して行うさまざまな活動）は，教職員の努力だけでなく，主体的に学校に関わろうとする地域活動が存在しなければ成立しません。構成員の数や多様性から考えても，学校が変わる以上に，地域が変わるためには長い時間が必要です。子供の育成に関わろうとする地域住民の活動を行政が組織的に支え，長期的な見通しの元で，同じ子供を支え合う地域と学校との協働関係を深めようとしている好事例として，茨城県牛久市教育委員会の取組を取り上げたいと思います。牛久市教育委員会の大きな特徴は，子供たちの学校内での活動については「指導課」が，それ以外の時間の活動支援は「放課後対策課」という教育委員会内の部署が所管し，両輪で子供の教育環境の整備を担う教育行政の体制づくりができているという点です。子供たちの１日の生活を，学校生活と地域生活とに二分してとらえ，学校と地域の双方とで子供たちの学習活動の充実を図る取組が展開されています。

　牛久市は，大都市の近郊に所在するという地の利を生かし，保護者の働きやすさ，子育てしやすさに重点を置いたまちづくりを市の重点方針としています。その一環として，平成20（2008）年より放課後対策事業に力を注いでおり，他地域よりもいち早く放課後児童クラブの対象を小学校１年生から６年生までに延長するなど，先進的取り組みが行われてきました。平成19（2007）年度には放課後事業と学校教育との積極的な連携を図るため，児童クラブの担当業務を福祉部局（児童福祉課）から教育委員会（指導課内）へと移管し，「児童クラブ課」という専門部局が設置されました。

　大きな分岐点となったのが，平成26（2014）年に保護者の就労等の家庭状況によらず，すべての子供たちが学ぶことができる地域未来塾を導入し，放課後児童クラブとも一体的に活動を始めたことでした。単に安心安全な放課後の居場所をすべての子供に確保するだけでなく，そこで過ごす時間は地域ボランティアから学習支援を受けられる学びの場へと，質の転換が図られることになったのです。所管も「児童クラブ課」から「放課後対策課」と名称を改められ，小学校だけではなく，中学校も対象とした全市事業へと拡大されていきました。

2.「うしく放課後かっぱ塾」と「うしく土曜かっぱ塾」

　その具体的活動が，「うしく放課後カッパ塾」と「うしく土曜カッパ塾」（両事業をまとめてカッパ塾と略記する）です。平成26（2014）年には，市内の全市立小中学校で平日の放課後に，自分で勉強したいものを持ってきて学習指導員に自主学習を支援してもらう「うしく放課後カッパ塾」が開設されており，中学校を含む全小中学校で，平日の放課後に学校施設を利用してこうした学習機会が設置されました。学習支援の指導者は市で一括に募集し，有償のボランティアとして予算化もされ，放課後対策課によって各学校に派遣する制度が整えられています。この学習支援員は，元教員や大学生，一般の方など，教員免許所有の有無にかかわらず，高い指導スキルをもった方々で構成されています。小学４～６年生と中学３年生の希望者を対象に，午後４時から５時半までの１時間30分間，無料で実施されています。また，小学校では土曜にも「うしく土曜カッパ塾」が実施さ

れ、こちらも市内すべての小学校で午前中の3時間開かれています。土曜には自主学習の支援だけでなく、地域ボランティアによる料理教室や英語活動、音楽活動など、多様な体験活動も用意されており、活動内容も支援者のネットワークも少しずつ広がっています。こうした地域ボランティアは、年間300人を超えています。

　地域ボランティアとともにカッパ塾の運営を担っているのが、地域コーディネーターです。すべての学校に配置されている地域コーディネーターは、平成27（2015）年から養成・研修活動が開始され、全校に複数人配置されています。導入当初、地域コーディネーターは、市内全小学校の校長に、子供の教育支援に携わったことがあり学校のニーズに応えられる方、学校及び活動団体（PTA、地域の自治会、地区社協など）と連携が取れる方、講座修了後にコーディネーターとして学校で活動が可能な方など、日頃より学校教育に協力的に関わっている方などを推薦してもらい、人選が行われました。校長が信頼できる地域住民が活動の中核を担っている点が、学校と地域との連携・協働を深めていく土台作りに効果をもたらしたといえるでしょう。

3. 放課後支援からコミュニティ・スクール活動へ

　カッパ塾の開催場所は学校ですが、基本的に地域住民と放課後対策課とで担当する活動であるため、実施に当たっては教職員に直接的な負担がかかることが少ない活動です。この取組のために地域コーディネーターと教職員とが話し合う中で、学校の困りごとを解決するような学校支援活動へと成熟がみられるようになりました。その一つが、「教室留守番サポーター」の活動です。これは、全教職員が同じ授業研究会に一度に参加することできるよう、各教室の自習学習の授業時間を地域ボランティアが見守りを行うもので、平成29年度に学校側の要望に応えて設けられ、現在ではほとんどの学校でこの活動が実施されています。

　こうした活動を通じて培った学校と地域の信頼関係を活かし、次のステップとして牛久市はコミュニティ・スクールの導入も進めています。地域コーディネーター養成が始まった平成27（2015）年からその準備は始められており、翌年にモデル校2校で導入されたことを皮切りに、平成30（2018）年末までに市内すべての小中学校でコミュニティ・スクールが設置される計画となっています。英語教育、小中一貫教育、ESD、キャリア教育など、新しい教育活動の充実・改善推進したいポイントは各学校によって異なりますが、学校運営協議会委員としてカッパ塾の地域コーディネーターの中から数名が選出されており、それまでの経験や地域ネットワークを活用しながら、その学校にふさわしい「社会に開かれた教育課程」づくりが展開されはじめています。牛久市の事例からは地域による放課後の学習活動の充実から、地域による学校活動の支援へ、そして、地域と学校とで進める新たな学校づくりへと、ゆっくりと、そして着実に、教育行政のフォローアップを受けながら、地域と学校の協働関係を深めてきた過程を確認することができます。

　もちろん、地域学校協働活動は、教師の働き方改革を主たる目的として行われているのみではありません。しかし、この活動は教師の働き方改革につながる可能性を持っています。

（志々田まなみ）

〈参考文献〉
○牛久市公式PRサイト「まなぶ」
　http://www.city.ushiku.lg.jp/page/page005496.html（2018年8月2日確認）
　地域学校協働活動を支える地域づくりの展開

第2部

教育課程実施体制

ガイダンス
教育課程実施体制の見直しの意義

　小学校においては2020（平成32）年度から，中学校においては2021（平成33）年度から，新学習指導要領が全面実施される予定です。新しい時代の教育に向けた持続可能な学校指導・運営体制の構築を図る上では，教育課程実施体制の見直しは避けては通れません。

　文部科学省「教員勤務実態調査（平成28年度）」で明らかにされたとおり，10年前の教師の勤務実態と比較した場合，授業や学年・学級経営など児童生徒への直接的教育活動の時間は増加しています。こうした勤務実態を踏まえ，「学校における働き方改革特別部会」の小川正人部会長は，「現行学習指導要領での授業時間増加や言語活動の充実など授業改革の影響であることは明らか。そうすると，小学校でさらなる授業時数増となり，『主体的・対話的で深い学び』の授業づくりなどにも取り組む2020年度からの新教育課程において，現行の勤務体制では大きな支障が出ることが懸念されます」（小川（2017））と警鐘を鳴らしています。

　もちろん，教師の勤務実態が深刻な状況にあるからといって，授業や学年・学級経営といった教師としての本来的業務を縮小することは本末転倒です。むしろ，教師がプロフェッショナルとして本来的業務に専念することができるよう「業務の質的転換を図り，授業やその準備に集中できる時間，教師自らの専門性を高めるための研修のための時間を確保できる勤務環境を整備する」（中央教育審議会『新しい時代の教育に向けた持続可能な学校指導・運営体制の構築のための学校における働き方改革に関する総合的な方策について（中間まとめ）』）ことが学校における働き方改革の目指すところなのです。

　かつて，同様の改革を実施した英国においても，教師の持ち時数の軽減とともに，勤務時間内の同僚との協働的な授業準備や評価のための時間の確保は最重要課題の一つとしてとらえられ，法で定められた勤務時間の中に一定の授業の計画・準備・評価の時間を確保する仕組みが導入されました（藤原編（2018））。この英国の取組をみても，教師がプロフェッショナルとして授業やその準備に集中できる時間，教師自らの専門性を高めるための研修のための時間を確保できる勤務環境の整備の重要性が確認できることでしょう。

　そうしたプロフェッショナルとしての勤務環境の整備を図る上で不可欠なものが教員定数の増加であることは言うまでもありません。他方，教員定数の増加という方法以外も教育課程実施体制の見直しは可能であり，業務改善をはじめ学校レベルで取り組めることもあります。『平成30年度全国学力・学習状況調査』においても，「業務改善に取り組んでいる」学校ほど「学習指導と学習評価の計画の作成時，教職員同士が協力し合っている」と回答しています。

　そこで，第2部では，読者の皆さんが，学校・教師の業務の見直しによる新しい時代の教育に向けた持続可能な学校指導・運営体制の構築という改善方策について考える上での示唆となるよう，①高度情報技術（ICT/AI）を活用する，②教員の資質・能力向上のための仕組みを作る，③学校事務職員の調整機能を生かす，④塾を生かして仕事の質を上げる，といった4つの提案を収録します。

（藤原文雄）

第1章 プロフェッショナルとしての働き方改革

【提案】高度情報技術(ICT/AI)を活用する

　本章では，教員の働き方改革について，問題の本質的原因と現状の対策について整理し，プロフェッショナルとしての働き方改革を提案します。次に，働き方改革の成果指標を，学術的見地から提案します。最後に，高度情報技術（ICT/AI）を活用した業務改善の事例と展望について，我々が取り組んでいるプロジェクトを中心に紹介します。

1. 何が問題か？

　教員の長時間勤務を引き起こす原因は多様ですが，ここでは，特に以下の2点，すなわち，人手不足とマネジメント不全に着目します。

(1) 人手不足

　長時間勤務の最大の原因は，なんといっても人手不足でしょう。文部科学省が実施した2006年度と2016年度の調査では，平日学内勤務月当たり業務内容の合計が22時間20分増えていますが，増加分の約64%は，授業や授業準備，学習指導に関係する業務です。授業・学習指導関係の業務を中心に勤務時間が増大しているのです。ただし，少子化が進む中で正規雇用の教諭を景気よく雇用することは難しい状況です。地方では財政状況も厳しく，少人数指導等の加配教員が十分に措置できない現象も生じています。理科，音楽，体育等を担任がすべて担当する学校では，空き時間がない状態です。「トイレにも行けない」という表現が用いられるほどです。教諭が増やせないなら，非常勤雇用のチーム学校の専門スタッフの配置が期待されます。ところが，専門スタッフは市町村からの持ち出しが生じるため，よほど教育事業に対する優先順位が高くない限り，配置は期待できません。せっかく専門スタッフを配置しても，次年度予算不足のため配置が打ち切りになる等，なんとも言えない現象が起きている自治体もあります。最後の切り札は，ボランティア・スタッフでしょうか。ただし，服務監督や守秘義務の問題があり，部分的支援に限定されます。仕事量は減らないまま，人員が減っていきます。しかも，教員の高齢化は，追い打ちをかけるように，少数の若手・中堅教員への負担の集中化を引き起こします。こうした悪条件下でも，着実に成果を上げるのだから，日本の学校教員の能力・努力の水準はすごいとしか言いようがありません。ただし，このことが，業務改善の優先順位を下げてしまい（うまくいっているじゃないか……），改革が進みにくいというジレンマに陥っている可能性も否定できません。

(2) マネジメント不全

　マネジメントの機能不全も，長時間勤務を引き起こす主要因です。学校での長時間勤務をよしとする風土，帰りにくい職場風土の維持は，マネジメント機能不全の象徴です。これらのほかにも，

「前例踏襲主義」「性悪説に基づく統治」があります。以下，これら２点について説明します。
１）前例踏襲主義
　成果が上がっている業務を昨年度と同様に実施することは良いとして，問題は，成果が上がっていない業務の前例踏襲です。いったい誰が読むのか分からない書類を，昨年度の様式にしたがい事細かく丁寧に書くようなことはやめましょう。ある学校では，初任者教員の研修を受けての所感文を，校長をはじめとする複数の教員で赤を入れ，稟議に回しています。初任者教員の感想文です。担当教員が見て校長が決裁すればよいのではないでしょうか。１年間の研修成果報告書で，初任者研修の場において発表する原稿なら分かりますが……。校長の最終確認の段階でミスがあると，教頭・主幹・教務らの責任が問われるので，丁寧に読むのですが，その時間を他の業務に向けたほうが良いと思います。「なぜやっているのですか？」と教頭先生に聞くと，「前からやっているから」と答えます。

　とりあえずやっている行事を，何も考えず今年も実施するようなことはやめましょう。いちいち考えたり，新たな準備をしたりする必要がないため，一見，ラクに見えます。しかし，その行事の教育効果が乏しい場合，また，保護者や地域住民の参加も少なく，無理矢理集めているような場合は再考が必要でしょう。もちろん，学校行事は保護者や地域とのつながりを醸成する上で極めて重要な機能を持ちます。ただし，グタグタの学校行事はつながりを生み出すどころか，逆につながりを失いかねません。教頭先生に「そんな行事やめたら」と問うと，「前からやっているから」と答えます。ひどい場合は，「○○校長（退職後も現場に影響力を持つ）が始めた行事だから」との回答もあります。しがらみタップリの行事はやめるのが難しいのです。教育効果とつながり。この２つの軸に行事をプロットして，行事を見直してみるのも良いでしょう。

　ある学校では，校務分掌図が年々膨張しています。Ａ３版１枚の名家の家系図並の分掌図が特徴です。グランドデザインは５年前からほとんど変わっていません。学校評価項目も同様です。この間，校長は３名代わりました。この地域では，校長の在校年数は約２年間です。１年目に学校の様子を理解し，２年目に出ます。こうなると前例踏襲マネジントの実践しか選択肢はありません。

２）性悪説に基づく統治
　「性悪説に基づく統治」は，長時間勤務の原因であり，教員を強烈に疲弊させます。「悪事を働いていないことを証明せよ」との前提が，学校に報告書の山を築かせます。我々，大学教員も，出張書類で，性悪説に基づく統治を受けています。研究費でのカラ出張事件が続いたという負の歴史が底流にあります。飛行機の半券，ホテルの領収書，学会会場での写真，大会パンフレットのコピーを出せと言われます。こうした統治が，どれだけ我々の研究時間を奪っていることか。

　ある自治体では，教員のパソコンが外部ネットワークから遮断されています。外部とメール連絡する場合は，学校にある外部ネットワークに接続されたパソコンを使用するしかないのです。業務改善にICTの力は必要不可欠です。デジタル教科書・教材の時代に，この自治体は一体，どこへ行こうとしているのでしょうか。教頭先生に聞くと，「外部ネットワークにつなぐとパソコンで遊んでサボる教員が出るから……らしい」との回答がありました。性悪説に基づく統治を極めた自治体です。

2. どのように対応しているのか？

　現在，どの学校でも勤務時間の計測を実施しています。学校単位や自治体単位で集計されていますが，この数値の信憑性のなさは，教員が一番よく知っていることでしょう。学校での時間外勤務時間が月間80時間を超えないことを前提として，すべてが進められています（もちろん正確に計測している学校もありますが，怒られています）。時間外勤務時間を減らすために，学校管理職は「帰れ，帰れ」の大合唱です。徹底しているところは，教育委員会の見回りがあります。学校でしかできない仕事については，ペースアップが求められます。退庁時刻までに仕上げなければならないという切迫感はストレスの源です。今までとれていた同僚との対話の時間も減ってしまいます。仕事量は減るわけではないので，家庭でできるものについては持ち帰りとなります。自治体の調査でも，持ち帰り仕事の時間はほとんど問われていません。教員の両親をもつ学生がいます。彼女が言うには，「昔は，両親ともに帰ってくるのが遅かった。今は，早く帰ってくるが，家で仕事をしている。仕事の場所が変わっただけ」。それでも彼女は，教員を目指しています。ご両親の後ろ姿，そして，教員という仕事は本当に魅力的なのでしょう。

　今日の教員の働き方改革の特徴は，時間外勤務時間の減少によるペースアップ，持ち帰り仕事の増加，時間管理の強化等，働き方の画一化・管理強化によるストレス増加の側面が色濃いように思われます。教員を労働者として仮定し，労務管理の対象とするような印象がとても強いようです。一方，部活動週○日休業，定時退庁日設定（週1日や月1日）は，評判が良いようです。教員の働き方は，もっと多様であってよいのではないでしょうか。そして，労働者ではなく，プロフェッショナル（専門職）としての働き方改革を追求しなければならないのではないでしょうか。

3. プロフェッショナルとしての働き方改革

（1）能率性と効率性

　プロフェショナルは，常にベストコンディションで職務に臨む準備を怠りません。授業にベストコンディションで臨むためには，能率性・効率性の視点から働き方の問い直しを進めることが大切です。

　子どもと関わる業務については，能率性を高めたいものです。これは，現在の業務が1の努力で1の成果を上げるものであれば，1の努力で2の成果を上げる業務内容にシフトするという発想です。能率性とは手を抜くことではなく，成果を最大化することに関心を置く概念なのです。成果を「見える化」しておかないと能率性を語ることは困難です。

　一方，子どもの指導から距離のある事務業務については効率性を追求したいものです。1の成果を1の努力ではなく，0.5の努力に縮減する業務内容にシフトするという発想です。効率性とは，成果を維持しつつ，ムダやコストをカットすることに関心を置く概念です。

　学校には効率性を忌避する文化があるように見えます。業務の「効率化」によって学習時間を捻出し，指導の「能率性」を高めるために努力を投資したいものです。能率的な指導が子どもの成長に結びつくことで，教員の職能成長と幸福が共に実現できるのではないでしょうか。

（2）プロフェッショナルとしての働き方改革

　教員の働き方改革を議論する上で，「プロフェッショナル」としての働き方改革を実現するという視点を大切にしたいものです。教職は高度な専門性が必要とされる職業です。そのためには，高頻度での知識・技能の更新が必要不可欠です。学ぶ時間が確保できないような働き方は，適当でしょうか。また，学校は，協働志向のプロフェッショナルによって構成されるコミュニティです。こうしたコミュニティでは，相互作用による職能成長が期待されています。授業研究に時間が回らないような働き方は，適当でしょうか。プロフェッショナルとしての働き方改革の文脈では，教員の学習や研修を積極的にカットする発想は出てきません。

　専門性：教員は，学習指導・生徒指導等において高い専門性をもっています。会計業務や家庭を回っての集金は，教育のプロフェッショナルの仕事でしょうか。教員の専門性の範囲を越える業務を教員が担当している点に，重要な課題があります。専門性を高めるためには，相当量の学習が必要です。若年教員はしっかりと学習を積み重ね，専門性を高めましょう。オランダのある調査では，1年目からワーク・ライフ・バランスが充実している教員はその後，教員として伸び悩むことが明らかにされています。

　自律性：また，プロフェッショナルは自律性を尊重します。労働時間の強制管理が進められていますが，実態調査が終了した後は，教員による自律的タイムマネジメントを尊重する方向に進めたいものです。労働時間の管理に重きを置きすぎると，自律性感覚が低下し，ひいてはモチベーションの低下につながる恐れがあります。私は，すべての教員がワーク・ライフ・バランスを維持する必要はないと考えています。教職は私生活と仕事の分離が困難な職業です。私生活で読書をしても，映画を見ても，テレビを見ても，「これを子どもたちにどう伝えようか」と，ネタに仕上げようとする習慣を多くの教員は持っています。仕事が生活の一部になる生き方，すなわち，「ワーク・アズ・ライフ」の選択肢も大切にしたいものです。

　奉仕貢献性：さらに，プロフェッショナルは，他者への奉仕・貢献を基盤としています。プロフェッショナルとしての働き方改革を追求すると，「子どもに向き合う時間の確保」が自然と目標にあがってきます。逆に，子どもや保護者のために全力で努力しようという志にブレーキをかけるような改革は，望ましいものではないでしょう。「朝の補習は働き方改革に逆行する」「清掃指導は教員がやらなくてもよい」「部活動は○日以上必ず休みにせよ」。これらのメッセージは，すべての教員に対してポジティブなものではないことに留意すべきです。

　学校管理職が働き方改革を進める上で意識すべきは，教員をプロフェッショナルと捉えた上での働き方改革の実現です。プロフェショナルとしての専門性を高めるための学習を重視し，自律性と奉仕貢献性を尊重しましょう。もちろん，時間は有限であるとの前提のもと，子どもに関わる職務については能率化を，事務業務等についての効率化を進めたいものです。働き方改革時代の組織マネジントのねらいは，「すべての教員が自己の専門性を生かして活躍できる組織づくり」です。プロフェッショナルとして，すべての教員が自分の強みを生かして指導力を発揮できる世界。こうした世界を実現するための働き方改革を実現したいものです。

4. 働き方改革の成果指標

　学校での働き方改革の成果はどのように測定すればよいのでしょうか。働き方改革のゴールは生

産性の向上，学校で言えば，子どもの成長・変容でしょう。しかし，子どもの成長では，指標としては曖昧すぎます。学力・進路に限定してもよいのですが，働き方改革との距離があり，因果関係が見えにくくなります。勤務時間の減少という指標もありますが，単独では成立しません（子どもはさておきでサボれば指標が上がる）。そこで，私は，勤務時間の減少とあわせて，次の3つの指標の活用を推奨しています。すなちわ，ワーク・エンゲージメント，抑鬱傾向，主観的幸福感です。

（1）ワーク・エンゲージメント

ワーク・エンゲージメントとは，「仕事に関連するポジティブで充実した心理状態であり，活力，熱意，没頭によって特徴づけられる。ワーク・エンゲージメントは，特定の対象，出来事，個人，行動などに向けられた一時的な状態ではなく，仕事に向けられた持続的かつ全般的な感情と認知（島津2014：28）」を意味します。以下の9項目での測定（日本版 UWES：Utrecht Work Engagement Scale）が有名です。質問文について感じたことがある頻度を「全くない（0点）」「ほとんど感じない／1年に数回以下（1点）」「めったに感じない／1ヶ月に1回以下（2点）」「時々感じる／1ヶ月に数回（3点）」「よく感じる／1週間に1回（4点）」「とてもよく感じる／1週間に数回（5点）」「いつも感じる／毎日（6点）」の尺度を用いて測定します。

1．仕事をしていると，活力がみなぎるように感じる。
2．職場では，元気が出て精力的になるように感じる。
3．仕事に熱心である。
4．仕事は，私に活力を与えてくれる。
5．朝に目が覚めると，さあ仕事へ行こう，という気持ちになる。
6．仕事に没頭しているとき，幸せだと感じる。
7．自分の仕事に誇りを感じる。
8．私は仕事にのめり込んでいる。
9．仕事をしていると，つい夢中になってしまう。

ワーク・エンゲージメントは，「バーンアウト」の対極にあります。また，「ワーカホリズム」と似た感じですが，こちらは活動水準が高いものの仕事への態度にネガティブな傾向がある状態を示すので，ワーク・エンゲージメントとは全くの別物です。職務の快適さは高いが活動水準が低い「職務満足」とも異なる概念です。

（2）抑鬱傾向

抑鬱傾向の指標としては，国民生活基礎調査でも使用されたことがある K6 が有名です。K6 はアメリカの Kessler ら（Kessler et al. 2003）によって，うつ病・不安障害などの精神疾患をスクリーニングすることを目的として開発され，一般住民を対象とした調査で心理的ストレスを含む何らかの精神的な問題の程度を表す指標として広く利用されています。過去1ヶ月にどれくらいの頻度で下記の項目を経験したかについて，「全くない（0点）」「少しだけ（1点）」「時々（2点）」「たいてい（3点）」「いつも（4点）」で測定します。

1．神経過敏に感じましたか。
2．絶望的だと感じましたか。
3．そわそわ，落ち着かなく感じましたか。

4．気分が沈み込んで，何が起こっても気が晴れないように感じましたか。
5．何をするにも骨折りだと感じましたか。
6．自分は価値のない人間だと感じましたか。

5点以上がリスク群，9点以上がハイリスク群であり，誰に特に配慮すればよいかが分かります。K6得点が低い教員は，きっと子どもの前にベストコンディションで立つことができているでしょう。

（3）主観的幸福感

主観的幸福感とは，「人々の感情反応，場面ごとの満足感，総合的な生活満足の判断を含む諸現象（Diener, Suh, Lucas, & Smith 1999: 277）」を意味します。測定方法としては，Diener, Larsen, Levin, & Emmons（1985）のSWLS（Satisfaction With Life Scale）が有名です。以下の5項目について，「強く同意しない（1点）」「同意しない（2点）」「やや同意しない（3点）」「どちらでもない（4点）」「やや同意する（5点）」「同意する（6点）」「強く同意する（7点）」の7件法で回答を求めます。

1．ほとんどの面で私の人生は私の理想に近い。
2．私の人生はとてもすばらしい状態だ。
3．私は自分の人生に満足している。
4．私はこれまで自分の人生に求める大切なものを得て来た。
5．もう一度人生をやり直せるとしてもほとんど何も変えないだろう。

また，Fordyce（1988）が提唱している一般的幸福尺度（Happiness／Unhappiness Scale）も有名です。これは，最高に幸福な状態を10，最高に不幸な状態を0として，現在の状況を11段階尺度で測定する方法です。OECDの幸福度調査においても使用されています。

主観的幸福感には家庭生活の状態も含まれますので，この得点が高い教員は，ワーク・ライフ・バランスがとれていると考えられます。

5．高度情報技術（ICT/AI）を活用した働き方改革

ICTの活用による働き方改革の典型例として，校務支援システムをあげることができます。A県では，約半数の自治体が校務支援システムを導入しています。勤怠管理はもちろん，児童生徒の出席管理や指導要録管理，旅費計算その他の事務作業の効率化，教職員間の連絡調整において，大きなインパクトを与えています。ただし，システム開発・支援企業が自治体ごとに異なるため，自治体間異動により，教員の学習コストが発生します。また，システム導入校から未導入校へ，未導入校から導入校への異動によっても，学習コストが発生します。使えるようになればラクなのですが，使えるようになるまでに若干のコストがかかるという構造となっています。

さらに，B市では，仕事の柔軟性を高めるために，テレワークシステムを整備しています。セキュリティの問題をクリアし，自宅において学校の業務を遂行することを可能とする画期的な取り組みです。学校での勤務時間が確実に減少するため，「勤務時間の減少」を至上命題とする自治体にとっては大変魅力的なシステムに見えます。なお，B市では，働き方改革によるゴールを「生産性の向上＝学力向上」に置いています。ムダを省いて生産性を高めるという，働き方改革本来の視点

に立っています。教職員がこのシステムを活用する際の課題は，勤務時間内でテレワークを活用するのではなく，勤務時間外でテレワークを活用している点です。これは，ポジティブに捉えれば，プロフェッショナルとしての自律的な働き方の支援システムです。しかし，ネガティブに捉えれば，学校でやっていた残業を家庭で行う学校外残業促進システムということになります。

人工知能やスマートロボット（以下 AI）も，教員の支援のため，学校に入りつつあります。AI は人の仕事を奪うという側面を持つため，職場に導入する際には，警戒感を持つ方もおられます。しかし，AI が期待される分野とは，人が足りない分野，また，人を支える分野であると考えられます。学校の場合は，ALT が不足している地域（例えば福岡県）で，小学校に英会話スマートロボット NAO を導入している学校があります（『日本教育新聞』2018年7月9日付）。「ネイティブの発音」「双方向コミュニケーション」をスマートロボットが代替できる場合は，スマートロボットを選ぶ時代に突入しています。

我々の研究グループも，スマートロボットを活用した教員の働き方改革の支援を計画・実行しています。我々のチームは，平成30年度からある中学校でソフトバンクロボテクスの Pepper を活用しています。NAO は ALT ですが，Pepper は教育実習生（学部4回生の設定）です。アプリをゼロから開発することで，また，将来的には自律行動機能を備えることで，教師になっていくというストーリーを持っています。なお，平成31年度からは，愛媛大学教職大学院に入学し，院生として実習に励む予定です。

平成30年度に開発するアプリは，以下の3点です。テーマは「授業革命」です。第1のアプリは，モニター切り替え機能です。授業における ICT 活用の時代，授業中に電子黒板を使用することはごく当たり前のこととなりました。また，たくさんのファイルを授業中に使用しますし，教材提示装置の画像を用いたりもします。これまでは，教師が，「えー，ちょっとまってね」と言いながらモニター画像を切り替えていました。スライドを切り替えるためにバタバタと教室内を動き回ることもありました。Pepper が教師の発言に応答してモニター切り替えを行うことで，こうした授業中のムダな動きをカットします。

第2は，確認テスト省力化機能です。ICT 教室において，Pepper が確認テストを生徒のタブレットに配信し，採点し，データベースを作成します。教師がテストを配り，丸付けをして，エクセルや紙に書き込む作業をなくします。確認テストを作成する過程は，大変なのですが，一度作成しておくと，数年活用できます。教師は手元のモタニーで，誰ができていないのかを即時に判断することができます。規則正しいルートで机間指導にまわるのではなく，ピンポイントで支援に駆けつけることができます。学級単位の確認テストの平均正答率は，Pepper が即座に生徒達にフィードバックします。胸のモニターの「結果発表」ボタンを教師が押すと，「今回の正答率は90％です」と Pepper が話すのです。

第3は，生徒の発言の文字化です（このアプリは開発済みで現在調整中です）。授業中における生徒の発言を，電子黒板や大型モニターに文字で表示します。教師が，生徒の発言を黒板にカリカリと書く作業がなくなります。さらに，次年度以降には，電子黒板の開発企業と連携して，文字化された発言を単語に切り分けたり，関連発言を統合したりする，スマホ感覚で文字を動かす世界を実現したいと考えています。また，このアプリは，研究授業の教師と生徒のやりとりの会話記録や，研究協議の会話記録にも使うことが可能です。

そして，平成31年度は，Pepper に補習・自主学習の監督をしてもらう予定です。Pepper には顔

認証機能が搭載されています。また，赤外線センサーを搭載しており，動作物の認識が可能です。補習・自主学習に参加する生徒については，Pepper に顔と名前を登録するとともに，表情を読み取ることで，生徒の表情に対応した声かけをします。生徒があくびをするようなら，「ちょっと疲れた？」とか，「もう少しだ，頑張ろう」等の声かけをします。席を離れるようなら，赤外線センサーが作動し，「どこへ行くの？」等の声をかけます。もちろん，Pepper の目を通して見たものは，別のモニターでも見ることができますので，職員室から補習・自主学習の様子を教職員が確認することが可能です。

　働き方改革や業務改善への高度情報技術（ICT/AI）の活用は，これからますます進むと考えられます。文部科学省の「学校における ICT 化に向けた環境整備5カ年計画（2018-2020）」では，学習者用コンピュータを3クラスに1クラス分程度整備，授業を担当する教師に1台指導者用コンピュータを配備，大型提示装置・実物投影機をすべての普通教室に配備，超高速インターネット及び無線 LAN を100％整備，統合型校務支援システムを100％整備，ICT 支援員を4校に1名配置等の目標が設定されています。児童生徒の ICT 環境の整備を促進するとともに，教員の業務支援にも積極的に高度情報技術が活用され，教員が充実感と幸福感をもって働くことができる世界を実現していきたいものです。

（露口健司）

〈参考文献〉

○島津明人（2014）．『ワーク・エンゲイジメント―ポジティブメンタルヘルスで活力ある毎日を』労働調査会
○ Diener, E., Larsen, R. J., Levin, S., & Emmons, R. A. (1985). Intensity and frequency: Dimensions underlying positive and negative affect. *Journal of Personality and Social Psychology*, 48(5): 1253-1265.
○ Diener, E., Suh, E., Lucas, R. E., & Smith, H. L. (1999). Subjective well-being: Three decades of progress. *Psychological Bulletin*, 125(2): 276-302.
○ Fordyce, M. (1988). Fordyce emotions questionnaire. *Social Indicators Research*, 20, 355-381.
○ Kessler, R.C., Barker, P.R., Colpe, L.J., Epstein, J.F., Gfroerer, J.C., Hiripi, E., Howes, M.J., Normand, S.L.T., Manderscheid, R.W., Walters, E. E., Zaslavsky, A.M. (2003). Screening for serious mental illness in the general population. *Archives of General Psychiatry*. 60(2): 184-189.

第2章 新しい学習指導要領と教職員の働き方改革

【提案】教員の資質・能力向上のための仕組みを作る

1. 新しい学習指導要領と教員の働き方改革

　2017（平成29）年3月に新しい小学校学習指導要領が告示されました。新しい学習指導要領では，「社会に開かれた教育課程」という理念の下，「カリキュラム・マネジメント」や「主体的・対話的で深い学び」の視点からの授業改善が求められており，教材研究や学習評価の改善・充実が求められています。また，標準授業時数についても，小学校中学年・高学年において年間35単位時間増加することとされています。学校教育法施行規則では，教育課程編成の基本的な要素である各教科等の種類や授業時数，合科的な指導等について規定しています。今回，これらの規定について次のような改正が行われました（下線部は筆者による）[1]。

　ア　児童が将来どのような職業に就くとしても，<u>外国語で多様な人々とコミュニケーションを図ることができる能力は，生涯にわたる様々な場面で必要とされることが想定され，その基礎的な力を育成するために，小学校第3・4学年に「外国語活動」を，第5・6学年に「外国語科」を新設することとした。</u>このため，学校教育法施行規則第50条においては，「小学校の教育課程は，国語，社会，算数，理科，生活，音楽，図画工作，家庭，体育及び<u>外国語</u>の各教科（中略），特別の教科である道徳，外国語活動，総合的な学習の時間並びに特別活動によって編成するものとする。」と規定することとした。（中略）

　イ　授業時数については，<u>第3・4学年で新設する外国語活動に年間35単位時間，第5・6学年で新設する外国語科に年間70単位時間を充てることとし（第5・6学年の外国語活動は廃止），それに伴い各学年の年間総授業時数は，従来よりも，第3学年から第6学年で年間35単位時間増加することとした。</u>

　このように小学校第3・4学年に「外国語活動」を，第5・6学年に「外国語科」が新設され，それに伴い標準授業時数についても，小学校第3学年から第6学年において年間35単位時間増加されました。授業時数の増加は，学級担任制の小学校教員にとっては，持ち時数の増加に直結することから負担増は避けられません。このことは2017（平成29）年の中教審働き方改革特別部会「中間まとめ」でも，「小学校は，学級担任制であり，学級担任を務める一人の教師が担当する授業時数が多い。給食の時間も指導を行い，児童の休み時間も児童と一緒に活動し，児童への安全への配慮等を行っていることが多いことから，休憩時間が確保できず，連続勤務になっている。児童在校中は校務や授業準備を行う時間の確保が難しい状況にある」と指摘されているところです[2]。

---

1) 小学校学習指導要領解説『総則』pp.5-6。

実際に文部科学省が2016（平成28）年に実施した「教職員勤務実態調査」では，小学校教員の1日当たりの学内勤務時間は前回2006（平成18）年度に比べ，平日43分，土日49分増加しています。業務内容別でみると平日は主に授業（27分），学年・学級経営（10分）が，土日は主に授業準備（9分），授業（8分），学校行事（8分）が増加しています。前回の学習指導要領改訂では授業時数が増加していますので，教育活動以外の業務よりも教育活動そのものに関する業務が増加しています。

　中央教育審議会働き方改革特別部会の部会長である放送大学の小川正人教授は，この10年間で特に勤務時間が増えた背景として，「2008年学習指導要領改訂による授業時数の増加や言語活動・理数教育の充実等による学習指導の取組みの強化，そして，一人一人の児童・生徒へのきめ細やかな授業や学習指導に取り組むために，各自治体・学校で少人数指導・習熟度指導，補習指導等が行われたことがあったと思われる」と分析しています[3]。しかも，「これらの取組みは，国による正規の教職員定数改善や加配などは増えない中で，自治体の単費加配（非常勤講師）や学校が現有スタッフの持ち授業時数を増やすなどして行われている例も多く，教員負担を強いる中で進められているのも現実であ」り，実際に教員の週当たり持ち授業時数が増加していることを指摘しています[4]。その上で，「適正な教員定数改善を進めて，教員一人当たりの持ち授業時数を適正化することは極めて重要な課題であるということを改めて確認しておくことは大切である」と述べています[5]。

　言語社会学が専門で関西学院大学の寺沢拓敬准教授は「小学校英語は労働問題」であり，「研修・授業準備に要する膨大な時間を確保するために，現在の過重な業務負担を大幅に軽減しなければならない」と指摘しています[6]。このことは「およそ10年前，外国語活動必修化の時も，担任の負担を軽減せず，既存の業務に上乗せする形でスタート」させたものであり，「この教育改革は，教員の労働条件の観点から言えば，近年まれに見る教育『改悪』だったことは間違いない」と述べています[7]。これは小学校英語教育の早期化・教科化となる今回の改訂でも生じる恐れがあります。

　こうした状況下で小学校英語教育を導入するために文部科学省や教育委員会・学校ではどのような取組をしているのでしょうか。

2. 小学校外国語教育の導入に向けた文部科学省の取組

　2008（平成20）年の学習指導要領改訂を受け，2011（平成23）年度から小学校5・6年生に「外国語活動」が導入されました。その際にも実施上の課題として，「ALTや英語に堪能な民間人など外部人材の確保」「教材・教具等の開発や準備」「小学校教員の英語力や指導力の向上」「教員研修の充実」などの条件整備の充実を求める意見が多く挙げられました[8]。指導体制については，「小学校教員の英語指導力の現状を踏まえると，当面は学級担任（学校の実情によっては，担当教員）と

---

2) 中央教育審議会「新しい時代の教育に向けた持続可能な学校指導・運営体制の構築のための学校における働き方改革に関する総合的な方策について（中間まとめ）」p.6.
3) 小川正人（2018）「中教審の審議：論点と課題」日本教育経営学会第58回大会公開シンポジウム配付資料，p.3.
4) 同上。
5) 前掲，p.4.
6) 寺沢拓敬（2017）「小学校英語は労働問題」『英語教育』2017年7月号，大修館書店，p.39.
7) 同上。
8) 初等中等教育分科会　教育課程部会　外国語専門部会「学校における英語教育について（外国語専門部会における審議の状況）」2006年3月27日 http://www.mext.go.jp/b_menu/shingi/chukyo/chukyo3/015/siryo/attach/1400969.htm （最終確認日：2018年7月31日）。

ALTや英語が堪能な地域人材等とのティーム・ティーチングを基本とする方向で検討することが適当」であるとされました[9]。その上で，各種研修を通じて学級担任等の英語指導力を高めてきました。また，「教員の授業の改善を図る観点から，導入段階では，国において，テキスト，教師用指導資料を作成するとともに，ICTも積極的に活用し，テキストに準拠した音声・画像の教材や教具（例えばCD, CD-ROM, DVD, 電子教具など）を開発するなどの支援を行う必要がある」として，教材や教具なども研究開発され，標準モデルとして提供されてきました。

今回の学習指導要領改訂では小学校3・4年生に「外国語活動」，小学校5・6年生に「外国語科」が2020（平成32）年度から導入されます。この小学校外国語教育の早期化・教科化にあたり，さまざまな課題があります。教育課程部会外国語ワーキンググループの審議の取りまとめでも前回同様「外国語教育に関する教員養成，教員研修及び教材開発に関する条件整備，小学校の中・高学年それぞれの課題に応じた指導体制の整備が不可欠である」と指摘しています[10]。

文部科学省の「グローバル化に対応した英語教育改革実施計画」では，小学校中学年の外国語活動は「学級担任」を中心に指導するとされ，小学校高学年の外国語科は英語指導力を備えた学級担任に加えて専科教員の積極的な活用が示されています。小学校では学級担任制となっていることから多くの現職教員が，これまでの各教科・領域に加えて，小学校3・4年生での「外国語活動」，小学校5・6年生での「外国語科」を教えられるようにならなければなりません。そのための研修が校内外で求められますが，現時点で多忙である現職教員にとって，さらなる負担になりかねません。

英語専科教員の配置については，2018（平成30）年度予算では，文部科学省は概算要求段階で「小学校専科指導に必要な教員の充実」として2,200人分を要求しました。しかし，教職員定数の改善の中で「小学校英語教育の早期化・教科化に伴う，一定の英語力を有し，質の高い英語教育を行う専科指導教員の充実」の1,000人分が確保されるにとどまりました。小学校の数は約20,000校ですから20校に1人の割合で配置されたことになります。英語専科教員として，各地における授業づくりや教材開発，研修活動に取り組んでいますが，本格実施となる2020（平成32）年度までにどこまで増員できるのでしょうか。むしろ，英語専科教員は学級担任が英語の指導力をつけるまでの過渡的措置にとどまるのでしょうか。

2014（平成26）年度より文部科学省では「小・中・高等学校を通じた英語教育強化事業」として，小・中・高等学校における英語教育推進リーダーを養成するため，外部専門機関と連携した中央研修を開始しています。この中央研修参加者は，英語力及び英語指導力の充実を図るとともに，研修修了後には，「英語教育推進リーダー」として各地で研修（中核教員研修等）の講師として研修内容の伝達・普及を行うこととされています。そして，中核教員研修を受講した教員（各小学校の中核教員）は，所属校において校内研修等を通して研修内容の普及を図ることが期待されています。このように，小学校外国語教育の導入に向け，中央研修による英語教育推進リーダー養成，各地での中核教員研修，そして各小学校の校内研修を通じて，現職教員の指導力向上を図ろうとしています。

なお，今回の改訂では，文部科学省並びに独立行政法人教職員支援機構が研修コンテンツを作成し，インターネットによる映像配信を積極的に活用しています。校内研修等でも国の担当者（教科調査官）等の基本的な解説を受講者がいつでもどこでも繰り返し観ることができます。このように

---

9) 同上。
10) 教育課程部会外国語ワーキンググループ「外国語ワーキンググループにおける審議の取りまとめについて（報告）」2016年8月26日，p.22。

文部科学省では，英語専科教員等の人的資源の調達が困難な中で，校内研修ですべての現職教員が学べる研修システムを構築しています。

　また教材面に関しては，中教審働き方改革特別部会「中間まとめ」でも，「小学校中学年での外国語活動の導入や高学年での教科化に向けて，文部科学省が，教室用デジタル教材や，教師用指導書，学習指導案例，ワークシートなど授業準備に役立つ資料を含め，新学習指導要領に対応した教材を開発し，希望する全ての小学校に配布」する[11]などの提言をしています。実際に文部科学省では，前回改訂でのノウハウも活かし，英語教育強化地域拠点事業等を通じて，小学校英語教育の早期化・教科化に対応した指導計画や教材・教具等を開発し，提供しています。特に研究開発学校等での試行を踏まえ「小学校外国語活動・外国語研修ガイドブック」を作成し，各小学校並びに各個人で具体的に研修できるような工夫を行っています。

　このように移行期間に学級担任が現場にいながらも新たな教科等の指導力を獲得できる条件整備が一定程度なされています。問題は現時点でも勤務時間が増え続け，研修の機会も十分に確保できない状況下において政策目標が達成できるのでしょうか。教育委員会による支援や学校管理職らによるマネジメント力が問われてくるでしょう。文部科学省の「小学校におけるカリキュラム・マネジメントの在り方に関する検討会議報告書」では，「新たな課題に対応するために求められるカリキュラム・マネジメントのうち，特に『時間』という限られた資源をどのように教育内容と効果的に組み合わせていくのかという点を中心にして，参考となるポイントを整理し」ています。そこでは，授業時数増に対応した時間割の編成について，①年間授業日数を増加させて時間割を編成，②週当たりの授業時数を増加させて時間割を編成，③年間授業日数の増と週当たり授業時数の増を組み合わせて時間割を編成などが提案されています。

3．教育委員会・学校における取組〜宮崎県宮崎市を事例に〜

　小学校英語教育の導入に関する事例として，宮崎県宮崎市教育委員会の取組を紹介します。宮崎県宮崎市は人口約40万人の中核市で，市立小学校は48校，市立中学校は25校です（2018（平成30）年5月現在）。宮崎市では，これまで小学校で実施していた外国語教育等の平成32年度からの全面実施に向けて，図1の形で移行することとしました。

　小学校5・6年生では，すでに外国語活動の授業が実施されていますが，宮崎市の小学校では，これに加え，1〜4年生でも総合的な学習の時間や予備時数を活用した国際理解教育（外国語に慣れ親しむ活動）を実施してきました。今回の学習指導要領改訂に伴い，授業時数が年間35時間増加します。移行期間である平成30，31年度は，全面実施時の授業時数から減じた時数での実施も可能ですが，宮崎市では，子どもたちの学力向上を目指し，平成32年度から円滑な実施ができるよう，移行期間からできるだけ全面実施時に近い授業時数での学習を行うことになりました。そして，授業時数の確保のため長期休業日を削減し，授業日を5.5日増加させました（図2）。

　一方で平成30年度から教職員のリフレッシュウィークが導入されます。8月10日から8月16日までの1週間，学校は原則閉庁となり，通常業務は行わないこととなりました。緊急の対応は宮崎市教育委員会が行います。ワークライフバランスの観点からもこうしたメリハリをつけることが必要

---

11) 中央教育審議会「新しい時代の教育に向けた持続可能な学校指導・運営体制の構築のための学校における働き方改革に関する総合的な方策について（中間まとめ）」p.27．

1　外国語教育等が変わります（小学校）

現在、宮崎市内の小学校で実施している外国語教育等が、平成32年度からの新学習指導要領（※1）の全面実施に向けて、以下のように変わります。

	現　行	平成30年度	平成31年度	平成32年度
		移行期間		全面実施
1、2年生	国際理解教育（予備時数）8〜10時間	継　続　実　施		
3、4年生	国際理解教育（総合的な学習の時間）20〜25時間	外国語活動（15hは総合を減じて実施）35時間	外国語活動 35時間	**外国語活動** 35時間
5、6年生	外国語活動 35時間	外国語活動（外国語科の内容を含む）50時間	外国語活動（外国語科の内容を含む）70時間	**外国語科** 70時間

（※1）学習指導要領とは、文部科学省が告示する小学校及び中学校等の教育課程（学校教育の内容を系統立てて配列したもの）の基準です。

図1　宮崎市における小学校外国語教育の移行過程

といえます。このように教育委員会による教職員の教育活動と勤務時間の管理が進められています。

　さて，これまでも宮崎市では ALT（外国語指導助手）を市内全中学校に派遣するとともに，全国に先駆けて市内全小学校に外国人講師を派遣し，国際理解教育（英語活動）に取り組んできました。さらに平成30年度からは戸敷正市長のマニフェストにも位置づけられたことで ALT の数を10人から15人へと増し，小学校5年生から中学校3年生までの外国語活動並びに外国語科において TT（ティーム・ティーチング）を実施しています。英語を母語とする ALT の存在は，学級担任制の小学校教員にとって心強いものであります。また，小学校1年生から4年生においては，外国語活動アシスタント（FLAA）を派遣し，外国の文化などに触れる機会を設け，コミュニケーション能力の素地を育成しています。

　宮崎県には国の予算による8名の英語専科教員が配置され，宮崎市内では小学校英語枠で採用された若手教員2名が担っています。市内小学校は48校ですから24校に1人の割合となります。それに加えて県の TT 加配教員の枠で，これまでも外国語活動の実績のあるスーパー・ティーチャー（指導教諭）を充てています。スーパー・ティーチャーは宮崎県独自の取組で，指導教諭の中から任命されます。年数回の授業公開や研修講師，授業づくりの相談等を行っています。この加配教員は TT を通じて，教員の指導力向上に努めています。

　また，宮崎市では指導教諭による「ミニミニ講座」として，年5回土曜日午前中に研修会を開催しています。宮崎市では小中連携教育に力を入れていることから小学校の外国語活動のスーパー・ティーチャーと中学校の英語科のスーパー・ティーチャーが協働して授業づくりや研修を行っています。

　なお，宮崎県教育委員会では「外国語教育セミナー」として，新学習指導要領に対応した外国語

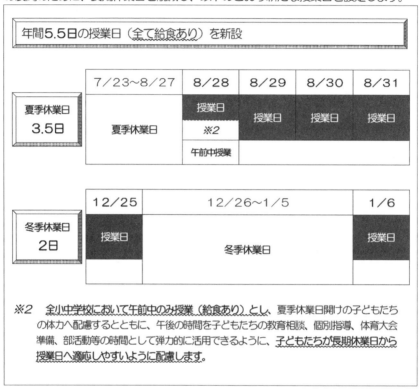

図2　年間5.5日の授業日の新設について

の指導についての研修を開催しています。まずは英語教育推進リーダーを対象に「今後の外国語教育の動向と，それに対応する指導の在り方や教材の活用について研修を行うため，研修講師となる小学校教諭等を対象にしたリーダー養成研修」を実施しています。そして，県内すべての小学校から教諭等を1名参加させ，「今後の外国語教育について」の説明，「単元を通した指導の在り方」や「1単位時間の指導の実際」の講義演習，「授業づくり」のワークショップを県内3地区（北部・中部・南部）で中学年用と高学年用に分けて開催しています。宮崎県の研修センターは県中央部の宮崎市内にありますので，移動だけでもかなりの時間を要す学校もあります。一カ所ではなく，各地区での研修にすることで，現場の負担感を少しでも軽減することができます。

　宮崎市では，さらに小中学校外国語教育研修を年2回開催しています。また，小学校外国語活動のスーパー・ティーチャーと外国語活動推進担当，市指導主事らによる外国語教育研究会を発足させ，市内の大学教員や文部科学省の直山木綿子教科調査官を招聘し，休日に自主研修会を開催しています。日頃は授業や学校の業務で校外研修に参加できない教員も多いことからか，宮崎市内を中心に100名を超える小学校教員が参加しています。

　校内研修に関しては，宮崎市立西池小学校（児童数973人，校長：長渡利光）では，小学校外国語教育の導入と働き方改革の双方が求められる中，2018（平成30）年度の校内研の主題研究を「思考

力・判断力・表現力を高めるための授業改善～国際理解教育・外国語活動の指導を通して～」に変更しました（前年度は「活用する力を身に付けた児童の育成～算数科学習指導の実践を中心として～」でした）。単発の研修だけではなく，年間を通じた校内研究として全教職員で外国語教育に取り組むことで，学校全体の指導力向上に寄与することができます。第1・2学年では「国際理解教育」，第3学年から第6学年では「外国語活動」の単元開発等を各学年部で研究を進めています。第6学年では外国語活動のスーパー・ティーチャー等を中心に取り組んでいます。年間指導計画や単元計画を構想し，研究授業を2学級ずつ行うなどの検証をしています。

また，中央研修で学んだ英語担当の指導主事は各学校からの要請を受け，校内研修での講話や資料提供，研究授業の参観などを通して積極的に支援しています。指導主事による学校訪問等を通じて現場の困り感を把握し，ALTの確保・増員や研修，協議会の設置などを予算化しています。

4. 働き方改革と全教職員の英語指導力の向上を目指して

本稿では小学校外国語教育のみを取り上げてきましたが，各教科のリニューアルはもちろんのこと，「道徳」の教科化やプログラミングにも取り組んでいかなければなりません。新しい学習指導要領の理念や目標が達成されるためには，やはり条件整備が欠かせません。

指導体制については，英語専科教員ではなく，学級担任を中心に指導するのであれば，英語の指導力を高める取組として現職教員への研修は重要となります。文部科学省はこれまでの改訂でもシステムの構築を図り，「推進リーダー」や「中核教員」を養成しています。地域や学校のリーダーを中心に校内研修で全教職員が英語の指導力を高めるしかありません。その環境整備を学校管理職や教育委員会がいかに図っていくかがポイントとなります。

宮崎市では，長期休業中の授業日を増加しつつ，学校閉庁日を設定しました。人的支援としてALTの増員を図っています。また，スーパー・ティーチャー（指導教諭）や指導主事などによる研修会・研究会も独自に実施しています。特に小中連携による指導計画づくりや授業づくりは今回の改訂では必須ともいえます。西池小学校では学校管理職のリーダーシップの下，働き方改革と全教職員の英語指導力の向上を目指し，校内研究を切り替えました。

今まさに教育委員会の支援と学校管理職による管理＝マネジメント力が問われています。

（押田貴久）

〈参考文献〉
○文部科学省「小学校におけるカリキュラム・マネジメントの在り方に関する検討会議　報告書」2017年2月14日。
○中央教育審議会「新しい時代の教育に向けた持続可能な学校指導・運営体制の構築のための学校における働き方改革に関する総合的な方策について（中間まとめ）」2017年12月22日。
○寺沢拓敬（2017）「小学校英語は労働問題」『英語教育』2017年7月号，大修館書店，p.39.
○文部科学省（2017）『小学校外国語活動・外国語ガイドブック』。
○文部科学省（2017）『小学校学習指導要領解説外国語活動・外国語編』。

第3章 学校教育目標実現に貢献する「つかさどる」学校事務職員の働き方

【提案】学校事務職員の調整機能を生かす

はじめに

　平成29年4月，事務職員の職務内容は「つかさどる」と変更されました。事務職員は，教員をはじめさまざまな関係機関や人々と協働し，上質な教育を創造する職務を担っています。その事務職員の調整機能を生かせば，働き方改革は進むと考えます。

　現任校に赴任した平成27年度から現在までの3年あまり，学校教育目標実現のため，学校事務職員として業務改善を多忙化の解消，ひいては授業改善につないでいる取組事例を紹介します。

　働き方改革の一環として導入された「教師業務アシスタント」のマネジメントを行い，地域の中にある学校として，子どもたちの豊かな学びを保障するために，地域との協働意識を大事にしながら，地域連携担当として教育活動の充実を図っています。地域学校協働活動で，様々な地域の方々とつながり，教育目標を共有することで，充実した教育活動が実践されています。

1. 平成27年度の加美小学校の現状

　本校は，岡山県のほぼ中央に位置する中山間地域にあり，平成17年に合併し新しくできた久米郡美咲町の旧中央町を学区とし，平成30年度で110年目を迎えています。全校159名，9学級（支援学級3学級含む），教職員23名の小学校です。3世代同居の家庭も多く，学校教育活動に協力的な地域です。

　平成27年度当時から，校長の経営方針は，「いろいろな体験を通して，創造性や探求心を高め，最後までやり抜くことで子どもたち一人一人に自信を持たせる」でした。そのために，「業務改善を通して，教員が子どもたちに向き合う時間を確保するとともに，効果的な授業改善を行うことで，教員は子どもたちと豊かにかかわり，校長の経営方針や学校教育目標の具現化に迫ることができる」と考え，全職員で取り組んできました。

2. 教師業務アシスタントのマネジメント担当として

(1) 岡山県における「教師業務アシスタント配置事業」

　岡山県では，平成27年4月から教師業務アシスタント配置事業（以下「アシスタント事業」という）が導入されました。ここでいう教師業務アシスタント（以下「アシスタント」という）とは，「新学習指導要領の円滑な実施と学校における働き方改革緊急対策概要」で言われる「スクール・サポート・スタッフ」と同義です。目的は，「教員が抱える事務作業等の負担を軽減し，教員が本来の教育活動に専念できるようにするため，地域人材等をアシスタントとして学校に配置し，学校

現場の教育体制の充実を図り，もって学力向上に資する」というものです。県下全市町村に配置され，勤務条件は県費の非常勤講師に準ずるとされ，勤務時間数は1週間あたり25時間以内，年間35週以内となっています。

業務として，次の項目が挙げられています。
①授業準備（指導資料の印刷，ICT機器の準備及び片付け等）
②教員が行う事務作業の支援（調査統計作業，データ入力業務，会議資料及び議事録の作成，ホームページの更新作業等）
③教育活動に係る事務補助（学校行事の準備及び片付け，掲示物の作成及び掲示等）
④課外活動に係る事務補助（PTA会計及び部活動会計の経理処理等）

児童生徒への指導業務や校外への連絡業務を除き，教員が行う業務を網羅する内容です。

（2）本校におけるアシスタント事業導入のねらいとマネジメント担当の役割

平成27年4月，県のアシスタント事業導入と同時に，本校は当該事業の研究指定を受け，校内で管理職・教務主任・事務職員が話し合い，ねらいを次の2点としました。
①アシスタントは，教員が負担に感じている業務や，時間的に実施が困難と感じている業務を行うこととし，それによって教員が児童と向き合う時間を確保する。
②アシスタントの業務や勤務管理と合わせて，教頭の業務見直しや事務職員との業務再配分などを総括的に行うことで，学校の課題解決に向けた取組とする。

また，県教育委員会主催の事業説明では，アシスタントの業務量を調整し，業務の優先順位を示して効率的な業務遂行を図ることを目的とした「マネジメント担当」を置くよう指示を受けました。アシスタント事業の実施には業務改善を伴うことから，マネジメント担当として事務職員が校長から指名されました。

取組にあたっては，教職員が苦手とする業務を把握するため，まず本校教員14名を対象にアンケートを実施しました。その結果をもとに，アシスタントの業務として求められる項目を具体的に洗い出し，管理職や教務主任と協議した結果，アシスタントに依頼する業務を選定しました。初年度は，主に印刷業務，学校徴収金会計処理，行事準備，各種調査のデータ入力等に絞り込みました。業務の依頼方法や業務遂行が円滑にかつ正確にできるよう，業務改善を行うことにしました。

また，全職員の共通理解を図り，アシスタントの業務で教育活動の効率化や活性化につながっていることを教員に意識させる，アシスタントが，業務の意義を実感し，意欲的に取り組めるようにするなど，教員とアシスタントをつなぐことにも留意し，ともに子どもの教育に携わる「チーム加美」を全教職員が実感できることを目指しました。

（3）マネジメント担当実践例
①「業務依頼シート」の作成・活用と勤務管理

アシスタント業務の内容と量の適正化を図るために，加美小学校独自に「業務依頼シート」を作成しました。

この様式は，短時間で記入でき，必要な内容が漏れなくわかるよう，予め業務内容を表記し，期日や配布先などの項目を設けるなど工夫しました。

授業プリントの印刷，物品の準備などは，時間も指定されるため，依頼される業務の内容や量の

調整，業務予定の作成や確認は，毎朝行っています。アシスタントへの指示だけでなく，業務内容の制限があるため依頼をする教員への指導も行います。また，教員から依頼されていない業務であっても，学校の動きをみて，必要に応じて写真撮影や，学校の環境整備など直接依頼することもあります。

表1　教師業務アシスタント業務依頼表

番号	依頼業務	処理期限・時刻	対象・印刷枚数他	依頼者	処理日
1	印刷・会計・連絡成績出席データ入力・他（　）	月　日　時	児童・家庭・職員・（　）		
2	印刷・会計・連絡成績出席データ入力・他（　）	月　日　時	児童・家庭・職員・（　）		
3	印刷・会計・連絡成績出席データ入力・他（　）	月　日　時	児童・家庭・職員・（　）		
4	印刷・会計・連絡成績出席データ入力・他（　）	月　日　時	児童・家庭・職員・（　）		
5	印刷・会計・連絡成績出席データ入力・他（　）	月　日　時	児童・家庭・職員・（　）		

②校内事務体制の見直し

　アシスタントと教員が行う業務を区分し，責任を持って業務が行えるように校内事務体制を見直しました。アシスタント業務を確立させることで，職務として明確な位置づけができるとともに，アシスタントが本校に欠かせない職員であることを校内外に示すことができます。

アシスタント業務の様子

　例えば，「学校徴収金の取り扱い」では，教員とアシスタントとの役割を明確にしました。事務の流れを再構築し，教員は児童との関わりが必要となる集金封筒の配付と受け取りなどを行い，アシスタントは，集金の取りまとめと出納業務を行うようにしました。また，会計システムを作成し，事務の流れに沿う設計をすることで，集金計画から会計報告まで，アシスタントが行う業務を確立しました。

　特に，会計事務の再構築の中で，特別支援学級児童，転出入児童の複雑な会計処理や，公費私費の負担区分について，学校としての再確認と処理方法の統一，徹底ができました。また，会計システムでは，保護者負担とするすべての会計が一括管理でき，年度末には，各学年教材の評価も残せるようにし，次年度への引き継ぎ，検証を生かした購入計画資料も作成できるようにしました。

③行事等の準備マニュアル作成

　教員が子どもと関わる時間を確保するため，行事等の準備，片付けなど，アシスタントをはじめ誰でも確実に行えるよう，写真や図で示すなど「見える化」し，マニュアルを作成しました。

　例を挙げると，本校の5・6年生が総合的な学習の時間で取り組んでいる「伝統文化を学ぶ」授業では，日本舞踊，三味線など，5つのコースに分かれるため，活動場所が校内のあちらこちらに分散します。ビデオやパソコンの準備をはじめ椅子や敷物など，実にたくさんの諸準備が必要となります。

　そこで，これらの状況を写真にとり，一覧にまとめた資料を作成しました。これにより，担任外での準備が可能となり，児童が安心して授業に向かうことができるようになりました。

アシスタント業務見える化

④美咲町教育委員会との連携

　本校が改善に取り組んだ町内でも学校徴収金について，すべての学校で共通の課題として挙がっ

ていたので，共同実施組織で課題の把握整理，問題提起を行い，校長会の理解を得ながら教育委員会と解決策の検討を進めていきました。その結果，平成28年度には，美咲町としての学校徴収金要綱制定，会計システムの統一，公費私費負担区分表の制定と公費予算化に発展させることができました。

また，課題となっていた未納対策についても，要綱の中で校内組織の設置を義務化し，教育委員会と連携を図って対応していくことが明文化されました。さらに，このことを契機として，給食会計などの公会計化を目指して，教育委員会と検討を進めています。

会計システムの構築は，アシスタントが配置された町内唯一の学校である勤務校だけでなく，町全体の教育事務処理体制の改善につながりました。

⑤アシスタントのモチベーション向上

アシスタントに意欲とやりがいをもって業務に取り組んでもらうために，全職員がその業務を理解するとともに，アシスタント本人も業務に対する満足感や自己有用感をもってもらうことが必要だと考えました。アシスタントが行う業務によって教員にどれだけの時間が生まれているか，労力が軽減されているか，といったことを全教職員で共通理解するために，業務の見える化に取り組みました。また，それによって子どもや授業に集中できる環境がつくられていることに感謝する気持ちを言葉であらわすように徹底しました。

表2　教師業務アシスタント業務計画

アシスタント事業導入から３年が経過した現在では，マネジメント担当の判断や指示が入ることや，企画会議や職員会議で毎回アシスタントの業務予定を周知することで，アシスタント事業に対する理解も深まり，教員もアシスタントも見通しを持って授業や業務が行えるようになりました。業務の見える化や，アシスタントの存在意義の共有で，授業改善や子どもに向き合うための時間確保が意識的に行われています。

（４）アシスタント配置事業の成果

アシスタント事業により，教員が教育活動に専念できる時間が増してきた状況が，以下のアンケートから見えてきます。

①**教職員業務時間調査**

アシスタント配置以前の平成26年度と配置後の平成27年度で，毎月校長に提出する教職員の超過勤務時間報告書をもとに，１年間の総超過時間数で比較してみました。マネジメント担当である事務職員は平成27年度に赴任したため，比較はできていません。

・教頭　　　△7.7%
・教務主任　△19.8%
・研究主任　△11.8%
・教諭全体の平均　△6.6%

平成26，27年度に在籍した教諭全員の超過勤務時間が減となりました。

②教師業務アシスタント配置アンケート

　教員のアシスタント配置に伴って変化した意識と業務内容について，岡山県が実施した「教師業務アシスタント配置事業に係るアンケート」により，27年度と28年度の変化について比較しました。アンケートの対象者は27年・28年ともに教諭等（主幹教諭，指導教諭，教諭，常勤講師，養護教諭）14名で，回答率は100％です。

- ・「充実感」57％→76％
- ・「多忙感」33％→23％
- ・「学習指導時間増加」32％→92％
- ・「業務を依頼した」60％→100％
- ・「削減できた業務」…学級会計，授業準備，資料作成印刷，学校行事，会議準備，調査統計データ入力
- ・「時間が増えた業務」…教材研究，校務分掌，保護者対応，週案・指導案作成，放課後指導

3. 地域学校協働活動の地域連携担当として

（1）岡山県の地域連携担当

　現在，岡山県では「新晴れの国生き活きプラン」の中で，「おかやま子ども応援事業」として学校と地域との連携協働が謳われています。本校を管轄している津山教育事務所管内では，小学校82％，中学校75％で何らかの地域学校協働活動が実施されています。平成24年4月から，岡山県の教育施策「第3次夢づくりプラン」により，県内すべての小・中・高・特別支援学校では「地域連携担当」を校務分掌上に置くこととなりました。ここでは，社会に開かれた教育課程を実施していくための事業として，地域の力を生かした「地域学校協働活動」における「地域連携担当」としての取組を紹介します。

（2）本校の地域連携担当の役割

　本校での地域連携担当は，教務主任と事務職員の2名です。教務主任が校内の要望等をとりまとめ，事務職員が学校側の窓口として渉外を担当しています。事務職員が担当することにより，予算や情報などの学校事務業務の掌握とともに，授業時間にとらわれないため連携がとりやすく，行政や地域の組織等との日常的なつながりがあることなど，事務職員としての強みを生かした動きができることから，校長から地域連携担当を命じられました。打ち合わせ，調整など，校内外を問わず直接会って話すことを心がけ，もう1名の担当とともに，常に情報を共有しながら進めています。

　学校と地域が協働していくことで，学校力の向上や信頼される学校づくりの実現，ひいては地域全体の活性化につながることが期待されています。

　本校での事務職員が担う地域連携担当の役割は次の通りです。

【校内】
- ・学校に必要な取組を，学校の目指す姿や課題に沿っ

老人会との打ち合わせ

て計画調整する。
・授業のねらいに即してボランティアによる支援活動を調整する。
・地域学校協働活動について，教職員を啓発し，理解の促進を図る。
【渉外】
・ボランティアの人選や支援活動について，地域コーディネーターと連絡，調整する。
・学校での教育活動やボランティア活動への理解を促進する広報活動を行う。
【体制づくり】
・担当教職員等が代わっても地域との連携が持続可能な組織と仕組みを確立する。
【中央中学校区での役割】
・中学校区の保小中連携組織を活用して，15歳での目指す姿を共有する機会をつくる。
・中学校区内の保小中連携カリキュラムの編成を，地域コーディネーターを交えてまとめ，可視化する。

(3) 地域連携担当実践例と事務職員が地域連携担当をすることの成果

具体的な実践例の一つとして，地域の木工グループによる4年生の図工授業における学習支援を紹介します。

昨年度までは，担任のみで36名の児童に授業をしていましたが，製作手順の説明や道具の使用方法など，子どもの理解もまちまちなため個への対応は難しく，安全面の確保も十分とは言えない状態でした。この状況を解決し，学習のねらいを達成するため，ボランティアの協力を提案しました。担任を含めた企画会で協議し，当日は町内で木工に携わっておられる4名の方に来ていただけることになりました。併せて，使用する材料の見直しを提案し，市販のセット教材から地域の木工所で廃棄予定の端材を利用することに変更しました。

授業の中で，製作に使用する木片の年輪である"目"の読み方や，釘の打ち方，のこぎりなどの道具を使う際のコツなど，プロの技を知ることができました。作業が思い通りに進んでいくことで，子どもたちのアイデアは次々と形になっていき，さまざまな形の木片が，それぞれの家のリビングに合った置物に変身していきました。

このほか，管理職・地域連携担当，地域コーディネーター・PTA役員・地域代表で構成される校内ボランティア事務局会議でも，事務職員が地域連携担当として，学校全体を見渡しながら，課題把握や改善策を提案し，協議をとりまとめています。これにより，見通しをもった学習活動や環境整備がボランティアの協力を得て実施できています。

中央中学校区全体で，地域学校協働本部事業に関する考え方，実際の取組など具体的な事項について保小中合同研修の場や共同実施の中で情報共有の機会をもつことにより，共同実施組織内の事務職員も全員が事業で役割を担い，積極的に関わるようになりました。

4. 学校教育目標実現のための事務職員の関わり
　　〜カリキュラム・マネジメントへの視点で

「チームとしての学校の在り方と今後の改善方策について（答申）」の中で今後の目指すべき学校の在り方として，「チームとしての学校」が提案されました。その中で，「事務職員は，自らの専門

性を生かし，まさに学校全体が俯瞰・調整できる位置にある」となっています。

　本校では，事務職員は予算や情報を管理する立場にあります。また，先に挙げた，アシスタントのマネジメント担当であったり，地域連携担当であったり，人や組織をつなぐ役割も担っています。これらの立場や役割から，学校教育目標実現のために企画会で出される多種多様な課題を解決し，また要望を実現するために活動の裏付けとなる予算措置や，外部人材確保のための交渉や打ち合わせといった渉外業務を事務職員が行っています。また，学校の窓口でもあり，地域の方々と直接会って話すことの多い職でもあるため，気軽に，地域からも積極的に活動のアイデアを寄せていただくことも多々あります。

　このように，事務職員としての職務上の知識や業務の関わりから授業計画やカリキュラム・マネジメントに関わることは，学校として教育目標実現のための大切な力となります。

（1）事例1　児童の疑問を深い学びへとつなぐ

【事象】4年生の担任から，社会科授業中（消防署見学）に出た「消防署と消防団ってどう違うの？」という児童の素朴な疑問を児童の探求活動として，消防団について学ぶ機会を設定したい旨の申し出が企画会に対してありました。

【視点】・学習活動に関する担任からの申し出の意図や学習活動のねらいを十分理解する。
　　　　・学習内容が，担任が意図する深い学びになるように協議・調整する。

　これらの視点から，直接消防団員等から話を聞く機会を設定することになりました。
【取組】地域連携担当として，行政の消防担当者と企画会で共通理解した学習のめあてを共有しながら，講師の選定，日程調整，授業のタイムスケジュール，体験内容，質問などの授業内容を説明し，地域の消防団につないでいただきました。その後，消防団長と協議を行い，消防団の仕組みや活動について，お話しいただく内容を具体的に詰めていきました。

　1年目は，講話のみの授業となりました。その反省から，2年目は年度当初からカリキュラムに位置づけ，教科のねらいとともに，教育目標である地域を愛する心や自己有用感を高める活動として，地域の消防団の意義や「地域を自分たちで守る」という消防団の強い思いを，より理解させるための体験活動を組み込むことを提案しました。

　当日は，行政や地域の消防団員等，多くの協力者を得て，放水体験など充実した授業を実現することができました。児童からは，教科書での知識と実際に体験した内容を関連づけた質問が次々と出されました。消防署と消防団の違いが明確になっただけでなく，「大人になったら消防団に入って，地域を守りたい」と発言する児童も多数出て，授業のねらいが達成されました。

　教員のデザインした学習活動をよりよい環境で実施できたことは，「主体的な学び」につながるものになりました。消防団の皆さんは，「児童と直接関わりを持ち，自分たちの思いや体験を語り継ぐことができた」と大変喜んでくださいました。

（2）事例2　カリキュラムを調整して行う体育専門指導員の活用

【事象】体育を専門に学んできた中学校の体育教員と比べ，多くの小学校教員にとって体育授業で

の悩みは，専門的知識がないことや実技指導のコツがわからないこと，模範演技に自信がないことでした。

体育担当が体育専門員による指導種目の希望を取ってみると，「1 器械体操，2 サッカー，3 タグラグビー，4 バスケット」という順でした（水泳種目は，美咲町の「めだかプロジェクト」により，年間20時間の範囲で講師が派遣される事業があります）。

【視点】・外部人材（講師等）を十分生かした授業となるよう，教員との十分な打ち合わせ時間を調整し確保すること。
・様々な事業を活用しながら授業の学習目標が達成される専門家を見いだすこと。
・渉外業務など，教員の負担をできるかぎり減らす。

これらの視点から，美咲町小学校体育支援専門指導員（以下「体育指導員」という）の派遣事業を活用した，年間60時間の体育の専門家招聘事業を事務職員がマネジメントすることとなりました。

【取組】

事業初年度となる平成29年度は，4種目とも，既存のカリキュラムに沿って10，11月に実施しました。しかし，学校行事と重なり，授業時間の調整や時間数消化に追われ，教師は多忙感を抱えることになりました。今年度は，年間カリキュラムを変更し，器械体操を5月に行うようにし，事業の実施時期を分散させました。また，体育指導員の選定については，美咲町内にあるNPO法人スポレク柵原と定期的に情報共有を図っています。児童の意欲喚起，教員の効果的な指導法獲得を目的に，派遣していただく体育指導員をオリンピック選手級の方に依頼できるよう，経費確保のため県の助成事業と併用しました。

児童からは，「手を着く位置を変えるだけで苦手だと思っていた跳び箱がかっこよく飛べた」「世界選手権のメダルを見せてもらって張り切ってやろうと思った」との声が聞かれ，意欲的に授業に取り組めたことが分かりました。

また，教員からは，「指導書だけではつかめない細かなアドバイスや指導のコツなどが学べた」「子どもたちが楽しく授業に取り組んでいる姿を見て，自信，次への意欲，教え合いの大切さを再認識した」という感想が出されました。

体育指導員に前もって授業内容を伝えておくことや，短時間でも教員との打ち合わせ時間を確保することは，授業のねらいに沿った指導や活動内容の共有に有効だと感じました。

また，学校の窓口となる教諭や事務職員にも共同実施を通して情報を共有したり，直接アドバイスをしたりして，この事業が円滑に実施されるよう努めました。

このように，町全体を俯瞰的にとらえて，地域連携担当である各校の事務職員が中心となって調整を行うようになりました。

授業に必要な人的支援，実施に伴う渉外や事務的な処理を事務職員が行うことで，教員は授業の内容や自身の指導法について時間をかけて研究を進めていくことができるようになりました。授業に伴うさまざまな諸要件を整えていくことで，カリキュラムを効果的な授業へと展開するマネジメントとなりました。田村学氏の著書『カリキュラム・マネジメント入門』の中の「世の中とつなぐ」章に，『(管理職は)一人一人の教職員のデザインしたカリキュラムが最もよい形でマネジメントされるようお膳立てをすること』とあります。本校でも，教職員がデザインしたカリキュラムが，最もよい形でマネジメントされるよう事務職員もお膳立てしていると言えると思います。

5. 取組の成果と課題

　今回紹介した事例などに取り組んでいく中で，教頭と事務職員の業務再配分も進みました。その成果を服部克彦教頭は以下のようにまとめています。

　「教職員の勤務管理，施設設備の整備，外部関係機関や業者との連絡調整，地域ボランティアや保護者への対応，膨大なメール処理等，教頭の業務と重なりが多い事務職員が，組織マネジメントを意識し，率先して取り組むことで，教頭は，学力向上や特別支援教育，生徒指導や危機管理等の学校課題へ対応しやすくなり，確実にリスクマネジメントにつながっています。さらに，事務職員がアシスタントのマネジメントをすることで文書印刷，文書配付，調査データ入力等が教頭の手を離れ，授業観察による人材育成や支援を要する児童への対応のための時間を生み出しています」

　また，景山智子校長は，平成29年度までの業務改善成果を以下のようにまとめています。

　「学校教育目標の実現に向けて，週１回の企画会議で行事や連携の企画調整を行いました。小学校現場はとにかく忙しい。しかし，子どもの笑顔や教育にやりがいを感じることで少しでも多忙感を減らし，教員が抱えていた連携の煩わしさを払拭したいと考えました。教師が子どもと関わる時間や本来の指導に十分な時間を確保するためには，学校に関わるさまざまな立場の方をコーディネートする者が必要となります。アシスタントと教員をつなぐ者を事務職員に，学校支援ボランティアの方や地域コーディネーターと教員をつなぐ者を事務職員と教務主任２名に任せることとしました。学校課題の改善のために，また子どもたちの成長のために，教師が狙った授業や活動を実現させるには，学校内外部とのスムースな接続を働きかける者が必要であり，『つかさどる職』であり，人とつながることの得意な事務職員はまさに適任です。コーディネートが有効に機能すれば，教員の業務の見直しができ，勤務時間の削減も可能となります。子どもたちに豊かな学びを保障し，教員の指導や学びの時間を確保するためには，チーム学校の視点は外せません。本校は，教師業務アシスタントやSC，SSW，SSPにも教育活動につながる業務の一端を担っていただきながら，また学校支援ボランティアの方と協働しながら，『チーム加美』の実現に向けて模索してきました。それぞれの役割分担と，つないだパイプがさらに太く有効に機能することが，今後の課題です」

　平成27年度からの３年間余り，職務が「つかさどる」に改正されたことも関連し，「チーム加美」の一員として，アシスタント事業におけるマネジメント担当，地域連携担当を通して，学校運営や教育活動に関わってきました。事務職員の職務を，学校運営の一端を担う職として，校内だけでなく地域との協働に拡充させることができました。

　この取組の初年度では，事務職員の業務量は一時的に増えましたが，今では，校内での仕組みが確立し，定着したことで，業務量も通常通りに戻っています。

　今回，手探りの状態ではありますが，事務職員としてカリキュラムへの関わりに一歩踏み出すことができました。仕組みも完成形には至っておりません。まだまだ改善の余地があるというところが正直な感想です。今後も，さらに教育目標実現に向けて，「つかさどる」学校事務職員として，教職員とともに子どもたちのために働いていきたいと思います。

〈謝辞〉

　執筆に際して，本校の景山智子校長，梶並裕子校長，「チーム加美」の教職員，柴原靖彦教育長様をはじめとする行政等関係機関の皆さまのご支援に深く感謝申し上げます。

なお,本稿の公刊に際しては,梶並裕子校長の許可をいただいています。

(大天真由美)

〈参考文献〉
○大天真由美「教師業務アシスタント配置事業コーディネーターの役割」『学校事務』2016年3月号,学事出版。
○田村学『カリキュラム・マネジメント入門』東洋館出版,2017年。

第4章 学習塾のノウハウを公立学校に取り入れることにより教員はどう変わるのか

【提案】塾を生かして仕事の質を上げる

1. はじめに――学校の学習塾へのアレルギー

　学習塾[1]は、「受験戦争過熱の元凶」などと言われ、学校のアンチテーゼとして扱われてきました。かつて文部省は「学校教育と学習塾は無関係」との姿勢を貫いていました。ただし実際には、1987（昭和62）年、学校の奮起を促すため「補習などで学習、進路指導を充実させよ」と事務次官通知を出していることから「学校と学習塾の対立」や「学校の学習塾へのアレルギー」があったといえます。

　しかしその後、このような対立関係は、「対話」を歩み「連携」へと変化していきます。その背景には、1999（平成11）年6月の生涯学習審議会答申や2000年代以降、株式会社立の学校、「公営塾」の登場が考えられます。特に近年、学習塾と学校（教育行政）の連携施策も多く見られ、子供たちの放課後の学習を支える公営塾や学校の教育課程に学習塾の教育方法を導入する公立学校などが登場しました。

　国立教育政策研究所の調査[2]では、「場合によっては、塾や予備校の講師が学校で教えることがあっても良い」という項目に対して、「肯定的」と答えた公立中学校長の割合が、1994（平成6）年調査（19.1％）と2012（平成24）年調査（46.3％）を比較すると倍増しており、徐々に「学校と学習塾の対立」は崩れ、「学校の学習塾へのアレルギー」は薄れてきているのです。2016（平成28）年の全国学力・学習状況調査の質問紙によれば、公立学校に通う小学6年生45.9％、中学3年生の61.0％が学習塾（家庭教師を含む）を利用した経験を持っており、教員にとって学校は学習塾を無視できない存在といえるでしょう。

　また学習塾を含む民間教育産業に目を向けてみると、経済産業省が中心となり進めるEdTech[3]の動向は、教育とテクノロジーの融合によって子供たちの学習様態や教師の指導方法、働き方にも影響を与えるでしょう。

　そこで今回、子供たちの放課後の学習を支える「公営塾」と公立学校の教育課程に学習塾の教育方法（ノウハウ）を導入した長野県北相木村立北相木小学校の事例を取り上げ、学校内の教育課程と学校外の教育課程のそれぞれで学習塾が関わることによって教員の働き方にどのような影響を与えるのかを特に「QOW（Quality Of Work：仕事の質）」から考えていきます。

---

1) 日本標準産業分類によれば、学習塾とは「小学生、中学生、高校生などを対象として学校教育の補習教育又は学習指導を行う事業所」のことをいいます。
2) 2010（平成22）～2012（平成24）年度プロジェクト研究「Co-teachingスタッフや外部人材を生かした学校組織開発と教職員組織の在り方に関する総合的研究」成果報告書より。
3) EdTechとは、教育×テクノロジーの造語です。教育とテクノロジーを融合させ新しいイノベーションを起こすビジネス領域を指します。具体的にはブラウザ上で完結するインタラクティブなプログラミング学習やオンライン動画を見て学習するものなどがあります。

2. 公教育と学習塾の接近――学校外教育への公費投入

（1）学習塾は学校の機能をどこまで補完するのか

　黒石らの研究によれば，学校―学習塾間で行われている連携は，①講師派遣による授業提供，②受験生募集支援，③教員研修および教員紹介・派遣，④テスト提供，⑤教材提供，⑥コンサルテーションという6領域に分類でき，学習塾が学校のロジスティックス分野まで進出していることが分かります。ただし，現状ではビジネスとして成立している部分と，学校との関係維持・強化という観点からビジネス外で提供されている部分があることも指摘されています（黒石ら，2009）。

　また学習塾は，教員養成・研修分野にも進出しています。ある大手学習塾では，授業基本動作や基本スキルを習得するための講師研修システムや，研修用e-ラーニング教材の提供などの研修事業を展開し，法定研修や校内研修等の支援に取り組んでいます。

（2）「公営塾」や「学校内塾」の登場

　また近年，子供たちの学校外における学習機会の提供として「学校内塾」や「公営塾」が注目されています。

　「学校内塾」とは，学習塾を運営する会社が学校に拠点を置き，学校内で学習塾の講師が指導を行う形態です。具体的には，生徒は自習ブースなどで自習学習し，分からないところがあれば学校内塾のチューターへの質問や志望大学合格に向けた講師の個別指導が受けられるものです。2018（平成30）年7月9日の日本経済新聞では，「学校内塾」が増える背景として，新たな市場として開拓したい民間教育産業（学習塾）と，教員の時間やノウハウに限界があり民間の力を活用したい学校側の利害関係の一致であると指摘しています。学校内塾の特徴は，公益性を求める学校の中に営利を求める学習塾が共存していることです[4]。近年言われている「チーム学校」における多様な専門性を持った人々の協働体制の一つとして考えてもよいのでしょう。

　「公営塾」とは，教育委員会が主導して公共施設において，子供たちに対して学習塾の講師が指導を行う形態です。例えば，沖縄県北大東村「なかよし塾」，青森県東通村「東通村学習塾」，秋田県東成瀬村「東成瀬村地域学習教室[5]」が有名です。

　「公営塾」を設置する目的は自治体によってさまざまです。秋田県東成瀬村の場合，「本村は，放課後または休日の学習について，県内他市町村と環境・諸条件が異なり，児童生徒の希望にかなうような補充的な学習や発展的な学習が難しい地域の実情であるため，学校以外の場所でさらに学ぶ機会を設け，将来地域を担う人材を育成するための学習支援として，休日における『東成瀬村地域学習教室』を設置する（東成瀬村教育委員会，2015）」という村内の子供たちに新たな学習機会を提供することを目的としています。

　このほかにも，教員の負担軽減も含んで行なわれている公営塾がいくつかあります。青森県東通村「東通村学習塾」では，スクールバスの待ち時間に行なわれていた教員による補習指導などの負担を軽減しようとして開催されました。また熊本県山江村「山江中学校学習支援教室[6]」では，中学校の職員会議の時間帯に公営塾を行なうことで，部活動などの事故を発生させないという意図も

---

[4] 類似した事例である東京都杉並区立和田中学校地域支援本部の「夜スペシャル」は，マスコミに大々的に取り上げられ論争に至ったものもあります。
[5] 対象者は中学1〜3年生。指導教科は英語・数学（中学3年生のみ）。指導者は，近隣の学習塾講師，中学校非常勤講師です。

あるといいます。

　このような公営塾を実施することによる教職員の負担についてみていくと，事務担当者は，教育委員会事務局職員であることが多く，その事務局内において分掌化されています。また利用する生徒が通う中学校側では，教頭が窓口となり教育委員会との連絡調整を図っているため，教員への負担は少ないといえます（佐久間，2014）。

（3）EdTechと学習の変化

　学校の教室，学習塾，公営塾の学習スタイルは，同じ空間で子供たちは教師や学習塾講師から授業を受けることが基本形態です。しかし近年，スマートフォンやタブレット端末などICT機器を取り入れた学習が盛んになってきました。特に低価格で学習塾などの授業を提供するアプリは，このような学習スタイルを促進するきっかけともなり，このようなアプリを学校単位で取り入れ，事前事後学習に活用している学校も登場しました。

　2018（平成30）年6月に経済産業省「未来の教室」とEdTech研究会が発表した第1次提言では，学習者が学び方をデザインする「学びの社会システム」として10項目が提言されました。この提言で特徴的なことは，「民間教育・公教育の姿を変える」ということです。

　例えば，「EdTechには，インターネットとクラウドを通じたサービス提供を行うものが多く，良質な教育コンテンツが安価にいつでもどこへでも提供され，離島にいても山奥にいても様々な機会に恵まれる都会にいるのと変わらず，家庭環境や所得の格差も乗り越え，『教育の質的な機会均等』を担保することになる（経済産業省「未来の教室」とEdTech研究会，2018）」というように民間教育産業のビジネスチャンスを挙げています。

　その一方で，「教育産業が提供するオンライン講義動画や公開無料動画のMOOCsは，誰でもどこにいても良質・一流・先端の講義にアクセスすることが可能になる。そしてAI（人工知能）のアルゴリズムは確認テストの結果をもとに「どの単元が理解できていないか」を探し当て，必要な単元の復習へと促してくれる。これは，優秀なベテラン教員が長年の経験から身に付けた『秘伝の技』がアルゴリズムで再現されたようなものである（経済産業省「未来の教室」とEdTech研究会，2018）」というように教員の指導法改革についても言及しています。

　まさに未来は，学校や学習塾に対して，これまでの教材や指導方法を生かしつつ，「新たな学び」の創出を求めているといえるでしょう。つまり，「学習塾」と「学校」は対立から「連携・協働」の関係へと変化するのです。

3. 学校と連携・協働する学習塾のはじまり

　北相木村は，長野県南佐久郡に位置する人口792人[7]，全国で離島を除くと人口の少ない方から11番目に位置する自治体です。村内には，小学校1校（村立北相木小学校）があるが中学校はなく，村の中学生は小海町にある「小海町北相木村南相木村組合立小海中学校」に通学しています。

---

[6]「学習支援教室」は，放課後や長期休業中に，国語・数学・英語等の復習を中心とした学習機会の拡充と学習意欲喚起，確かな学力の定着のため，山江村教育委員会が2012（平成24）年より開始した施策である。対象者は，中学1～3年生。指導教科は，国語，英語，数学。開設場所は，山江中学校。指導者は，近隣の学習塾講師，中学校非常勤講師です。

[7] 2018（平成30）年6月30日現在。

北相木村では，1987（昭和62）年に東京の民間団体と連携し，児童数の確保のため山村留学事業を開始しました。その後，少子化の影響もあり次第に児童数は減少を続け，さらに2009（平成21）年度をもって，山村留学生の確保が困難になってきたことを理由に既述した民間団体が撤退し，2010（平成22）年度の全校児童数は27名にまで激減してしまいました。当時，保護者から『隣町小学校との統合に関する請願書』が提出され，統合をめぐって村民の意見は割れ，議会は統合案を採択しました。

　そこから，村と教育委員会が本気で取り組んだのが現在の山村留学事業です。唯一の村立小学校を存続させるため，山村留学のテコ入れに着手しました。山村留学事業を村直営で再開するにあたり，当時の小学校校長が，前任校で埼玉県に本部をもつ民間学習塾『花まる学習会』の教材を使用した経験があったことから，同社との提携を模索し，2011（平成23）年度より連携が開始されました。

4．学習塾のノウハウを活用した教育課程・活動

（1）北相木小学校の教育課程

　正規の授業時間は，公立学校として学習指導要領を重視した時間割が編成されています。現在，『花まる学習会』の教育方法を取り入れた活動は，朝の時間や業間活動を使い実施されています。具体的には，朝活動の時間に詩の音読や計算ドリルなど10分間の短時間学習（花まるモジュール）が週3回，業間活動（15分間）に英語モジュールなどが週2回組まれています。そのほかに月1回程度の「花まる授業」があります。

表1　花まる授業の授業内容一覧

項目	ねらい・概要
キューブキューブ パターンメーカー	木製ブロックを複数使って，出されたお題の形を作ります。 4枚のパズルを使い，フラッシュカード形式で出されたお題の形を作ります。
なぞペー	幅広い思考力問題に取り組み，考える楽しさを知ります。授業内では，児童が問題の意味や解き方がスムーズに理解できるよう，動画を導入に用います。 「迷路」「スクエアパズル」「ナンバーリング」
たこマン	2コママンガの「1コマ目」の絵から，発想を豊かに「2コマ目」を創造することを通して，「創造性」を養います。
みみなぞ	音声認識が有意な年代の児童が，「聞いて答える」パズルに取り組むことで，考える力とともに，集中して聞く力も育てます。
アルゴ	対戦形式のカードゲーム。ルールや様々な条件をもとに，相手の手持ちカードの数字を当てます。論理性，「筋道立てて，考える・説明する」力を養います。
精読	「400字」を1分間でスラスラ音読できることが読解の基本です。「言い換え」「要約」など文章読解の基礎を学びます。
イメージ	書いてある内容をイメージして，それを映像化します。時間的，空間的位置関係を再現し，読解力を養います。

（出典）北相木小学校提供資料より作成

　また，縦割りグループを活用した年3回程度の青空協室（野外体験）があります[8]。8月の青空協室（始業式）では，全校児童約60名と『花まる学習会』サマースクール参加者50名が交流を持ち，

縦割りの班を作っていろいろなネイチャーゲームをしたりします。この青空協室は，「総合的な学習の時間」などとして教育課程に組み込まれているのではなく，学校独自のものとして位置づけられています。

（2）花まるモジュール／英語モジュール

モジュール学習とは，10分，15分などの時間を単位として取り組む学習形態で，一時な記憶は短期間で忘れてしまうが，一度覚えた事柄を繰り返し思い出せば忘れにくくなるという脳の仕組みを応用した学習です。

北相木小学校で行われている花まるモジュールとは，モジュール学習に『花まる学習会』のノウハウ（サボテンや四文字熟語など）を加えた北相木小学校オリジナルのものです。

英語モジュールでは，「英単語を読む」「英単語を書く」「英文を読む」「英文を書く」「英文を楽しむ」の5つに分け，それぞれ3分間ずつ学習する形式です。

（3）花まる授業

「花まる授業」とは，『花まる学習会』が，これまで培ってきたメソッドをもとに開発したオリジナル教材（「なぞペー」など）を使用した思考力に特化した授業です。授業内では「考えることそのものを好きになり，楽しみながら考え方のセンスを養い，考えるスキル（方略）」を学びます。

具体的には，月に1回，45分授業の中で，表1にある教材のなかから3，4つの教材をテンポ良く切り換えながら子どもに取り組ませ，子供が常に前のめりで「楽しい，もっとやりたい」と思える時間・量の教材を提示します[9]。

5. 子供たちの高まる自己肯定感と学力向上

子供たちは学習塾のノウハウを取り入れた授業を受け，どのように変化したのでしょうか。北相木小学校の宮島教頭は，子供たちの様子について，『花まる学習会』のノウハウによって自己肯定感へつなげられていると感じています。特に，子供たちの自己肯定感も高まりつつ，『花まる学習会』のノウハウを活用した教育活動によって行われる発散と集中ということをやることによって，エネルギッシュな姿につながっていると強く感じているといいます。

また，井出利秋教育長によれば，全国学力・学習状況調査でも全国平均を上回っており，それは山村留学生の子供たちに刺激を受けてのことも予測できますが，学習塾のノウハウを取り入れた授業によって，地元の子の学力の底上げも進んでいるようです[10]。

つまり，学習塾のノウハウを活用したことによって子供たちの自己肯定感が高まり，学力向上にも結びついたといえます。

---

8) 青空教室の内容として，例えば，「侍合戦」というものがあり，全校を3チームに分けて大将をみんなが守る。逆に守るだけではなく勝つための戦略を考える。という遊びのなかに学びを取り入れたものがあります。
9) 加えて，「1，2年生」「3，4年生」「5，6年生」など各学年の発達段階に応じて難易度を変えた問題を提供します。
10) 教育長によれば，全国学力・学習状況調査以外にNRTやCRT等でも全国比よりも高い数値を示しているという。

6. 学習塾のノウハウを活用したことによる教員への影響

（1）学び続ける教師

　『花まる学習会』のノウハウの導入は容易だったのでしょうか。前屋（2016）は「花まる学習会から学ぶべき要素を，いかに北相木小の教育のなかに取り込んでいくか，それには工夫が必要なのだ。それは，花まる学習会も教えてはくれない。自分たちで考えていかなければならない（前屋，p131）」と当時の教員らの立場を述べています。

　2014（平成26）年には，北相木小学校の全教員が勉強会に参加するようになり，教員同士の学びあいの文化が生まれ始めました[11]。

　宮島教頭によれば，現在も週1回月曜日に重点研究会といって教育研究を職員で集まる時間が設けられており，その中で今月のモジュールを検討，意見交換をする機会が設定されており，加えて学ぶ機会が確保されているそうです。

　それでは，北相木小学校から転出した教員は，転出後どのような教育活動を行っているのでしょうか。井出教育長によれば，新しい赴任先において，受け持ったクラスだけでも北相木小で得た教育方法を始めようとしているという。また北相木小学校関係者が，2018（平成30）年度に埼玉にある『花まる学習会』の授業見学を企画したところ，他市の学校に赴任した教員も参加したいということで，一緒に見学をしたのです。

（2）学習塾のノウハウを活用することによる教員の負担感

　学習塾のノウハウを活用することでどのような負担が生まれるのでしょうか。

　前屋（2016）は，学習塾のノウハウを活用することの北相木小の先生方の負担を以下のように述べています。

　一方で，教員の負担は大きくなってくる。よく言われる教員の忙しさは北相木小も例外ではなく，一日学校にいて教員たちの動きをみていても，まさに「飛びまわっている」という表現がピッタリくるほど走りまわり，動きまわっている。そんななかで正規の授業ではない花まるモジュールや花まるタイムをこなし，しかも，そのために集まって勉強会を聞き，どんどん独自の工夫を積み重ねている（前屋，p138）。

　新たなことを始めれば，準備をはじめ，実施にいたるまでさまざまな時間が必要になります。通常業務にその時間を上乗せすることで物理的な負担が増します。しかし楽しいことであったらどうでしょうか。前屋（2016）は，当時研究主任であった教諭の言葉を引用し「たいへんです。忙しいのは嫌なんですが，それでも楽しさが勝っちゃっているんですよね（前屋，p138）」という。

　井出教育長も「実際，英語のモジュールを自分で作ってあるのをこうやって見ると作るに時間かかったろうなって。でも先生とすれば作ってみると楽しくてしょうがないし，嫌だったら作らなきゃいいんだから」と語ります。

　つまり，教員が教材作成を楽しみながらやってく中で「残業」という物理的な負担は存在するが，

---

11) 井出教育長によれば，先生たちがすごく公開授業を熱心にやりたがるという。教育長に，2017（平成29）年2月に「英語モジュール学習」の学校公開を行った際の参加者の感想を拝見させていただいた。一部紹介すると，「全学年どの子ども達も誇らしげにいる姿。学習をしていく姿勢を自ら身につけている子ども達。大変印象的でした。"一枚岩"…私の今日の一言です！」「全校で雰囲気ができているのが大きな財産だと思います。学校全体が1つになっているのを感じました」「先生方の生き生きとした姿がすべてを物語っていました。大きな今後につながるお土産をいただきました」。

「やらされ感」という精神的な負担は軽減していると推察できます。そして『花まる学習会』のノウハウを先生方が変化させ、先生方が一つのチームとして化学反応を生み北相木小学校流の教材を作り上げています。

（3）引き継がれる伝統―負担の軽減

　北相木小学校で行われている花まるモジュールとは、モジュール学習に『花まる学習会』のノウハウ（サボテンや四文字熟語など）を加えた北相木小学校オリジナルであり、学習塾のノウハウを導入した当時の教員たちが試行錯誤しながら作り上げたものです。

　現在も、子供たちの様子に応じたモジュールが行われていますが、ある程度のベースができたうえでは、教員たちの教材を取り扱う印象も異なるようです。

　宮島教頭によれば、これまでの先輩の先生方が作ったものを土台として、教員は意欲的にモジュールの手直しをして教育活動に当たっており、新しく作ればいいわけではなく、自分の色を加えたり、クラスの子供たちの実態に合わせて手直しを加えたりする。そして、先生方が財産を残していってくださったので、それを本当に生かして継続して取り組むことができていると述べています。

　加えて、既述した重点研究会において、北相木小学校の勤務年数が長い教員から「こんなのあるよ」なんていうアドバイスもあることから、負担少なく教育活動が展開されていると予想されます[12]。

7．まとめ―仕事の向き合い方が変化する

　今回、学校内の教育課程と学校外の教育課程のそれぞれで学習塾が関わることによって教員の働き方にどのような影響を与えるのかを考察してきました。

　熊本県山江村の公営塾のような設置目的であれば教員の負担軽減の一助となると考えられます。しかしながら、学習塾のノウハウを取り入れたからといって、勤務時間が減少するなど分かりやすい教員の働き方改革にはなりません。

　ただし、学習塾のノウハウを活用した教育手法を通して、子供たちの授業への向き合い方が変化し、かつ自己肯定感が育まれる中で、教員には、「達成感」や「充実感」「やりがい」が生じるのです。言い換えれば、「達成感」や「充実感」により「負担感」や「多忙感」が相殺され、QOW（Quality Of Work：仕事の質）が向上します。つまり、学習塾のノウハウを取り入れることは、教員の働き方の質を変化させる「ツール」です。

〈付記〉

　なお本稿は、JSPS科研費18K13063の研究成果の一部です。

　本稿執筆のために、ご対応いただきました井出利秋教育長、宮島哲也北相木小学校教頭に心より感謝申し上げます。

（佐久間邦友）

12）2017年2月15日付の信濃毎日新聞では、他校との情報交換を進め、より良い教材研究も進めたい」ということで、北相木小学校のホームページに実際使用している教材を公開しているとの記事が掲載されています。

〈参考文献〉
○末冨芳『子どもの貧困対策と教育支援―より良い政策・連携・共同のために』明石書店，2017年。
○前屋毅『ほんとうの教育をとりもどす』共栄書房，2016年。
○高濱正伸『メシが食える教育』角川新書，2015年。
○佐久間邦友「学習塾と教育行政の連携によって生じる教育事務：公費支援型学習塾の事例を通して」『日本教育事務学会年報』第1号，72-75頁，2014年。
○黒石憲洋ら「学校教育と塾産業の連携についての一研究：現状の分析と今後の展望」『教育総合研究：日本教育大学院大学紀要』第2号，1-14頁，2009年。

コラム2　施設環境と地域の教育力から"学校"を考える

　今日，"学校"は身近にある教育施設の一つとして，地域社会に広く認識されています。それら"学校"を施設の観点から考えるとき，一般的には，建物や設備という物的側面に限定されて注目されやすい傾向にあります。しかしながら，学校は地域社会において単独で機能している施設ではありません。では，学校と地域を一体として捉えるとき，実際には，どのような在り方が望ましいと考えられるでしょうか。次の2つの事例は，学校と地域の関係を考察する上で，示唆を与えてくれるものです。

1. 西予市野村地域教育福祉複合施設「ゆめちゃんこ」

　西予市は，愛媛県南部に位置する人口約4万人の自治体です。平成16年4月に5つの町が合併したことによって誕生しました。ここで取り上げる西予市野村地域教育福祉複合施設「ゆめちゃんこ」（以下，「ゆめちゃんこ」）（写真1）は，平成27年4月に開館しています。

　設立のきっかけとしては，①西予市民図書館野村分館の老朽化，②小学校統合とスクールバス等の駐車場整備の2点が挙げられます。合併前の昭和40年に設置されていた西予市民図書館野村分館（当時，旧野村町立図書館）は，既に設置から50年が経とうとしており，建物の老朽化が課題でした。また，平成27年には，5つの小学校の統合が予定されており，通学用スクールバスの駐車場を整備する必要がありました。そこで，野村幼稚園や統合した野村小学校に隣接するかたちで，「ゆめちゃんこ」が設置されることとなりました。「ゆめちゃんこ」は，1階に図書館（西予市民図書館野村分館），2階に児童館

写真1　「ゆめちゃんこ」外観
出典：新企画設計ウェブサイト（http://shinkikaku.info/blog/2016/02/post-35.html，参照2018-07-20）

（野村児童館）及び学童保育施設（放課後児童健全育成事業所のむらキッズ）を配置した複合施設です。施設の前には，スクールバスの停留所があります。学び・子育て・交流・情報発信の場として，「交流と創造を楽しむ教育・福祉・文化の拠点」となることを活動の基本理念としています。

　「ゆめちゃんこ」の中の各施設がそれぞれ機能していることはもちろんですが，「ゆめちゃんこ」の特徴として，各施設合同実施の事業が行われていることが挙げられるでしょう。例えば，図書館が行っている読み聞かせや上映会は，児童館を会場として，両施設の職員が連携して開催されています。また，スクールバスの停留所が施設の目の前にあることから，「ゆめちゃんこ」が自然と子供たちになじみ深い存在になっていることが窺われます。幼稚園や小学校の子供たちが授業の一環として，見学やおはなし会などのイベントのために来館することも見受けられます。

2．いきがい交流センターしみず（松山市立清水小学校内）

　松山市は，愛媛県中央部に位置し，人口50万を超える愛媛県唯一の中核市です。市内には，平成29年度時点で，60校の小学校があります。このうち，松山市立清水小学校に設置された施設が「生きがい交流センターしみず」（以下，「しみず」）（写真2）です。

　「しみず」は，四国初の試みとして，学校の余裕教室を活用した福祉施設です。「学校施設の複合化と質的向上」「開かれた学校を目指す」という当時の市長の思いから，平成12年に検討委員会が立ち上がり，平成14年4月に設置されました。平成21年には，清水小学校内に松山市地域包括支援センター城西・勝山も設置され，地区の福祉拠点として位置づいています。

　「しみず」の事業は，松山市社会福祉協議会と清水地区社会福祉協議会の協力体制を中心として，民生児童委員協議会や町内会連合会，公民館などの協力をもとに実

写真2　「しみず」外観
出典：いきがい交流センターしみずウェブサイト（http://www.matsuyama-wel.jp/shimizu/index.html，参照2018-07-20）

施されています。主な事業としては，①高齢者の一日型サロン「友遊しみず」，②「シニアライフ講座」や「シニアいきいきパソコン塾」といった講座の開催，③清水地区社会福祉協議会が主催し，書道や茶道，コーラスなどの教室を開催する「ふれあい教室」があります。

　さらに，学校内に設置されていることを生かした事業として，清水小学校の教育課程に組み込まれた交流授業が実施されています。また，授業外にも，日々実施されている昼食交流などを通して，利用者と児童の間に家族のようなつながりが形成されています。

　紹介した2つの施設は，同じ愛媛県に位置していますが，設置自治体の人口には大きく差があります。しかし，人口規模に関係なく，学校・地域の両者にとって好ましい状況が生まれていることが理解できます。2つの事例に共通している重要なポイントとしては，①行政のコーディネートによる仕組みが用意されていること，②学校を中心として，地域が一体となった仕組みが構築されたことの2点が挙げられます。ただし，これらの施設は，都市部を中心に関心が高まっている校舎や職員室のレイアウトの工夫による教職員の勤務負担軽減という観点で明確に設計，運営されているものではありません。

　一方，平成30年10月，文部科学省に組織再編の一環として，総合教育政策局が新設されました。このように，国においても学校教育と社会教育の縦割りを克服し，より横断的・総合的なビジョンに基づく教育行政を戦略的に展開することが目指されています。今後，こうした教育行政改革と今回紹介した先進事例のような取組が相まって，「社会に開かれた教育課程の実現」はもとより，教職員の勤務実態にも影響し，業務の効率化が図られること等につながっていくことが期待されます。

（二宮伸司）

第3部

生徒指導実施体制

ガイダンス
生徒指導体制の見直しの意義

　新しい時代の教育に向けた持続可能な学校指導・運営体制の構築を図るための一つの改善方策が，生徒指導体制の見直しです。2010（平成22）年にとりまとめられた『生徒指導提要』は，生徒指導の意義を「児童生徒自ら現在及び将来における自己実現を図っていくための自己指導能力の育成を目指す」ものと説明しています。こうした自立した人間が生きていく上で不可欠とも言える自己指導能力を育んできたのは，あらゆる場や機会における「理解・信頼ベースの生徒指導」（藤原（2018））です。『生徒指導提要』では，「授業や休み時間，放課後，部活動や地域における体験活動の場においても，生徒指導を行うことが必要」と述べるとともに，「生徒指導を進めていく上で，その基盤となるのは児童生徒一人一人についての児童生徒理解の深化」であり，「児童生徒理解の深化とともに，教員と児童生徒との信頼関係を築くことも生徒指導を進める基盤である」と指摘しています。

　こうした日本の生徒指導によって救われてきた子供も多いはずです。保護者と信頼関係を築くことが難しい環境にある子供や特別な理解と支援が必要な子供が増加する今日，生徒指導機能の強化は，むしろ求められているとも言えます。特に特別な理解と支援が必要な子供が多い学校における生徒指導機能の強化は待ったなしの状態と言えるでしょう。

　他方，これまでの日本の生徒指導の在り方を礼賛してばかりではいられません。なぜなら，これまでの生徒指導が教師の長時間勤務によって支えられてきたことは事実であり，その持続可能性が問われているからです。神林（2015）は，1950年～1960年代と比較し，2000（平成12）年以降において課外活動の時間が増加しているということを指摘した上で，「戦後日本の学校教育は，まさに『ケア』という視点で，社会や児童生徒のニーズに応えようとするあまり，生徒指導や部活動指導といった課外活動の比重を増大させ，ひいては教員の多忙（感・化）を引き起こしたとも考えられる。そのため，児童生徒の要求に応じた『ケア』に基づいた教育を構築する場合であっても，学校や教員の負担という視点を加味する必要」があると提言しています。すなわち，これまでの「理解・信頼ベースの生徒指導」の良さを維持しつつ，持続可能性という観点による生指導体制の見直しをタブー視しないことが必要なのです。また，すべての子供に同じサービスを提供するという発想から，子供の必要に応じてサービスを区別するという発想への見直しも必要ではないでしょうか。

　2017（平成29）年12月22日にとりまとめられた中央教育審議会『新しい時代の教育に向けた持続可能な学校指導・運営体制の構築のための学校における働き方改革に関する総合的な方策について（中間まとめ）』が提言したのは，学校及び教師が担う業務の明確化・適正化でした。見直しが提唱された業務の中には，これまでの生徒指導に慣れてきた教師からすれば，衝撃的とも受け止められる内容も多く含まれています。しかし，生徒指導体制の見直しには他の選択肢もあり得ます。

　そこで，第3部では，読者の皆さんが，生徒指導体制の見直しによる新しい時代の教育に向けた持続可能な学校指導・運営体制の構築という改善方策について考える上での示唆となるよう，①「効果のある学校づくり」を進める，②組織的な生徒指導を展開する，③外部専門家を活用する，④学校と関係機関の連携・協力体制を確立する，⑤客観的データを生かす，といった5つの提案を行います。

（藤原文雄）

第1章 生徒指導の充実と「働き方改革」

【提案】「効果のある学校づくり」を進める

1. 日本の学校教育の構造的課題

（1）教育活動における構造的な課題

　今日の日本の学校教育において，学力低下やいじめ，不登校，学級崩壊等の諸問題が顕在化し，社会問題としても取り上げられる状況にあります。そもそも学校教育は，学力保障と社会性の醸成を主たる機能としていますが，学力の格差が広がり，その原因に意欲格差の問題が指摘されています（田中，2008等）。また，社会性の醸成の側面においても，子どもの規範の乱れ，人間関係の構築不全に起因するいじめや学級崩壊，不登校の問題等が指摘されています。これら学力低下や生徒指導上の諸問題に対して，教育行政（教育委員会等）や各学校は，それぞれの問題に個別に対応しようとする傾向がとらえられます。つまり，生起する問題に対して，「学力低下」に対しては「学力向上」のための対応策を，また，「いじめ」に対しては「いじめ防止」のための対応策を，という顕在化した問題（現象）を，解消することを目的にしてその解決策が立てられてきているということです。

　しかし，生起するこれら学力低下の問題と生徒指導上の諸問題は別々の問題でしょうか。筆者が学校訪問等で目にする生徒の姿から，「学習へのあきらめ」と「生徒指導上の諸問題」は，生徒の内面においてつながっていることを強く感じます。今一度，子どもの学びや学校生活の中で生起する諸問題（行動レベル）について，その行動を引き起こしている内面的な原因を根拠（エビデンス）に基づいて省察し（内面レベル），その根源的な原因に適合した打開策を生成し，対応することが求められているととらえます。

（2）学校教育の組織上の課題

　このような生起する問題への対症療法的な対応がもたらす組織上の問題として，個業化の増長があります。生起する問題や押し寄せる教育課題に対して，これまでの個々の教員の経験や知識だけでは対応しきれない状況が生まれつつあることが指摘されています。このような状況の中，生起する教育課題への組織的対応がより求められています（久我，2013等）。しかし，佐古（2005）は，学校の組織状況に関する実証的研究において，「子どもの複雑性，問題性が増大し，（個々の教師の）個人的な知識や経験での対応が困難な状況が広く認識されているにもかかわらず，他方では学校組織の個業化が進展している」ことを指摘し，教員の意識と行動が組織化ではなく，個業化の方向へ傾斜していることを指摘しています。つまり，生起する問題と社会からのさまざまな要求の中で，枝葉の戦いが強いられ，教員の意識と行動が個々バラバラな方向へ進行してしまい，多忙化に拍車がかかってしまっているという日本の学校教育の構造的な課題を指摘できます。さらに言えば，学校事務に係る業務も膨らむ傾向にあり，教員の意識と行動がさらに個業化の方向へ促されていると

いうことです。このような状況において，教員の「個業化傾向」のデメリットを縮減し，学校の組織化を促す学校組織マネジメントの機能強化は喫緊の課題といえます。

2．教職員の多忙化の実態

　上記のような状況の中，教員の多忙の実態も可視化されてきました。「教員勤務実態調査（平成28年度）の集計（速報値）について（概要）」（文部科学省平成29年4月28日）における「教員勤務実態（1日の勤務（教諭））」によりますと，小学校の教諭で1日の平均勤務時間が，11時間15分（平成18年度調査比；38分増），中学校の教諭が，11時間32分（平成18年度調査比；27分増）という多忙化の状況が浮かび上がってきています。これをいわゆる「過労死ライン」に当てはめると，小学校教諭で，33.5％，中学校教諭で57.7％が超過していることが指摘されています。また，その業務内容として，「生徒指導（集団）」と「生徒指導（個別）」にかけている時間は小学校で「1時間5分」，中学校で「1時間20分」に上ります。これは，多忙化解消のターゲットとなっている中学校の「部活動・クラブ活動」にかけている「41分」を上回る時間となっています。生起するいじめや不登校，問題行動への対応に多くの時間を奪われている日本の教員の実態が浮かび上がってきます。しかも，この時間は，教員にとって問題行動への対応や保護者対応，専門機関との連携等，心的な負荷がかかる業務となり，創造的な教育を生み出す力を奪う方向で機能してしまっていることが推察されます。

　生起する問題の根源的な課題を組織的に共有し，教職員の協働を通してその課題解決を促進する学校組織マネジメントの機能強化が求められているといえます。そのことは，生起する問題を低減し，子どもたちの健やかな成長と同時に教職員の組織化を具現化することにつながり，結果としての多忙化解消につながる重要な取り組みとなることを示しているといえます。

3．子どもの健やかな成長と業務改善を同時に具現化する「効果のある学校づくり」の展開

　子どもの健やかな成長と業務改善を同時に具現化するために必要な条件は，①子どもの成長を機能的に促す「効果のある指導」を可視化すること（指導論），②「効果のある指導」を組織的に展開すること（組織論），です。

（1）子どもの健やかな成長を促す「効果のある指導」とは？

　では，子どもの健やかな成長を促すことを可能にする「効果のある指導」とは，どのような指導でしょうか？　その根拠となるのが「子どもの意識と行動の構造」です。久我（2014）は，中学生5,241名に質問紙調査（47項目の質問項目を設定）を行い，その質問項目間の因果関係を共分散構造分析（IBM SPSS Amos Ver.19）で明らかにし，生徒の意識と行動の構造を可視化することを試みています。その結果を構造図として模式的に表したのが図1です。子どもの「学びへの意欲」や「生活における規範意識」を支える基底要因として「自分への信頼（「私は一人の大切な人間である」等）」があることがとらえられました。しかし，日本の子ども達の「自分への信頼」は決して高くなく，他国と比較して低い状況にあることが各種報告から指摘されています（例えば，「高校生の心と体の健康に関する調査」（財団法人　一ツ橋文芸教育振興協会他（2011）））。

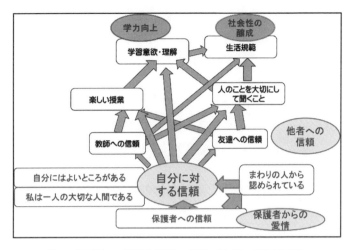

図1　子どもの意識と行動の構造（久我，2014加筆）

この「自分への信頼」を支える要素として，「保護者への信頼」がありました。家庭的な環境や生育歴の中で，「自分への信頼」が十分に認識できない子どもたちがいることが推察されました。そのような家庭的な要因を乗り越える要素として「まわりの人から認められている」という「被受容感・被承認感」があることがとらえられました。また，さらに「自分への信頼」から「教師への信頼」と「友達への信頼」への有意なパスがとらえられ，「自分への信頼」が健全な「他者への信頼」を生み出すことが可視化されました。これら自己信頼や他者信頼が基底要因となって，「楽しい授業」（授業の楽しさ）が支えられ，さらに「学習意欲・理解」を支えている構造がとらえられました。また，「生活規範」を支える要素として「学習意欲・理解」「人のことを大切にして聞く」「教師への信頼」があり，有意なパスがとらえられました。

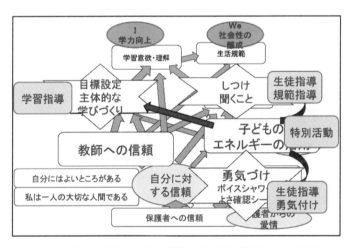

図2　子どもの意識と行動の構造に基づく「効果のある指導」

この構造に適合した「効果のある指導」を仮説的に策定したのが図2です。「自分への信頼」を高めるための仕組みとして「勇気づけのボイスシャワー」を策定しました。子どもたちの学びでの努力や生活での優しさ（健全な他者意識）をとらえて，ポジティブな勇気づけの言葉かけを組織的に展開することを仮説的に設定しました。特に「自分への信頼」を抱きにくいと感じている子ども達には，合理的配慮のもと意図的な勇気づけを組織的に展開することを構想しました。

一方，「規範意識」については，「勇気づけのボイスシャワー」によって，「自分への信頼」が高まっても直接的には，有意なパスが見出せなかったことから（「自分への信頼」が高まっても「生活規範」は直接的には高まらない），学級，学年，学校全体で取り組む「しつけ」としての規範指導を策定しました。特に「学習意欲・理解」にも「生活規範」にも効果のある「聞くことの徹底」を位置づけました。これら内面と行動の安定の上に自律的で主体的な学習を生み出すために「目標設定に基づく主体的な学びづくり」を策定しました。さらに，これら「勇気づけ」「聞くことの徹底」「主体的な学び」を子どものエネルギーを活用して自律的・自治的に展開することを構想しました。

このように，生徒指導の取り組みとして，①「勇気づけ」と②「規範指導」を，学習指導として，③「目標設定に基づく主体的な学びづくり」を，さらに特別活動の取り組みとして，④「生徒のエネルギーを活用した自治的な活動」を策定しました。これらの取り組みは，相互に支え合いながら子どもたちの主体的な学びと健全な規範意識を機能的に育む「効果のある指導」として仮説的に策定しました。これまで，学校内で別々に策定し展開されてきた「学習指導」と「生徒指導」「特別活動」について，相互の構造的なつながりを可視化し，子ども達の主体的な学びと健全な規範意識を醸成するための「効果のある指導」として策定したということです（カリキュラムマネジメント）。

（２）「効果のある指導」の組織的取り組みを生み出す展開手順（「教師の主体的統合モデル」）

一方，「効果のある指導」を組織的に展開するためには，教員の納得に基づく合意形成が求められます。しかし，学校の組織特性として個々の教員が「個人的な指導論」（Personal Teaching Theory）をもった存在と言われます（梶田ら，1985）。教育委員会や校長等から与えられた（所与の）取り組みに対して，教員の納得や合意が得られにくい組織としてとらえられています（ルースカップリング論）。そのような組織化しにくい組織をどのような手続きを通して組織化の方向に導けるのでしょうか。その一つの方法として，「教師の主体的統合モデル」（久我，2013）があります。それぞれが個人的な指導論をもった組織化しにくい存在ですが，自校の子どもの教育課題をエビデンスベースで共有し，その課題解決のための方策を組織的に策定することで組織的な協働の可能性が高まるという手続き論です。つまり，一般的な組織論ではPDCAサイクルを回しますが，学校組織においては，RPDCAとして，子どもの実態にかかるリサーチ期をおいて，子どもの実態から課題の生成過程を位置づけ，さらにその課題解決の方策を組織的に策定することで，組織的な同意・合意の形成の可能性を高めるというものです。これが組織化しにくい教職員を組織化に導く一

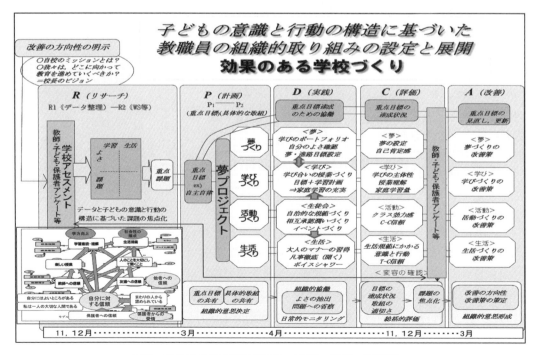

図3　教師の主体的統合モデル（久我，2013一部修正）

つの手順として提案され，一定の効果が検証されています（組織マネジメント）。

4. 実践事例：生徒指導困難校における取り組み（「A中大好きプロジェクト」）

（1）実践研究校の概要と共同研究の経緯

　実践研究を進めるA中学校は，生徒数345人の中規模校で，生徒指導上の問題を抱え，授業エスケープや器物破損等，学習意欲の低下や生活規範の乱れ等の問題が頻発していました。2011年11月に筆者に改善のためのオファーがあり，第1回学校訪問を行いました。校長は，「改善の糸口が見出せない」と行き詰まり感をもっていました。また，生徒の荒れに対して，教員も十分に踏み込んだ指導ができていないことにも課題を感じていました（2012.11第1回訪問時，校長へのヒアリングより）。このような状況にあるA中学校に，筆者から上記「効果のある学校づくり」の原則を踏まえた「A中大好きプロジェクト」を提案しました。そして，A中学校の管理職並びに教職員の積極的な同意を得て，導入するに至りました（2012年4月から導入）。

（2）生徒が抱える課題の構造的整理

　学びへのあきらめや生活の乱れ，活動・行事への意欲の減退等の問題に通底する課題として，生徒の「自分への信頼」の低さがとらえられました。学校アセスメントアンケートの結果からは，自分自身を「一人の大切な人間である」ととらえる強い肯定層が，25.3％とZ区と比較して約10ポイント低い実態が確認されました。図1の生徒の意識と行動の構造の枠組みにしたがって読み解くと，「わたしは一人の大切な人間」として認識が十分にできず，「自分への信頼」（期待）が低い状態にあること。また，そのことによって，「他者への信頼」も低く，人のことも大切にできない状態にあり，自分自身のエネルギーの出し方を見失っている状態にあることが推察されました。つまり，「自分への信頼」が十分に醸成されていない状況が，学びや生活における行動の乱れを生み出しているととらえられました。このような実態の生徒たちに，今一度自分自身のよさの自覚化を促し，自分の中に内在する能力や優しさを発揮できるように導くことの必要性と重要性がとらえられました。

（3）A中学校の実態を踏まえた「効果のある取り組み」の開発

　生徒の自分への信頼を高めるために，①組織的な勇気づけの取り組みとして，「ボイスシャワー」（勇気づけの言葉かけ）を策定しました。さらに，②自分自身のよさの自覚化を促し，自分の将来の夢や目標を設定する自分と向き合うシート（「学びのポートフォリオ」）を導入しました（図4）。また，③学習規律，生活規範の構築を目指し，組織的な一点突破の取り組みとして，「人のことを大切にし

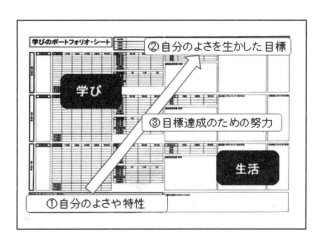

図4　学びのポートフォリオ

て聞く」ことの指導の徹底を設定しました。これら「ボイスシャワー」や学習規律，生活規範の徹底場面等において，④生徒のアイデアを生かした自治的取り組みを設定し，生徒のエネルギーを活用した取り組みを策定することとしました。これら生徒の意識と行動の構造に適合した取り組みを「Ａ中大好きプロジェクト」として構成し，全教職員に加え，全校生徒とも共有し，学校全体で展開することを構想しました（図5）。具体的に

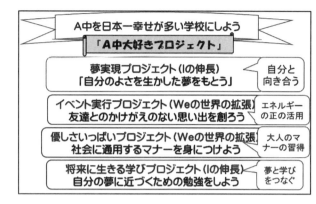

図5　Ａ中大好きプロジェクト

は本プロジェクトを，①自分と向き合う場と時間を教育課程の中に設定し，自分のよさの認知と将来の目標（夢）の明確化を促す取り組み（夢実現プロジェクト；「Ｉ」の伸長），②生徒のアイデアを生かした活動づくり（イベント実行プロジェクト；「Ｗｅ」の拡張），③社会に通用するマナーを身につける生活づくり（優しさいっぱいプロジェクト；「Ｗｅ」の拡張），④夢実現のための学びづくり（将来に生きる学びプロジェクト；「Ｉ」の伸長），という4つのプロジェクトで構成しました。

（4）実践過程

①勇気づけのボイスシャワー；「自分への信頼」の醸成

4月当初に「Ａ中大好きプロジェクト」が全教職員，全校生徒で共有され，全教職員による生徒へのボイスシャワー（名前をつけたあいさつや勇気づけの言葉かけ）が日常的になされ，新年度がスタートしました。

②「人のことを大切にして聞く」ことの共有と徹底；学習規律・生活規範の構築

年度当初のホームルーム，全校集会，学年集会等で，学びと生活の基本ルール（「人のことを大切にして聞く」こと）の大切さが説明され，全校生徒，全教職員の共通徹底事項として共有され，日常の中で徹底されていきました。

③生徒のアイデアを活かした生徒主体の取り組み；自治的な生活づくり，学びづくり

2012年3月に生徒会役員の生徒（11名）とＡ中学校を改善するためのアイデアを出し合うワークショップを行う等，生徒のアイデアとエネルギーを学校改善に活用できるように準備を進めました。4月は，「学習規律，生活規範の徹底」として「人のことを大切にして聞く」ことの徹底と，その前段階として「生活における時間管理」を徹底するために「チャイム着席」と「授業準備」の取り組みが生徒たちのアイデアで設定されました。具体的には，「ぴったりスタート（チャイム着席）」と「ばっちりスタート（授業準備）」について，クラス対抗のコンテスト形式での徹底が図られ，生徒主体で自治的な取り組みがなされ，学習規律，生活規範の醸成が促されました。

5月には，1年生が初めて体験する「中間テスト」に向けて，生徒同士の学び合い，教え合いの取り組みが生徒会の主催で設定されました。具体的には，テストに向けた班対抗の教え合い，学び合いによる基礎学力定着コンテストが計画され，実施されました。この取り組みの効果として，①これまで，十分にテスト勉強ができていなかった生徒の中にも学習へ向かう姿勢づくりができ始め（2年生自己評価の記述より），基礎学力の定着に結びついたこと，②「教え合い」「学び合い」の中

で仲間づくりが促進されたこと，がとらえられました。

④目標設定に基づく自律的な学びづくり

また，「学びのポートフォリオ」の取り組みにおいて，①「自分のよさは？」，②「自分のよさを生かした将来の夢は？」，③「夢実現のための努力は？」という3つの問いを通して，自己との対話を促し，将来の夢・目標について考える場と時間を設定しました。そのことを通して自分への信頼を高める取り組みを展開しました。その中で，自分のよさを問う1つ目の問いに対して，記述できない生徒が多く存在する実態が浮かび上がってきました。そこで「自分のよさ確認シート」という補助資料を設定し，家族や友だちにも「自分のよさ」を問い，自分のよさを多面的にとらえる仕組みを導入しました。

⑤生徒の主体性を引き出す授業づくり；教員の授業改善の取り組み

6月には，生徒の「聞く姿勢」が定着し，落ち着いた環境で学習が進められるようになりました。そこで，授業の質を高める取り組み（授業研修会）が実施されました。「生徒の学習意欲を引き出す授業づくり」をテーマに，学習課題等，学習内容に関する工夫やグループ学習の設定等，指導方法に関する工夫等がなされました。

（5）結果と考察

①「聞くこと」の指導の徹底を通した学習規律，生活規範の安定

「人のことを大切にして聞く」ことの生徒との共有と徹底は，短期間で生徒の変容が促され，私語がなく静かに進行する全校集会等でその成果が顕著に表れました。その変容は，中間評価（6月）データからもとらえられました（図6）。

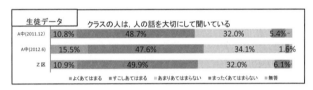

図6　「聞く」姿勢の生徒の変容（生徒）

6月の中間評価における生徒の自由記述の中で，A中学校の変化について，「集会が静かになった」「授業中私語がなくなった」「あいさつがふえた」「掃除がちゃんとできだした」「ごみが落ちていなくなった」等の記述がなされ，「聞くことの徹底」から生活規範の全体的な高まりを生徒自身が実感していることがとらえられました。

②「自分への信頼」を高める取り組みとその効果

1）生徒の被受容感，被承認感の醸成

「自分への信頼」をターゲットとした意図的な「勇気づけ」を組織的に展開し，生活規範の安定の下支えをねらいとしました。問題を起こしやすい生徒，集団になじみにくい生徒等（視点生徒）への組織的な声かけ（ボイスシャワー）を行い，

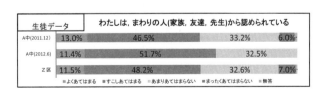

図7　生徒の被承認感（生徒）

ポジティブフォーカスでよさを認めることを組織的に展開した結果，被受容感に関する質問への回答において，強い否定層が0％となりました（図7）。

2）「自分への信頼」の醸成

日常的で組織的なボイスシャワーに加え，「自分のよさの確認シート」で，友達や家族に「自分

のよさ」を問うこと等を通して，あらためて「自己のよさの自覚化」を促し，「自分への信頼」の醸成につながったと推察されました。

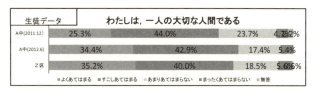

図8　生徒の自分への信頼（生徒）

③生徒の変容を生み出した教師の指導行動の変容

本プロジェクトの導入から比較的短期間に生徒の意識と行動の良循環の変容の傾向をとらえることができました。この良循環を促進する要因として，ボイスシャワーや学びのポートフォリオ等，生徒の良情報を意図的に収集する取り組みの効果が推察されました。これらの取り組みを通して問題を抱える生徒への意図的関わりや個々の生徒との関係を構築しようとする教員自身の意識と行動の変容が良循環を生み出したと考えられました。

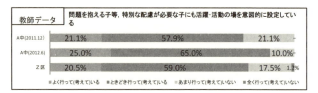

図9　特別な配慮が必要な生徒への意図的支援（教員）

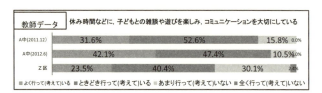

図10　生徒との関係構築（教員）

④「効果のある学校づくり」がもたらす3つの効果

生起する問題や課題に対して個別的に対応することによって教員の多忙化に拍車をかけているという日本の学校教育の構造的な課題を指摘しました。この構造的な課題の解決として，①生徒の意識と行動の構造に適合した「効果のある指導」を策定し（指導論），②それを組織的に展開すること（組織論）によって小さなエネルギーで大きな成果を生み出す「効果のある学校づくり」を提案しています（「指導論」と「組織論」の融合モデル）。その効果として，組織的な勇気づけ等を通して，学校の組織化と教員の指導の質的改善（「勇気づけ型教育」の浸透）が促され，生徒の自律的な学びと自治的な生活が生み出されてきました。筆者はこれまで，50校ほどの小学校，中学校，高等学校で「効果のある学校づくり」を進めてきましたが，例外なく一定程度の効果が検証され，大きな生徒指導改善を生み出す可能性があるととらえられています。

5．まとめ

生徒指導上の問題の低減（生徒の学びと生活の安定）は，業務改善に直結する課題です。「効果のある学校づくり」によって，生徒指導上の問題が大きく低減し，教員の生徒指導にかけている時間が縮減されることは，大きな効果といえます。教員にとって精神的な負担を伴う問題対応の軽減は，教育の良質化にもつながるととらえられます。

「効果のある指導」の組織的展開を通して，小さなエネルギーで「子どもたちの健やかな成長」を生み出すことは，今後のグローバル社会を生き抜く子どもたちの資質・能力の育成の下支えとなり，『次世代の学校づくり』につながる教育の在り方を示すものととらえられます。つまり，「効果のある学校づくり」は，教員の「業務改善」の促進と子どもの「健やかな成長」を同時に具現化する教育の在り方を示し，『次世代の学校づくり』を具現化する道筋を示す実践ととらえられます。

今後も「効果のある学校づくり」の実践研究の蓄積が求められます。

(久我直人)

〈参考文献〉
○梶田正巳，石田勢津子，伊藤篤「個人レベルの指導論（Personal Teaching Theory）―算数・数学における教師の指導行動の解析」『名古屋大学教育学部紀要―教育心理学科』，32，121-172，1985年。
○久我直人「教師の組織的省察に基づく教育改善プログラムの理論と実践―「教師の主体的統合モデル」における組織的教育意思形成過程の展開とその効果」『教育実践学論集』，14，pp1-15，2013年。
○久我直人「中学生の意識と行動の構造に適合した教育改善プログラムの開発的研究―教育再生のシナリオと理論の実践」『兵庫教育大学教育実践学論集』，第15号,pp.39-51，2014年。
○佐古秀一『学校の自律と地域・家庭との協働を促進する学校経営モデルの構築に関する実証的研究』平成15年度～平成17年度科学研究費補助金（基盤研究（C））研究成果報告書　研究代表者　佐古秀一，2005年。
○田中耕治『教育評価』岩波書店，2008年。

第2章 落ちついた学習環境を維持している学校における教職員の働き方

【提案】組織的な生徒指導を展開する

1. 落ちついた学習環境を維持している学校における共通点

　日本の学校の長所は知徳体をバランス良く育む全人的な教育であり，全世界から注目を集めています。新しい学習指導要領では，新しい時代の子供たちに必要な資質・能力を育むために，知徳体を育む教育活動の質の充実がさらに求められています。逆に，知徳体をバランス良く育む全人的な教育を進める上で，教職員が役割や業務を際限なく担うことは，「教職員の業務負担」にもつながることから，それは日本の学校の短所であるとも言えるでしょう。

　一方，社会や経済の変化に伴い，いじめや長期欠席，また，虐待や貧困などの問題が増加していることから，教職員には「生徒指導上の問題解決能力」の向上が求められています。したがって，「教職員の業務負担」の軽減と「生徒指導上の問題解決能力」の向上が急務とされています。ただし，中央教育審議会「チームとしての学校の在り方と今後の改善方策について（答申）」（2016）では，生徒指導に対する「教職員の業務負担の軽減」という観点では，十分な提案はされていません。

　このような中，平成30年6月29日に「働き方改革関連法」が可決・成立しました。確かに，この法律の柱の一つは「長時間労働の是正と多様で柔軟な働き方の実現等」（労働基準法等改正）ですが，勤務時間を短くすることだけが「働き方改革」ではありません。例えば，生徒指導においては，いかに，機能させるか（無駄を無くせるか）という観点を持つことが重要です。

　国立教育政策研究所生徒指導研究センター（現，生徒指導・進路指導研究センター）は平成20年度から3年間にわたって「生徒指導に関する機能向上のための調査研究」を実施しました。本調査研究は，学校における生徒指導のサイクルが機能し，生徒指導上の諸問題を起こりにくくしている学校において，教職員全員の動きがつくられている要因を可視化することを目的としたものです。約8～10年前の調査ではありますが，「チームとしての在り方」や「働き方改革」の議論が進んでいる今日において，本調査研究で得られた結果は意義深いといえるでしょう。

　落ちついている学習環境を維持している（または，問題が起こりにくい）学校には，生徒指導主事など，一部の教職員のみに負担がかかる生徒指導ではなく，すべての教職員の動きを生み出しているという共通点が見られました。そこには，「情報」を軸とした「実態把握」に重点が置かれ，課題及び指導方針が明確であることから，校長を中心とした「方針の明確化」と教職員全員での円滑な「取組」に結びついているというサイクルが見られました。また，本調査結果を踏まえて，国立教育政策研究所では，これらのサイクルを回していくためのミドルリーダー（生徒指導主事等）に見られる共通した行動についても整理するとともに，教職員全員で行う生徒指導の概念図を示しました（図1参照）。

　本稿では，これらのサイクルに当てはまり，また，新しい学習指導要領が目指している方向性にも一致しているとともに，「働き方改革」の参考にもなりうる生徒指導の実践事例を，小中高等学

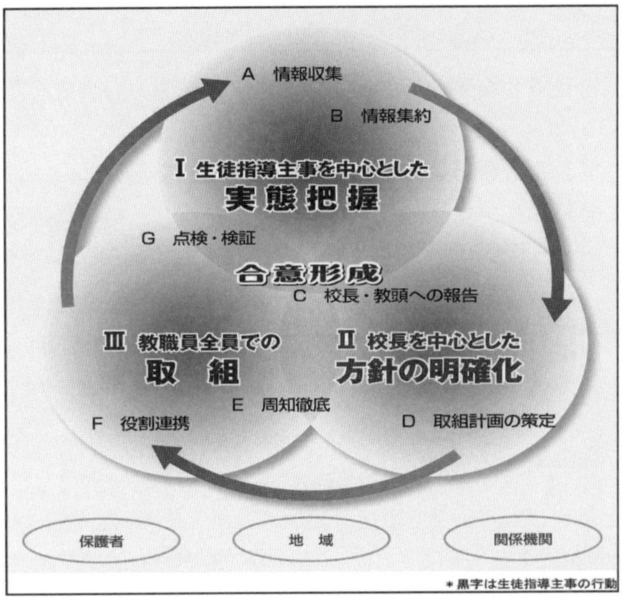

＊1　このサイクルの概念図は組織的に生徒指導が行われている場合のモデル図です。

＊2　サイクルの速度は決して一定ではなく，案件の軽重等によっても異なるものであり，場合によっては，同時並行や逆方向に進行し，再度の取組を要することもあり得ます。

＊3　概念図は年間を通した長期的なサイクルとともに，年度途中での短期的なサイクルの両方を視野に入れたものです。

図1　落ちついた学習環境を維持している学校における生徒指導のサイクル

校から，それぞれ一つずつ紹介をしたいと思います。

2. 生徒指導における「働き方改革」の先進事例

【事例1】「連携するためのツール（「成長ノート」）を開発」（京都府久御山町立東角小学校）

（1）東角小学校の概要

昭和50年に久御山町内3つ目の小学校として，児童数206名，7学級，教職員数10名で開校しました。昭和59年にはピーク時を迎え，平成30年度現在は，児童数294名，16学級の学校です。

学校教育目標は，『自ら学び　心豊かで　たくましい子どもの育成』です。明るくて，のびのびとした元気な子供たちですが，（1）学びに向かう基盤づくり，（2）「授業のスタンダード化」，（3）開かれた学校づくりの3点を重点的実践課題として位置づけ，『確かな学力を育む授業システムの構築～子どもが成長を実感できる授業を目指して～』を研究主題とし，日々，地域や保護者と連携をしながら，教育活動の推進・充実を図って成果を上げています。

（2）取組

平成25年度における，同校の不登校出現率は2.59％で，暴力行為発生件数は24件と，市及び府内の平均値を大幅に上回っていました。このような状況の原因は，教職員に「すべての児童や保護者に寄り添う指導」という意識が欠けていたことから，児童・家庭・地域の信頼を失う結果によるものとのことです。そこで，平成27年度に。児童・保護者・教職員の三者をつなぐことを目的とした「生活指導ノート」を開発しました（図2）。なお，このツールを活用するうえで，三者の想いを共有化するためのポイントを4点示しました。

三者の思いを共有化するためのポイント

ア	学習や生活の目標を立て，毎日目標を意識しながら過ごすことで自己指導能力の育成を図る。
イ	担任と保護者と児童が同方向を向いて教育活動を進めることで児童の成長を促す。
ウ	担任は，このノートを作成することを通して，保護者や児童の願いを把握し，指導に生かす。
エ	次の学年へと児童の特性を引き継ぎ，切れ目の無いつながりのある指導を目指す。

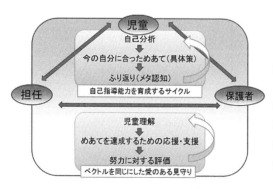

担任・保護者の持つ児童への捉え方がバラバラだったことから、学校が落ち着かない状態が続いていました。思いを一致させたいということから始まった「成長ノート」。目的としては、次の2点が掲げられています。
①担任・保護者が共通理解の上、児童を応援・支援していくことで共に子育てをしていくという意識を高める。
②児童は、自分が立てた「めあて」と「ふり返り」を継続して意識することで、メタ認知能力の育成を図る。

図2 「成長ノート」のイメージ図

図3 生活指導ノート　　　　　　図4 成長ノート（低学年用）

そして，担任教師が継続した形で取り組めるように，4つのポイントは変えずに，年々ブラッシュアップをしました。具体的には，翌年（平成28年度）には，「生活指導ノート」を「成長ノート」と改名することにより，児童が日々，目標を意識して過ごせるようにしました。そして，平成29年度からは，家庭との連絡を主目的とした「応援ノート」と家庭学習についての記録を主目的とした「成長ノート」に分割し，さらに，それぞれを「低中学年用」と「高学年用」に分けました（図3～5）。

担任・保護者の持つ児童への捉え方がバラバラだったことから，学校が落ち着かない状態が続いていました。思いを一致させたいということから始まった「成長ノート」。目的としては，次の2点が掲げられています。①担任・保護者が共通理解の上，児童を応援・支援していくことで共に子育てをしていくという意識を高める。②児童は，自分が立てた「めあて」と「ふり返り」を継続して意識することで，メタ認知能力の育成を図る。

（3）成果
①学校と保護者等との関係が良好になっていった

学校へのクレームの電話等が減り，保護者や地域が学校に対して肯定的になったとのことです（グラフ1～2参照）。そして，授業参観や行事参加に来校される人が増加するとともに，保護者が担任や通級指導担当教員，また，まなび生活アドバイザーへ，児童のことについて，相談するケースも増加してきています。

②客観的なふり返りによるメタ認知が強化されていった

「成長ノート」による「めあて」や「ふり返り」の考え方が，教科学習や行事などにも波及されていきました。継続して「成長ノー

図5　応援ノート（高学年用）

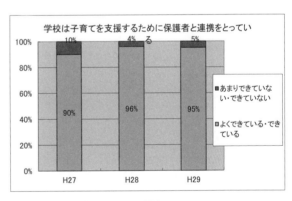

グラフ1　保護者アンケート

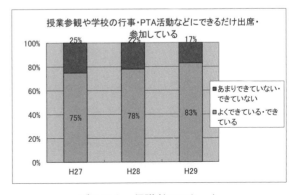

グラフ2　保護者アンケート

ト」を活用した取組をすることで，教職員の当たり前の規準が変容していったとのことです。

③問題行動・不登校児童数が減少していった

日々の授業や行事において，すべての児童が目標を達成する場，活躍する場を意図的に設定していくことで，児童生徒の自己肯定感が高まっていきました。そのことにより，「成長ノート」を活用した取組を進めるにつれ，暴力行為や不登校児童数が年々，減少していきました（グラフ3～4参照）。

（4）「成長ノート」による働き方改革
　　　—学校が「チーム」となっていった

「成長ノート」を推進する生徒指導部と他の3部（重点研究部・特別活動部・特別支援教育部）がこれまでの取組を整理し，「成長ノート」を中心に生活点検や自主学習など，本校が掲げていた学力向上に向けた取組を一本化することができました。そうすることで各部が提案していた取組につながりが生まれ，

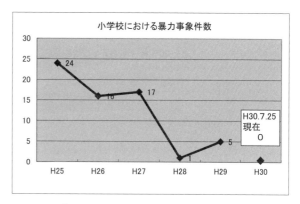

グラフ3　暴力行為の発生件数の推移

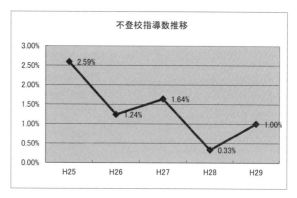

グラフ4　不登校児童数の推移

日常の学校生活の中にルーティン化することができ，教職員の仕事に無駄がなくなっていきました。また，組織的な対応で教育的予防を図ることで，これまで後手に回っていた放課後のクレーム対応や家庭訪問などが少なくなったとのことです。

（5）まとめ

久御山町立東角小学校の「成長ノート」を活用した取組は，「児童・家庭・地域の信頼を失う結果」という実態把握をしたことで，「児童・保護者・教職員の三者をつなぐ」という方針を明確化し，教職員全員で取り組むためのツール（「成長ノート」）を開発し，活用したことで，教職員全員での共通実践に結びついたというように，図1で示した「落ちついている学習環境を維持している学校における生徒指導のサイクル」に当てはまります。そして，このように一連のサイクルにより，教職員同士や教職員と保護者との協力体制が生まれ，暴力行為の発生件数や不登校児童数が年々減少していくように，成果も上がりつつあります。そして，何よりも，教職員の教育活動におけるベクトルが一致するとともに，学校と保護者等との協力体制が生まれたことにより，教職員の仕事に無駄がなくなり，結果的に，勤務時間の軽減が図られたという，今後の参考となりうる好事例であると言えるでしょう。

【事例２】「児童生徒の交流活動が組織を機能させた」
　　　　　（横浜市立義務教育学校霧が丘学園）

（１）横浜市立義務教育学校霧が丘学園の概要

　霧が丘学園は平成26年に開校された，横浜市立小，中学校約500校の中では２校しかない，義務教育学校の一つであり，施設併設型です。平成22年度に横浜市で初めての「小中一貫校」として開校して以来，小学校から中学校への接続を円滑化するとともに，義務教育９年間をトータルして子供たちの健やかな成長を実現させることを第一として，教育活動を実践しています。

　「人のかかわり合いを大切にした教育を推進し，豊かな人間性をもった児童・生徒を育てます」というスローガンの下，小中の教職員が協働して学校のあらゆる機能やシステムを児童生徒のために工夫をしている学校です。

（２）取組

　小中一貫校として開校しましたが，もともとは隣接していた小学校と中学校が統合しました。教室棟や職員室は別々にあり，小学部と中学部の教職員間には目には見えない壁もあり，必ずしも，小中一貫校として機能をしていたわけではなかったそうです。当時，管理職は，小学部と中学部に所属している教職員が，お互いに顔を合わせて，話し合う機会や場を積極的に設けていました。しかし，場や機会はあっても，それぞれの想いを語るのみで，互いに９年間で子供を育むという発想に結びつかなかったそうです。

　このような状況の中で，「児童生徒の交流活動」を無理のない範囲で意図的・計画的に実施するようになってから，小学部と中学部の教職員間での連携が生み出されていきました。つまり，「児童生徒の交流活動」が行われるということは，小学部と中学部それぞれの教職員も，実際の運営以外にも，見学や参加をするなどと，交流活動に関わることになるため，彼らの会話も「子供たちの話題」となっていったとのことです。そのことにより，教育実践のベクトルが教職員全員で一致するようになっていきました。

　このように，小学部と中学部の教職員間での会話が「子供たちの話題」で活発になってくると，教職員の意識と行動にも変化が見られるようになってきました。それまでは，たとえ，小中一貫校であっても，小学部の教職員は小学部の児童のことを，中学部の教職員は中学部の生徒を育むことを中心に考えていました。このことは当然のことではありますが，「児童生徒の交流活動」を契機に，小学部と中学部の教職員間での会話が「子供たちの話題」で活発になることと比例して，小学部の教職員は，子供たちが中学部に進んだ後のことも視野に入れた教育実践を意識して行うようになりました。また，中学部の教職員は，小学部での教育実践を積極的に知ろうという意識になるとともに，小学部での実践を踏まえ，小学部と中学部で円滑に接続できるような実践を意図的・計画的に行うようになっていきました。その結果，互いの連携や協力も生まれ始めてきました。

（３）成果

　具体的には，保護者への対応に苦慮していた中学部の教員に，その保護者の子供を担任していた小学部の教員が，「その家庭は，父親と話をすると円滑に話が進む」という自らの経験を踏まえた助言（情報提供）をしたことで，その保護者との関係が良好になった例。

また，中学部で不登校になっている生徒への家庭訪問に，小学部時に担任であった教員が「一緒に行きましょうか」と中学部の教員に申し出て，出かけたところ，保護者が「小学部時代の先生がいまだに，自分の子供のことを見てくれている」と大変感動をされ，その後は保護者の協力もあり，不登校が解消されたという例。
　このように，小学部と中学部の教職員が，児童生徒の情報を共有することで，教職員の意識と行動が義務教育9年間で子供を育もうというように変化していきました。

（4）「児童生徒の交流活動」による働き方改革
　適切な情報交流が，児童生徒への適切な支援に結びついた「児童生徒の交流活動」を意図的・計画的に行うことで，教職員間の会話が増加するとともに，より多くの児童生徒の的確な情報が集まるようになりました。そのことにより，教職員の行動計画に無駄がなくなり，教職員の行動に対する結果もついてきたことから，教職員の生徒指導に関する負担感の軽減につながりました。

（5）まとめ
　小中連携や小中一貫教育では，教職員間の情報共有の時間が必要であったり，異なる学校風土を経験されてきた教職員間で合意形成を図ることが難しく，そのことが，多忙化に結びついているということを耳にします。しかし，霧が丘学園では，「児童生徒の交流活動」を意図的・計画的に行ったことで，児童生徒の情報が，教職員間で共有されるようになったことが，小学部と中学部の垣根を越えた協力体制に結びつき，共通の実践に結びつきました。このことは，図1で示した「落ちついている学習環境を維持している学校における生徒指導のサイクル」のうち，特に「実態把握」と「教職員全員での取組」に当てはまります。
　改めて，「学校の主役は一人一人の子供たち」であり，そのことを意識した活動が，適切な情報共有とともに，教職員間の協力体制を作ることに結びつきました。そして，教職員の生徒指導に関する負担感も軽減されたということから，「働き方改革」とは「人間関係改革」であるとも言えるでしょう。霧が丘学園の取組のエッセンスは，小中一貫校や義務教育学校のみならず，どの学校においても参考となりうる好事例と言えるでしょう。

【事例3】「同じベクトルで行う各教科の取組」（福岡県立築上西高等学校）

（1）福岡県立築上西高等学校の概要
　全日制普通科の福岡県立築上西高等学校（生徒数412名／平成30年5月1日現在）は，平成25年に創立100周年を迎えた，歴史と伝統のある学校です。福岡県の県立学校でもっとも駅に近く，通学にはとても便利な学校です。生徒一人一人の多様な資質や能力をのばし，第一希望進路の実現を図るために3つのコース（大学進学コース，専門・各種学校進学コース，公務員及び企業就職コース）を設置し，各コースの特色を生かした教育を推進しています。

（2）取組
　築上西高等学校では，生徒の学習意欲を育むために，全教科で生徒の自信や達成感，そして自尊感情を高める取組を毎年度初めから計画的に行っています。各教科では，前年度の取組を検証し

(C)，改善点を明確にしつつ（A），新年度初めに，生徒の学習意欲を育むための取組を計画し（P），そして，教科の先生方が共通実践をする（D）というサイクルを，それぞれの教科で実践されています（図5）。

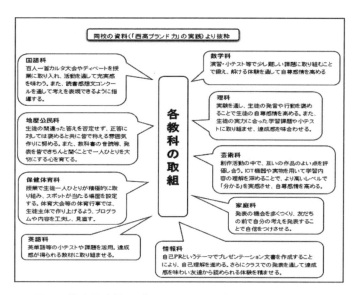

図6　築上西高校の「同じベクトルで行う各教科の取組」

(3) 成果

　このように教職員全員でベクトルを合わせた取組を地道に継続していることで，教職員の働き方にも無駄がなくなり，生徒にとっても，教職員の働きかけがシンプルで，わかりやすいと好評であるとのことです。そして，生徒の出席率や遅刻の回数も好転しており，中途退学者数も減少しています（グラフ5～7）。

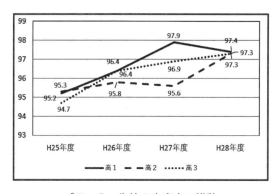

グラフ5　生徒の出席率の推移

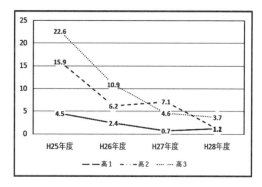

グラフ6　生徒の遅刻回数の推移（年間一人当たり）

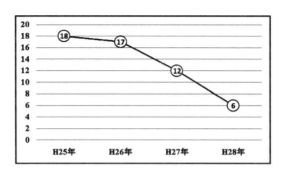

グラフ7　中途退学者数の推移

（4）「同じベクトルで行う各教科の取組」による働き方改革

　一般的に生徒指導は，児童生徒の問題行動等への対処であると認識されがちであり，そのような生徒指導そのものに負担感を抱いている教職員が少なくないと考えられます。つまり，問題行動等への対処とは「マイナスをゼロ」にすることや，場合によっては，「マイナスをさらに悪化させない」ことであると捉えているかもしれません。本来の学校教育は一人一人の児童生徒をプラスの方向に育むことであり，多くの教職員も児童生徒の意欲を引き出すような仕事をしたいために，教職の仕事に就いた人が多いと考えられます。その意味からも，築上西高等学校の教科指導を軸にした取組は，教職員の負担感は初めから少ないようです。また，教科担任制の高等学校で，教科間でベクトルを統一して行うということは，各教科での負担も減少することになるため，各教職員の教材準備等にも，無駄がなくなっているとのことです。ベクトルを統一することは教職員間の意思疎通を図るとともに，教員相互の信頼関係を深めることとなり，職務に対する意欲ややりがいにつながるのではないでしょうか。働き方改革を考えるとき，教職員の仕事量の改善に加え，仕事の質を高めていくという観点からも重要な意味をもつものと考えます。

（5）まとめ

　築上西高等学校の取組は，たとえ，学習指導の場面であっても，生徒の自信や自尊感情を育むという，本来の生徒指導の意義に合致しています。また，新しい『高等学校学習指導要領』の「第1章　総則」の「第5款　生徒の発達の支援の1-(2)」には，「生徒が，自己の存在感を実感しながら，よりよい人間関係を形成し，有意義で充実した学校生活を送る中で，現在及び将来における自己実現を図っていくことができるよう，生徒理解を深め，学習指導と関連付けながら，生徒指導の充実を図ること」と明記されています。このように，築上西高等学校の取組は，新しい「学習指導要領」が求めている学習指導の中で生徒指導の充実を図るという方向性とも合致しています。そして，冒頭の図1で示した「落ちついている学習環境を維持している学校での生徒指導のサイクル」における，（学校の方針を踏まえた）教職員全員での取組を，まさしく具現化した好事例と言えるでしょう。

　今後は，同校の取組のように，学習指導の中で本来の生徒指導が目指していることを育むことを意図的・計画的に行うことで，落ちついた学習環境を作るとともに，教職員の「働き方」にも無駄がなくなるような実践が増加していくことを期待したいと思います。

（藤平　敦）

〈参考文献等〉
○藤平敦「『チーム学校』先進事例に学ぶ」『生徒指導学研究／日本生徒指導学会機関紙第16号』日本生徒指導学会，2017年。
○藤平敦『研修でつかえる生徒指導事例50』学事出版，2016年。
○中央教育審議会「チームとしての学校の在り方と今後の改善方策について（答申）」2016年。
○文部科学省『生徒指導提要』2010年。
○国立教育政策研究所「生徒指導の役割連携の推進に向けて―生徒指導主事に求められる具体的な行動」2010-2011年。
　http://www.nier.go.jp/shido/centerhp/22kinou_shogaku/kinou_tebiki.htm（小学校編）
　http://www.nier.go.jp/shido/centerhp/21kinou.cyugaku/kinou.tebiki.htm（中学校編）
　http://www.nier.go.jp/shido/centerhp/22kinou_koukou/kinou_tebiki.htm（高等学校編）

第3章 いじめ問題における専門家の活用

【提案】外部専門家を活用する

はじめに：求められる専門家の活用

　2011年に滋賀県大津市で起きたいじめ自殺事件は，いじめ問題に対する社会の関心を一層高めました。2012年には，いじめ問題を起因とする自殺事案への対応などに関する学校や教育委員会の支援を行う「子ども安全対策支援室」が文部科学省に設置されました[1]。また，いじめ防止に関する立法化の気運が高まり，2013年に日本では初めていじめ防止を目的とした「いじめ防止対策推進法」が議員立法として成立しました（藤原，2018；押田，2014；坂田編，2013）。同法では，いじめを次のように定義しています。「この法律において『いじめ』とは，児童等に対して，当該児童等が在籍する学校に在籍している等当該児童等と一定の人的関係にある他の児童等が行う心理的又は物理的な影響を与える行為（インターネットを通じて行われるものを含む）であって，当該行為の対象となった児童等が心身の苦痛を感じているものをいう」（いじめ防止対策推進法・第2条）。このように，同法では，身体的・心理的ないじめに加えて，情報社会の到来・発展に伴って生じているインターネットを通じたいじめについても言及しています。また同法では，いじめ問題をめぐって，組織的な対応が義務づけられたことが大きな関心を集めています。具体的には，次のように定められています。「学校は，当該学校におけるいじめの防止等に関する措置を実効的に行うため，当該学校の複数の教職員，心理，福祉等に関する専門的な知識を有する者その他の関係者により構成されるいじめの防止等の対策のための組織を置くものとする」（いじめ防止対策推進法・第22条）。以上のように，いじめに対して組織的な対応が求められることに加えて，教職員の業務負担を軽減しつつ，いじめ問題に迅速かつ適切に対応していくためには，教職員だけではなく専門的な知識を有する人材[2]の協力がより一層重要になることは言うまでもありません。なかでも，心理の専門家であるスクールカウンセラーや，福祉の専門家であるスクールソーシャルワーカーの協力は一層重要になっているといえます。

　このようなスクールカウンセラーやスクールソーシャルワーカーについて，各市が独自に行っている採用実態はどのようになっており，またその有効性はどのように認識されているのでしょうか。近年のいじめ問題を背景として，各自治体では，各学校の児童生徒の代表や学校関係者，地域住民，そして，市長や議員が集まり，いじめ問題の理解や議論を行ういじめサミットが行われていますが，こうしたサミットは全国でどの程度行われているのでしょうか。さらに，情報化に伴ってその数が増加しているインターネットを通じたいじめ問題への対応はどのようになっているのでしょうか。

　本章では，こうした問題意識をもとに，筆者が2016年2月に市教委に対して行ったアンケート調

---

[1]「子ども安全対策支援室の設置について」（文部科学大臣決定，2012年7月30日）
[2] 学校教育法施行規則では，「スクールカウンセラーは，小学校における児童の心理に関する支援に従事する」（第65条の2），「スクールソーシャルワーカーは，小学校における児童の福祉に関する支援に従事する」（第65条の3）とされています。

査「いじめ問題の取り組みに関する調査」[3]をもとに，いじめ問題に対する取り組みにおける専門家の活用について検討します。なお本章で紹介するアンケート調査は，全国の各市におけるいじめ問題への取り組みの実態把握を行うために実施したものです。アンケート調査は，2006年2月1日から2月末日において，全国790市教育委員会を対象として行われ，333市教育委員会から回答を得ました。主な調査項目は，（1）スクールカウンセラー及びスクールソーシャルワーカーの活用，（2）インターネットを背景とするいじめ問題への対応，（3）いじめサミット（フォーラム）の実施状況，（4）いじめ防止基本方針策定です。

1. スクールカウンセラー及びスクールソーシャルワーカーの活用

いじめ問題の早期発見・早期解決を目指して，スクールカウンセラーとスクールソーシャルワーカーの活用が指摘されていますが，その有効性について，次の3つの観点から伺いました。（1）貴自治体では，独自予算を用いて，スクールカウンセラーを採用されていますか（独自予算による採用），（2）スクールカウンセラーの活用は，いじめ問題への対処において，有効であると思いますか（活用の有効性），（3）スクールカウンセラーを積極的に活用されていますか（積極的活用）。その結果をまとめたものが，表1です。

表1からは，市の独自予算を用いてスクールカウンセラーを採用している教育委員会は，33.0%でした。また，98.4%の教育委員会が，いじめ問題への対処としてスクールカウンセラーの活用の有効性を認識しており，71.5%の教育委員会において，スクールカウンセラーの積極的活用を行っていることがうかがえました。スクールソーシャルワーカーについても同様の傾向が窺えました。スクールソーシャルワーカーの採用を市の独自予算によって採用している教育委員会は，33.1%でした。また93.7%の教育委員会が，いじめ問題への対処として，スクールソーシャルワーカーの活用の有効性を認識しており，84.2%の教育委員会において，スクールソーシャルワーカーの積極的な活用を行っていることがうかがえます。今回のアンケート調査結果からは，スクールカウンセラー，スクールソーシャルワーカーともに，市レベルで各自治体の独自予算での採用は3割程度にとどまるものの，大部分の教育委員会が，いじめ問題に対する対処として，スクールカウンセラー，スクールソーシャルワーカーの有効性を認識するとともに，また積極的活用を行っていることがうかがえました。

以上のように，教育委員会における両職種のいじめ問題における有効性は認識されています。しかしその一方で，文部科学省によって行われたいじめの実態調査からは，必ずしも有効性が明確ではない結果も示されています。文部科学省では，生徒指導上の諸課題の現状を把握することを目的として，『児童生徒の問題行動・不登校等生徒指導上の諸課題に関する調査』（以下，文科省調査）を実施しています。当該調査は，小・中・高等学校における，暴力行為，いじめ，出席停止措置，長期欠席（不登校等），中途退学者数等，自殺，教育相談等の調査項目があり，いじめに関する調査は毎年実施されています。文科省調査からは，スクールカウンセラーやスクールソーシャルワーカーがいじめの発見の契機になることの難しさが報告されています。具体的には，2016年度の文科省調査の結果からは，いじめの発見のきっかけとして，最も多かったものは「アンケート調査など

---

[3] アンケート調査は，公益財団法人日本教育公務員弘済会より研究助成を受けて実施したものです。

表1　スクールカウンセラー及びスクールソーシャルワーカーの有効性

	独自予算での採用	活用の有効性	積極的な活用
スクールカウンセラー	33.0%（$n=330$）	98.4%（$n=314$）	71.5%（$n=309$）
スクールソーシャルワーカー	33.1%（$n=329$）	93.7%（$n=301$）	84.2%（$n=279$）

注）表中の割合は，「該当する（「そう思う」＋「どちらかといえばそう思う」）と回答した教育委員会の割合を示しています。

の学校の取組による発見」が51.5％でしたが，続いて多かったものは「本人からの訴え」が18.1％，「学級担任が発見」が11.6％でした。「スクールカウンセラー等の相談員が発見」は0.2％でした。また，いじめられた児童生徒の相談の状況に関する項目では，「スクールカウンセラー等の相談員に相談」は2.3％でしたが，「学級担任に相談」は77.7％でした（$n=323,143$）。

　この文部科学省の調査結果は，ただちに，市教育委員会が認識しているスクールカウンセラーやスクールソーシャルワーカーの有効性を否定するものではないと思います。しかし，この結果は，いじめが発見された場合に，教員が，スクールカウンセラーやスクールソーシャルワーカーと連携して，どのように，早期解決に向けてどのようにお互いの役割を果たしていくのか，各自治体のケース報告を踏まえながら，検討する必要性を問うているともいえます。

　なおいじめ問題への対応として，所轄警察署と連携した対処をしている場合もあります。いじめ問題への対応として，所轄警察署と連携をして対処をされたことがある自治体は，36.7％（$n=330$）でした。したがって，所管警察署との連携は，常に行われているわけではありません。所管警察署と連携している自治体においては，人事交流を通して所管警察との連携をしやすい環境を整備しているケースもありました。

2．インターネットを通じたいじめ問題への対応

　次に，インターネットを通じたいじめ問題への対応について検討します。先述したように，いじめ防止対策推進法では，インターネットを通じて行われるいじめについても言及しています。さらに同法では，インターネットを通じて行われるいじめに対する対策についても言及しており，インターネットを通じて行われるいじめに対する対策を推進する旨を定めています[4]。文部科学省では，インターネット上のいじめに関する対応マニュアル・事例集を刊行していますが，そのなかでインターネット上のいじめの特徴として，（1）不特定多数の者からの絶え間ない誹謗・中傷により，被害が短期間で極めて深刻なものとなりうる，（2）匿名性があるため，安易に誹謗・中傷が行われやすく，子どもが簡単に被害者にも加害者にもなりうる，（3）インターネット上に流出した個

---

[4]「学校の設置者及びその設置する学校は，当該学校に在籍する児童等及びその保護者が，発信された情報の高度の流通性，発信者の匿名性その他のインターネットを通じて送信される情報の特性を踏まえて，インターネットを通じて行われるいじめを防止し，及び効果的に対処することができるよう，これらの者に対し，必要な啓発活動を行うものとする。2　国及び地方公共団体は，児童等がインターネットを通じて行われるいじめに巻き込まれていないかどうかを監視する関係機関又は関係団体の取組を支援するとともに，インターネットを通じて行われるいじめに関する事案に対処する体制の整備に努めるものとする。3　インターネットを通じていじめが行われた場合において，当該いじめを受けた児童等又はその保護者は，当該いじめに係る情報の削除を求め，又は発信者情報（特定電気通信役務提供者の損害賠償責任の制限及び発信者情報の開示に関する法律（平成十三年法律第百三十七号）第四条第一項に規定する発信者情報をいう。）の開示を請求しようとするときは，必要に応じ，法務局又は地方法務局の協力を求めることができる。」（いじめ防止対策推進法・第19条）

表2　インターネットを通じたいじめ問題への対応状況

ネットパトロールを委託している自治体の割合	92.5%（$n=332$）
児童生徒に対する啓発活動を実施している自治体の割合	81.9%（$n=304$）

人情報や画像は，容易に加工しやすく，また回収が困難なため，悪用されたり不特定多数の目に触れる可能性がある，(4) 身近な大人が，子どもの携帯電話の利用状況や利用する掲示板サイトを把握しにくく，実態把握が困難であることを指摘しています[5]。特に近年，SNS（social networking service：ソーシャルネットワーキングサービス）の発展により，多くの児童生徒がSNSを利用して友人とのコミュニケーションを行うようになっています。こうしたSNSは，特定のグループ以外に情報を公開しない設定が容易なため，たとえ保護者が子どもの携帯電話の利用状況に注意を払っていたとしても，そのような非公開設定によって，状況が把握しえないという事態が生じやすいといえます。

　先述した2016年度の文科省調査からは，インターネットを通じたいじめ（パソコンや携帯電話等で，誹謗・中傷や嫌なことをされる）は，10,779件の発生が確認されており，いじめの認知件数に占める割合は，3.3%（$n=323,143$）となっています。

　このようなインターネット上のいじめに対しては，「ネットパトロール」（インターネット上の書き込みによる誹謗中傷の確認）と呼ばれる，民間業者に委託した対策が行われています。この実施状況はどの程度なのでしょうか。ネットパトロールの委託状況について尋ねたところ（貴自治体では，インターネットを介したいじめ問題の1つの対策として，民間業者に委託したネットパトロールを行っていますか），92.5%の教育委員会において実施されていました（表2）。ただし，ネットパトロールでは，公開範囲を限定した掲示板やSNSについては，その内容について把握することができないという限界があり，十分に対処することが困難です。

　そこで重要になるのが，インターネットの特性をふまえて，インターネットの掲示板やSNS利用を児童生徒によびかける啓発活動の実施です。いじめ防止対策推進法では啓発活動について，次のように定めています。「国及び地方公共団体は，いじめが児童等の心身に及ぼす影響，いじめを防止することの重要性，いじめに係る相談制度又は救済制度等について必要な広報その他の啓発活動を行うものとする」（いじめ防止対策推進法・第21条）。LINEなどのSNSの利用について，児童生徒に対する啓発活動の状況について尋ねたところ（貴自治体では，LINEなどのSNSの利用について，啓発活動を児童生徒に対しておこなっていますか），81.9%の教育委員会が啓発活動を行っていました（表2）。

　インターネットを通じたいじめ問題への対応が教職員に求められる一方で，インターネットを介したいじめの把握や対応を教員のみで行うことは困難です。民間業者によるネットパトロールによるいじめ問題への事後対処と，啓発活動の両輪によって，インターネットを介したいじめ問題に対処していくことがますます重要であると思います。

---

[5] 文部科学省（2008）『「ネット上のいじめ」に関する対応マニュアル・事例集（学校・教員向け）』

3. いじめサミットの実施状況

　各学校の児童生徒や学校関係者などが集まり，いじめ問題の取り組みの報告や意見交換を行う機会が設けられた「いじめサミット」あるいは「いじめフォーラム」が実施されています。文部科学省においても，2014年から毎年「全国いじめ問題こどもサミット」が実施されています。こうしたサミットあるいはフォーラムが各自治体においてどの程度実施されているのかについて尋ねたところ，37.8％（n=328）の教育委員会において実施されていました。いじめサミットを実施している自治体に対して実施した時期を尋ねたところ，3自治体における教育委員会では，1997年度以前からいじめサミットやフォーラムを実施していました。その後は，徐々に実施する教育委員会の数は増加し，2013年度以降には，66自治体の教育委員会において実施されていました（n=117）。

　次に，図1は，いじめサミットへの参加者についてまとめたものです。この図からは，教育委員会関係者や学校関係者（教職員，児童生徒，保護者）に加えて，地域住民も参加しているケースが多数を占めていることが窺えます。また首長や議員といった政治家が参加するケースもあり，そうした自治体では，いじめ問題について，教育関係者だけではなく，関係者全体を巻き込んで話し合いを行い，いじめ問題への関心を高めている様子がうかがえます。筆者も出席させていただいた福岡県福岡市の「いじめゼロサミット2015」では市長や議員も参加しており，いじめ問題を教育関係者だけで議論するのではなく，自治体における大人全体でいじめについて考える機会を設けています。単年度だけではなく，複数年度に渡って実施されていることも特徴といえます。

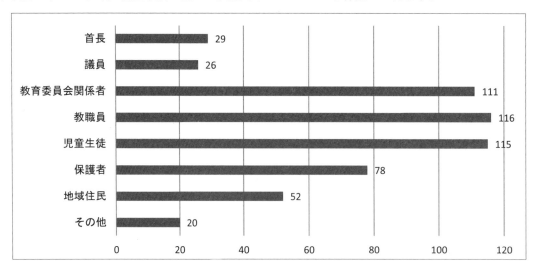

図1　いじめサミットへの参加者
注：表中の数字は，回答した教育委員会の数（複数回答）を示しています。

4. 自治体におけるいじめ防止基本方針策定の状況

　いじめ防止対策推進法の制定以降，各自治体は，国のいじめに関する基本方針を踏まえ，自治体の実情を考慮した上で，自治体におけるいじめ防止基本方針を策定することが，努力義務として求められています。より具体的には，いじめ防止対策推進法では次のように定めています。「地方公共団体は，いじめ防止基本方針を参酌し，その地域の実情に応じ，当該地方公共団体におけるいじ

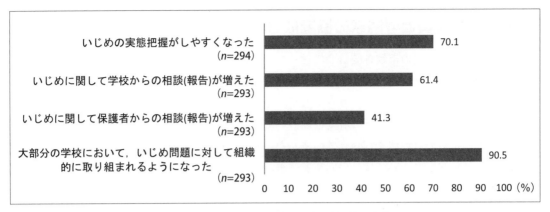

図2　いじめ基本方針を作成（策定）後の変化

注：表中の数字は，「該当する（「そう思う」＋「どちらかといえばそう思う」）と回答した教育委員会の割合を示しています。

めの防止等のための対策を総合的かつ効果的に推進するための基本的な方針（以下「地方いじめ防止基本方針」という）を定めるよう努めるものとする」（いじめ防止対策推進法・第12条）。このように定められている各自治体のいじめ防止基本方針の策定状況について尋ねたところ，89.6％（$n=327$）の教育委員会において，いじめ防止基本方針の策定が行われていました。また策定の時期については，2014年度から策定している教育委員会が62.5％となっており，最多でした（$n=293$）。

　次に，いじめ基本方針を作成（策定）後にはどのように変化がみられたのかについて確認します。その結果をまとめたものが図2です。図2からは，「いじめの実態把握がしやすくなった」と回答している教育委員会は70.1％でした。また「いじめに関して学校からの相談（報告）が増えた」と回答している教育委員会は61.4％でした。そして，「いじめに関して保護者からの相談（報告）が増えた」と回答している教育委員会は，41.3％でした。これらの結果を踏まえると，自治体におけるいじめ基本方針の作成（策定）後に，いじめの早期発見につながりやすくなっていることが示されています。なお「いじめに関して保護者からの相談や報告が増えていることは，「いじめ問題が増加している」というネガティブな解釈だけではなく，教員だけでは必ずしも早期に発見することが容易ではないいじめについて，保護者が関わることによって，早期発見につながりやすい環境（あるいは体制）が整備されているというポジティブな解釈も可能であると思います。さらに「大部分の学校において，いじめ問題に対して組織的に取り組まれるようになった」については，90.5％が該当すると回答しており，組織的対応が可能になっていることが示されています。いじめに対する組織的対応については，いじめ防止対策推進法・第22条で定められている大きな特徴の1つでもあり，約9割の教育委員会において組織的対応が可能になっていると回答していることは，注目すべき事項であると思います。なお専門家の活用やネットパトロールをはじめとして，いじめ問題への対策費の確保は，教育委員会と各自治体における財政課（財務課）との折衝が重要です。いじめ問題の対策費をめぐる予算折衝の状況について尋ねたところ，95.8％（$n=286$）の自治体では，おおよそ要望通りの予算額が認められていました。

おわりに：教職員と専門家の協働にむけて

　以上，本章では，全国の市教育委員会に対して行ったアンケート調査をもとに，各市教育委員会がいじめ問題に対して専門家の協力を得ながらどのように取り組んでいるのかを検討しました。その結果，市レベルにおけるスクールカウンセラーやスクールソーシャルワーカーの独自採用は3割程度にとどまっていましたが，その有効性については9割の市で認識されており，また積極的な活用についても過半数の自治体で行われていました。現代のいじめの特徴の一つであるインターネットを介したいじめ問題については，民間業者に委託したネットパトロールとともに，啓発活動も積極的に行われていました。いじめ問題について議論するいじめサミットについては，学校関係者だけではなく，自治体の関係者も交えて議論していることが明らかになりました。さらに，いじめ防止対策推進法の制定によっていじめの実態把握やそして組織的対応が行われていることも明らかになりました。これらの結果は，必ずしもすべての市において該当するわけではありませんが，いじめ問題に対して，教職員だけではなく専門家の協力を得ながら対応していることがうかがえました。

　その一方で，財政的な制約からそのスクールカウンセラーやスクールソーシャルワーカー配置については常勤配置ではなく非常勤配置となっており，勤務時間も限定されたものになっています。児童生徒への対応や，教職員や保護者への専門的な助言や援助について充実させるためには，限定された勤務時間では，教員と専門家が協働して問題に取り組むことは困難であり，十分な機能を果たすことができていないのではないでしょうか。日本の教職員は諸外国と比較して職務内容（job description）が不明瞭であると指摘されることがあります。藤原（2018）も指摘するように，教員がスクールカウンセラーやスクールソーシャルワーカーの専門性を活かし，協働を進めていくためには，職務内容の明確化と配置の継続・安定性の観点から，自治体の独自採用だけではなく，国庫負担の対象としていくことがより一層必要になると思います[6]。

　また子どもの貧困研究の立場からは，中央教育審議会の答申における「チーム学校論」[7]において教職員と福祉専門職といった専門家と役割分担をしながらチームで取り組むことが議論される業務分業の課題として「ケアする文化」の醸成が指摘されています（柏木，2017）。それぞれの職種の職務内容を明確化する一方で，ケアする文化を教職員と関係する専門家がどのように築き上げていくのかが，いじめ問題の早期発見・早期解決をより一層進めていく上での今後の課題といえます。

（山下　絢）

〈参考文献〉
- 藤原文雄（2018）「学校の役割と教職員」「生徒指導体制」藤原文雄編著『世界の学校と教職員の働き方―米・英・仏・独・中・韓との比較から考える日本の教職員の働き方改革』学事出版，pp.69-82。
- 柏木智子（2017）「子どもの貧困・不利・困難の実態と理論的背景」柏木智子・仲田康一編『子どもの貧困・不利・困難を越える学校』学事出版，pp.10-26。
- 押田貴久（2014）「教育行政から見たいじめ問題」『スクール・コンプライアンス研究』2，pp.30-40。
- 坂田仰編（2013）『いじめ防止対策推進法全条文と解説』学事出版。

---

6) 「学校における働き方改革に係る緊急提言」（中央教育審議会初等中等教育分科会・学校における働き方改革特別部会，2017年8月29日）においては，以下のような指摘がなされています。「『チームとしての学校』の実現に向けた専門スタッフの配置促進等・スクールカウンセラー・スクールソーシャルワーカーについて，課題を抱える学校への重点配置を含めた配置の促進，質の向上及び常勤化に向けた調査研究の必要性が指摘されています」。
7) 中央教育審議会（2015）『チームとしての学校の在り方今後の改善方策について（答申）』。同答申については，本書プロローグで検討されています。

第4章 実効的な生徒指導のための学校と関係機関の連携・協力体制

【提案】学校と関係機関の連携・協力体制を確立する

1. 生徒指導に係る学校における働き方改革の方向性

　現在の学校における働き方改革特別部会の議論の一つは,「日本型学校教育」の特色の一つである生徒指導の機能を生かして, すべての教育活動を行うということに対して, 一定程度の変更を求めるものと考えることができます。より正確には, 学校の教師が担うべき生徒指導の範囲を教師の専門性との関連性や各学校, 地域の実情から, 精選し, 限定的に捉え直すことで業務の役割分担と適正化を図ろうとしているといえます。

　2017(平成29)年12月22日に, 中央教育審議会「新しい時代の教育に向けた持続可能な学校指導・運営体制の構築のための学校における働き方改革に関する総合的な方策について(中間まとめ)」(以下,「中間まとめ」とする)が発表されました。また, 本書の「プロローグ」の表4でも示されているように, この「中間まとめ」では, 14項目の業務が取り上げられており, それらを「基本的には学校以外(地方公共団体, 教育委員会, 保護者, 地域ボランティア等)が担うべき業務」「学校の業務だが, 必ずしも教師が担う必要のない業務」及び「教師の業務だが, 負担軽減が可能な業務」の3つに区分し, 整理されています。この14項目のうち, 特に, これまでは学校の生徒指導部等の分掌組織の業務とされ, 今後は, 学校と関係機関との連携を踏まえて役割分担と適正化を図ることが求められている主な項目には,「①登下校に関する対応」や「②放課後から夜間などにおける見回り, 児童生徒が補導されたときの対応」「⑭支援が必要な児童生徒・家庭への対応」が挙げられます。

　この「中間まとめ」を踏まえて, 同月26日に文部科学省により,「学校における働き方改革に関する緊急対策」(以下,「緊急対策」という)が発表されました。この「緊急対策」は, 学校における働き方改革の推進・実現に向けて, 文部科学省が中心に実施していく内容として, 取りまとめられたものです。特に,「登下校に関する対応」では, 地方公共団体等が中心となって, 学校, 関係機関, 地域の連携を一層強化する体制を構築する取組を進めることとされています。また,「支援が必要な児童生徒・家庭への対応」では, スクールカウンセラーやスクールソーシャルワーカー, 特別支援教育の支援ができる専門的な人材, 日本語指導ができる支援員や母語が分かる支援員の積極的な参画を促進することや, 保護者等からの過剰な苦情や不当な要求等への対応が求められる場合, または, 児童生徒を取り巻く問題に関して法的側面からのアドバイスが必要な場合に対して, 学校が組織として対応できるよう, 教育委員会において支援体制を構築するほか, 法的相談を受けるスクールロイヤー等の専門家の配置を進めることとされました。

　そして, 2018(平成30)年2月に, 文部科学事務次官通知「学校における働き方改革に関する緊急対策の策定並びに学校における業務改善及び勤務時間管理等に係る取組の徹底について」が発出されました。同通知では, 各都道府県教育委員会と各政令指定都市教育委員会に対して,「緊急対

表1　業務の役割分担・適正化を着実に実行するために教育委員会が取り組むべき方策について

> ①業務改善方針・計画の策定及びフォローアップ
> ②事務職員の校務運営への参画の推進
> ③専門スタッフとの役割分担の明確化及び支援
> ④学校が教育活動に専念するための支援体制の構築
> ⑤業務の管理・調整を図る体制の構築
> ⑥関係機関との連携・協力体制の構築
> ⑦学校・家庭・地域の連携の促進
> ⑧統合型校務支援システム等のICTの活用推進
> ⑨研修の適正化
> ⑩各種研究事業等の適正化
> ⑪教育委員会事務局の体制整備
> ⑫授業時数の設定等における配慮
> ⑬各学校における業務改善の取組の促進

策」を伝達するとともに，教育委員会において取り組むべき方策を表1として示し，順次適切に取組を進めることが求められました。表1に列記されている各方策のうち，学校と関係機関の連携・協働体制に係るものは複数あります。とりわけ，生徒指導との関連性が大きいものとしては，「③専門スタッフとの役割分担の明確化及び支援」や「④学校が教育活動に専念するための支援体制の構築」「⑥関係機関との連携・協力体制の構築」が挙げられます。「③専門スタッフとの役割分担の明確化及び支援」は，スクールカウンセラーやスクールソーシャルワーカー等との役割分担を明確にし，学校への理解を深められるよう研修等を実施するとともに，人員確保等の支援を行うこととされています。また，「④学校が教育活動に専念するための支援体制の構築」では，各学校が組織的・継続的な業務改善に取り組めるよう法的アドバイスを受けることや，学校と保護者・地域住民間でのトラブル等が発生した場合の支援等の体制整備が掲げられています。そして，「⑥関係機関との連携・協力体制の構築」では，学校の課題解決に関係する福祉部局・警察等関係機関との連携を促進するための体制構築について述べられています。

つまり，「中間まとめ」や「緊急対策」，そして，それを受けての通知に鑑みるに，生徒指導分野における学校の働き方改革の実現に向けた方策の要は，学校と関係機関の連携・協力体制の整備・構築にあるということができます。文部科学省や教育委員会には，スクールカウンセラーやスクールソーシャルワーカー，部活動指導員等の専門スタッフの一層の配置・拡充とともに，役割分担を明確に行い，学校の指導体制，組織運営体制の充実を図ること，また，学校外の支援体制として，学校のニーズに応じて法的な支援が得られる体制を用意することや，福祉部局及び警察との連携を促進しうる体制の整備が求められているといえます。

2. 生徒指導における学校と関係機関の連携・協力体制の取組─「学校の指導体制」「学校外の支援体制」「学校と外部機関の接続体制」及び「連携・協働のコンプライアンス」の4つの領域からみた事例

先に述べたように，学校における働き方改革は，学校の生徒指導の在り方について，関係機関との連携や他職種との協働という方針をもって，その推進を図ろうとしているといえます。では，具体的に，どのような支援施策が，効果的かつ適正であるといえるのでしょうか。本節では，生徒指

導分野の学校における働き方改革につながりうる学校と関係機関の連携・協力体制について，いくつかの教育委員会の取組（2018年3月現在）を例に述べることとします。お断りしておきたいことは，本節で取り上げる教育委員会の取組は，連携・協力体制づくりのための唯一の正解というわけではないこと，また，紹介するどの取組も，学校における働き方改革の施策が登場する以前から行われているものであり，改革実現のために行われているわけではないということです。ですが，今後の検討によっては，学校における働き方改革につながる可能性を秘めたものといえます。

学校と関係機関の連携・協力の在り様は，多岐にわたります。地域による差をはじめ，校種や学校規模による違い，また，同一地域の同一校種や同一規模の学校であっても異なる場合さえあります。地域差としては，例えば，自治体の規模（人口や財源等），都市部と農村部，社会資源の偏在等が挙げられるでしょう。加えて，小学校や中学校，高校等といった校種による違いもさることながら，同一校種でも学校組織体制の在り方，とりわけ，管理職やミドルリーダー（生徒指導主事や学年主任等）のスタンスや校務分掌体制，教職員数（正規と非常勤），年齢構成等，無数の要因に影響を受けると考えられます。つまり，学校と関係機関の連携・協力体制は，現状としては極めて多様な在り様を示しているため，普遍的な連携・協働のモデルを考案して，トップダウンで各学校現場に適合させれば，それで事足りるというものでは決してなく，それぞれの地域が持てる社会資源を見いだし，地域の特色を考慮に入れつつ，どのように学校の組織体制に組み入れていくことが，児童生徒の教育に適うかを検討しつつ進めるという，各学校と教育委員会それぞれによる高度な組織マネジメント力と連携のコーディネート力が求められる事柄といえるでしょう。

上記のような学校と関係機関の連携・協力体制の特質を踏まえて，本節では，学校における働き方改革の展望を視野に入れつつ，多様な学校と関係機関の連携・協力体制をより効果的かつより適正に整備・構築していくために，「①学校の指導体制」「②学校外の支援体制」「③学校と外部機関の接続体制」及び「④連携・協働のコンプライアンス」の「4つの領域」を提示し，それぞれの領域に関する教育委員会の支援施策の取組事例を紹介します（図1）。

(1) 学校の指導体制

学校と関係機関の連携・協力は，学校の組織的行為の延長上にあるといえ，そのためには，実効

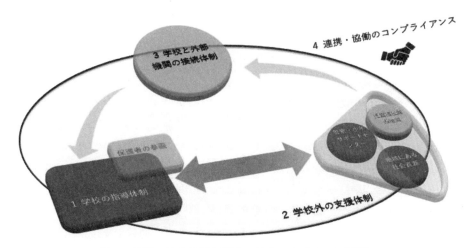

図1　連携・協力体制を見立てる上での「4つの領域」

的な連携・協力が実現できるような学校の指導体制づくりが大前提となります。そのための事例に，ここでは「加配教員」を活用した取組と「生徒指導スタンダード」の策定，警察OBであるスクールサポーターを組み入れた「学校いじめ対策組織」（いじめ防止対策推進法第22条）の工夫について紹介します。

　まず，「加配教員」についてです。生徒指導の課題を抱えた学校に対する「加配教員」の措置はすでに多くの教育委員会で行われてきましたが，学校における働き方改革実現のために平成30年度予算案にも盛り込まれています。「加配教員」は，学校指導・運営体制の効果的な強化・充実策の一つとみなされているといえます。ここでは，横浜市教育委員会と北九州市教育委員会の「加配教員」の事例を取り上げます。横浜市教育委員会では，市内の全公立中学校に「生徒指導専任教諭」，全公立小学校に「児童支援専任教諭」が，北九州市教育委員会では，生徒指導上の課題の大きい公立中学校に，「専任生徒指導主事」（市内の公立中学校の3分の1程度に配置）が配置されています。生徒指導専任教諭や専任生徒指導主事等は，「加配教員」という位置づけであり，授業や学級担任を担当することを減免あるいは免除された生徒指導専門の教員です。生徒指導の職務に専心できる労働条件が与えられているため，学校内の生徒の情報収集・集約，児童相談所等，福祉機関をはじめ，学外の関係機関との日常的な連携体制を構築する上で重要な役割を果たしています。

　次に，「生徒指導スタンダード」に関する取組について取り上げます。実効的な生徒指導体制の実現には，教職員間の合意に基づく生徒指導の方針・基準が明確化され，共通理解されるとともに，指導体制の評価サイクルが年間指導計画上に位置づけられている必要があります。「生徒指導スタンダード」とは，生徒指導の方針・基準を明確化したものです。例えば，2017（平成29）年5月に大阪市教育委員会では，「学校安心ルール」（スタンダードモデル）を策定し，市内の小・中学校に通知しました。大阪市内の各小・中学校は，この「学校安心ルール」に基づき，学校の実情に応じて，教職員，PTA，学校協議会等と意見交換を行ったうえで，安心ルールを作成することとされています。「学校安心ルール」では，「基本的な約束ごと」として，児童生徒がしてはいけないことについて，第1段階から第3段階で，明示するとともに，指導支援の在り方や関係機関との連携・協力も含めた対応について示されています。市内の各小中学校の生徒指導のスタンダードを明示することにより，学校現場に一定の裁量を与えつつも，市内の各学校の生徒指導基準が大幅に異なることのないように，校内の指導体制づくりに資する支援策となっています。加えて，こういったスタンダードは，保護者や地域にも周知することで，生徒指導上の根拠や説明責任を果たす役割も兼ねています。

　そして，警察OBのスクールサポーターを活用した「学校いじめ対策組織」の取組について述べます。これは，福岡市教育委員会による取組事例です。2013（平成25）年6月に成立し，同年9月より施行されている「いじめ防止対策推進法」と，同法に基づき文部科学省により策定された「いじめの防止等のための基本的な方針」（2013（平成25）年10月策定，2017（平成29）年3月改定）により，現在のいじめ防止施策が推進されています。現行のいじめ防止施策の特色の一つは，いじめの防止，早期発見及び対処に至る取組に関して，「学校いじめ対策組織」を中核に，組織的に対応することを求めていることが挙げられます。福岡市では，市内の公立小中学校の「学校いじめ対策組織」に，警察OBであるスクールサポーターを必ずメンバーとして配当しています。そういった工夫をすることで，児童生徒の問題や課題に対する法的観点からの助言や支援に関する学校の管理職のニーズに応えることを可能にしています。

(2) 学校外の支援体制

　児童生徒の課題や問題が複雑・多様化している中,教師の専門性や学校の対処能力を超える案件が出た場合に,学校は学外の関係機関と速やかに協力して,児童生徒への指導支援を行う必要がでてきます。そのためには,地域の社会資源を生かしつつ,広く学校外にある社会資源を有効に組織化し,学校がそれらのリソースを活用しやすいように,整備・構築されていることが大切です。

　ここでは,広島県教育委員会,福岡県教育委員会が整備している学校からの要請に応じた学校外の支援体制を取り上げます。まず,広島県教育委員会の取組についてです。広島県教育委員会では,「生徒指導プロジェクト担当」部署を設置し,「学校支援プロジェクトチーム」が組織されています。このプロジェクト担当部署の指導主事は,生徒指導上の課題が大きいとされた「生徒指導集中対策指定校」を巡回するとともに,広島県警と週1回定期的に連携を図っています。この「学校支援プロジェクトチーム」は,主に暴力行為等の事案に対応しており,県指導主事2名,相談員(校長OB)1名の3名体制で,「生徒指導集中対策指定校」への支援が行われています。「学校支援プロジェクトチーム」では,問題を抱えた児童生徒への対応のほか,生徒指導体制の立て直しに関する指導助言を学校に行っています。

　同様に,福岡県教育委員会でも,学校外のチーム支援体制を整備しています。福岡県教育委員会では,生徒指導上の様々な課題を抱え,厳しい状況にあるとされた3中学校区に,スクールカウンセラー,スクールソーシャルワーカー及び警察OBによるチーム支援を週1回の頻度で行い,特に,不登校傾向の児童生徒への支援等を実施しています。さらに,不登校支援については,福岡県内の大学の研究所と連携するとともに,教育支援センター(適応指導教室)や県の私学振興課で助成を行っている5か所のフリースクール等をも含めたネットワークを構築し,支援を展開しています。

(3) 学校と外部機関の接続体制

　学校が学校外のリソースを活用することに対し,何らかの連携や協力を阻害する要因がある場合,学校と学校外のセーフティネットは必ずしも有機的に結びつき,機能することにはなりません。そのため,学校と学校外の支援体制を接続する機能をどのように強化・向上させるかが課題となります。

　学校では,生徒指導に係る問題や課題が発生し,外部の関係機関との連携を検討する必要が生じた場合,教育委員会と連絡を取り合い,教育委員会の指導主事が学校と外部機関との連携に関するコーディネーターの役割を果たすことが多くあります。規模の大きい自治体では,指導主事に担当の地域(学校)を割り当て,学校巡回を定期的に行うことで,学校のニーズの把握に努めています。このように学校と外部機関の連絡・調整について教育委員会の指導主事の果たす役割や存在は大きいのですが,多くの教育委員会では,コーディネーター機能を高めるために,スクールソーシャルワーカー,警察OBや教員OB等を再任用した支援員(例えば,スクールサポーター,不登校支援員,いじめ巡回相談員)等,それぞれの専門や領域,分野に応じた特定の学校外の関係機関と,学校を橋渡しする人員を配当・拡充するといった取組も併用されています。文部科学省では「いじめ対策・不登校支援等総合推進事業」をはじめ,「新学習指導要領の円滑な実施と学校における働き方改革のための環境整備」として,概算要求を行い予算措置がなされることで,多くの自治体でスクールカウンセラーやスクールソーシャルワーカーの配置拡充が継続されています。特に,スクールソーシャルワーカーに対しては,学校と福祉部局等とのコーディネーターの役割が期待されており,

教育委員会や拠点校等への配置人員は増えています。

しかし，学校と外部機関の接続体制の強化・向上は，人的資源の増員以外にも，人事上の工夫を加味することで，より効率的に達成される場合も考えられます。本節では，教育委員会と福祉部局，警察といった行政のセクションを越えた人事上の工夫を通した連携・協力体制の事例を紹介します。例えば，広島市では，警察OBを教育委員会に雇用し，学校の生徒指導上のニーズに応じた警察との連携推進が図られています。広島市では，暴力行為や非行に関する児童生徒の課題に対して，学校側が教育委員会へ警察OBによる支援を求めても，時にコーディネートが難しく，適切に学校へ支援を投入することに課題がありました。そこで，広島市教育委員会では，2015（平成27）年度から広島県警の警察署副署長OBを嘱託として「学校安全連携推進官」として配置しました。広島市では，警察OBの支援員について，広島県警と少年サポートセンター，広島市教育委員会の3機関に，それぞれ「スクールサポート指導員」「自立支援相談員」及び「生徒指導支援員」という名称で配置が行われています。「学校安全連携推進官」は，これら各機関に配置されている警察OBについて，学校現場のニーズに応じて，速やかに調整し，学校への支援を展開しています。

また，教育委員会と警察の現職同士の人事交流は，現在，多くの自治体で実施されています。例えば，福岡県教育委員会では，県内の教育事務所に，係長職にある現職の警察官が派遣されています。また，京都市教育委員会では，指導主事が京都府警察少年サポートセンターに所長補佐として派遣されています。同様に，京都府警察からも警部級の職員が，京都市教育委員会の課長職に派遣されています。教育委員会と警察の相互の人事交流では，非行防止教室の充実をはじめ，法的なトラブル等に関する校内研修や管理職への個別相談，学校と警察との連携のノウハウや少年サポートセンターの活動の周知等，学校と警察間の連携がより円滑になるよう，当該職員は学校と警察を橋渡しするコーディネーターとしての役割が期待されています。

さらに，最近では，教育委員会から福祉部局への派遣の例もみられるようになっています。例えば，2009（平成21）年度から，京都市教育委員会に「子ども支援専門官」が新設され，京都市児童相談所の課長補佐職の併任とされることになりました。このことは，京都市教育委員会から京都市児童相談所への職員派遣の契機となりました。その後に，第二児童相談所の開設に伴い，現在，「子ども支援専門官」は計2名となっています。派遣扱いのため，「子ども支援専門官」の給与は京都市教育委員会に拠っており，指導主事級の職位とされています。「子ども支援専門官」は，市教委と市児相にそれぞれデスクを有していて，曜日によって勤務場所が異なります。毎週開催されている「援助方針会議」に「子ども支援専門官」は出席し，教育委員会と福祉部局の情報共有と連携に貢献しています。

その他に，福岡市の「兼務発令」の例があります。福岡市では，2003（平成15）年に，相談機能の一本化，一元化を目指し「福岡市こども総合相談センター」を開設し，児童相談所の機能を有するこども未来局の「こども支援課」「こども相談課」及び「こども緊急支援課」を置くとともに，福岡市教育委員会指導部教育相談課を同センター内に配置しています。同相談課の職員は，教育委員会の職員としての身分とともに，「兼務発令」でこども未来局の職員という立場にもあります。事務室は，同センター5階にあり，こども未来局の3課と市教委教育相談課は，事務室を共有することで，外部からの支援ニーズに対して，速やかに連携して対応できるような体制を整備しています。

紙幅の都合で，他の行政セクションの勤務経験者や退職者を学校と関係機関のコーディネーター

に配置することや，教育委員会と福祉部局，警察間の職員の派遣や兼務発令について，ごく一例を紹介するにとどまりました。このような行政のセクションを越えた人事上の工夫は，各機関相互の役割の理解を深めるとともに，連携のさらなる推進への可能性を有しているといえるでしょう。

(4) 連携・協働のコンプライアンス─連携に関する協定の締結

生徒指導分野の学校における働き方改革を進めていくと，これまで以上に，学校と関係機関の連携・協力を促すことになります。学校と関係機関の連携・協力において，常に問題の俎上に上がる事項の一つは，各関係機関間の情報共有と個人情報保護に関することです。

我が国の個人情報保護については，「個人情報の保護に関する法律」や「行政機関の保有する個人情報の保護に関する法律」等により規定されていますが，このほかに，公立学校や教育委員会は，各都道府県・市町村の個人情報保護条例の対象となるため，関係機関との連携に関する個人情報の取り扱いについては，各地方公共団体における情報公開・個人情報保護の主管部局との共通認識が必要と考えられています。学校と関係機関の連携・協力における情報共有は，「目的外提供の原則禁止の例外」として認められると解されているものの，各都道府県・市町村の個人情報保護条例に関する「個人情報保護審議会」等の意見を聞いたうえで，個人情報を収集するように規定されている場合もあり，学校と各関係機関間における情報共有のスタンスについては，学校種や地域の実情によって一様ではありません。つまり，学校と関係機関の連携・協力における情報共有の在り方については，実務上のグレーゾーンが大きいと推察されます。

今後，各関係機関の連携・協力における子供の権利侵害，各種機関の職権の濫用を防止するために，個人情報の取り扱いに関する明文化したルールを学校と各機関間で設定し，連携実務の法的な適正性を担保していくことが望まれるでしょう。例えば，警察と教育委員会の間で締結した協定書等に基づき非行少年や被害少年等に関する情報を通知するといった「学校警察連絡（連携）制度」の取組は，全国的に普及していますが，このような，情報共有に係る法的適正性を担保していくための整備が求められます。

3. 今後の展望

本章では，従来，生徒指導の分野としてみなされてきたいくつかの業務について，関係機関との一層の連携・協力を推し進めることで，学校における働き方改革の実現が目指されていることについて述べました。そして，地域によって多様な展開をみせている学校と関係機関の連携・協力の在り様について，「学校の指導体制」「学校外の支援体制」「学校と外部機関の接続体制」及び「連携・協働のコンプライアンス」という4つの領域から，特色ある取組事例を紹介しました。今後，教育委員会は，それぞれの地域に散在する社会資源を開拓・収集し，学校や地域の実情を踏まえて，学校と関係機関の連携・協力体制をより効果的かつ適正なものとして再構築していくことが求められることになるでしょう。

しかし，付言したいことが2つあります。第一は，先に述べた4つの領域からシステムを整えたとしても，そのシステムを実効的に機能させることができるかは，その役割を担うそれぞれの「人」にかかっているということ，つまり，学校と関係機関の連携・協力体制を担う人材育成，資質・能力形成の問題や，校内のチーム形成（チームビルディング），同僚性，組織としての省察力等

の組織の成熟度合に関係する問題等が別にあるということです。第二は，そもそも論になりますが，学校における働き方改革の実現に向けて生徒指導の概念からその在り様まで，学校だけでなく地域社会を含めて，どう再定義し，再構築し，合意するのかということ。すべての学校教育活動は，生徒指導と不可分に行われるといった我が国特有のスタイルは，児童生徒が抱える様々な格差を是正する機能を果たしてきたように思われます。日本の学校が有するケア機能を劣化させることなく，実効的な生徒指導の在り方を慎重に模索し続けていく必要があるでしょう。

(宮古紀宏)

〈参考文献〉
○石川正興編著『子どもを犯罪から守るための多機関連携の現状と課題―北九州市・札幌市・横浜市の三政令市における機関連携をもとに』成文堂，2013年。
○梅澤秀監・木内隆生・嶋﨑政男編著『生徒指導15講』大学図書出版，2014年。
○国立教育政策研究所生徒指導研究センター『生徒指導資料第4集　学校と関係機関等との連携―学校を支える日々の連携』東洋館出版社，2011年。
○日本生徒指導学会編著『現代生徒指導論』学事出版，2015年。
○文部科学省『生徒指導提要』教育図書，2010年。

第5章 客観的データを生かした予防・開発型学級経営の展開

【提案】客観的データを生かす

「学級経営」は、これまでも学校教育において重要な役割を果たしてきたと考えられますが、今後の日本の教育改革の中でもその重要さは増すことが予想されます。一方で、教員の多くは、学級経営で苦労している様子が窺えます。そのような状況をかんがみても、教職員の働き方改革の議論において「学級経営力の向上」と「教員の勤務負担軽減」の両立もまた重要な課題として指摘できます。ここでは、学級経営に注目して教師の働き方の今後について検討します。

1. 日本型の学級経営の特徴

日本型の学級経営の特徴は、図1に示した通り、授業と生徒指導を統合的にクラス担任が実施することにあります。日本では、学級集団育成、学習指導、生徒指導や進路指導、教育相談など、学級集団の形成・維持と、学級の子どもたちに関するすべての指導・援助を総称して「学級経営」という言葉が用いられています（河村、2010）。

2017年4月に公表された文部科学省「教員勤務実態調査（平成28年度）」では、小学校・中学校ともに教諭の平日の勤務時間について業務内容別に平成18年度と比較し、小学校では10分、中学校では11分、「学年・学級経営」にかかる時間が増加していることが報告されています。教員勤務実態調査における「学年・学級経営」とは、学級活動・HR、連絡帳の記入、学級通信作成、名簿作成、掲示物作成、教室環境整理などを指していますが、先に指摘したように「学級経営」とは、授業での学習指導、生徒指導（集団）、生徒指導（個別）、部活動・クラブ活動、児童会・生徒会活動、学校行事も含む教員の業務の大幅な部分を包括するようなより広い概念と考えられます。つまり、

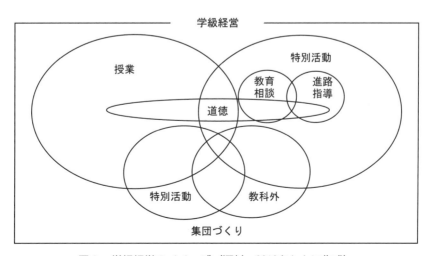

図1　学級経営のイメージ（河村，2010をもとに作成）

表1　初等学校・中等学校における生徒指導の機能別の主な担当者（藤原（2018）をもとに作成）

		アメリカ	イギリス	フランス	ドイツ	中国	韓国
（1）秩序維持	初等	管理職，スクールサイコロジスト，スクールカウンセラー，スクールポリス	クラス担任，各教科担当教員，学年主任，副校長，サポートスタッフ（ティーチングアシスタント，ラーニングサポートワーカー他），保護者	教員，校長	校長，教員	教員（学級担任），教導主任（生徒指導担当），校長，少年先鋒隊指導員	校長，校監（教頭），教員（専門相談教諭，養護教諭，責任教諭を含む），学校専門相談士，児童生徒保護人力
	中等	管理職，スクールサイコロジスト，スクールカウンセラー，スクールポリス	クラス担任，各教科担当教員，学年主任，副校長，サポートスタッフ（ティーチングアシスタント，ラーニングサポートワーカー他），保護者	教員，校長	校長，教員	教員（学級担任），教導主任（生徒指導担当），校長，少年先鋒隊指導員	校長，校監（教頭），教員（専門相談教諭，養護教諭，責任教諭を含む），学校専門相談士，児童生徒保護人力
（2）心理的援助	初等	スクールサイコロジスト	クラス担任，副校長（パストラル担当），パストラル福祉員，教育心理士，スクールカウンセラー	学校心理士	学校心理士，相談教員	心理教育指導教員，教員（学級担任）	校長，校監（教頭），教員（専門相談教諭，養護教諭，責任教諭を含む），学校専門相談士
	中等	スクールサイコロジスト	フォームチューター，副校長（パストラル担当），メンターパストラル福祉員，教育心理士，スクールカウンセラー	学校心理士	学校心理士，相談教員	心理教育指導教員，教員（学級担任）	校長，校監（教頭），教員（専門相談教諭，養護教諭，責任教諭を含む），学校専門相談士
（3）進路指導・キャリア教育	初等	スクールカウンセラー	―		教頭	教員（学級担任）	
	中等	スクールカウンセラー	進路指導担当専任教員（副校長など），キャリア指導専門教員，委託業者	進路指導心理専門員	教員	教員（学級担任）	進路進学相談教諭
（4）環境調整（ソーシャルワーク）	初等	スクールソーシャルワーカー	ソーシャルワーカー，教職員等	学校心理士，教員	スクールソーシャルワーカー	心理教育指導教員，学級担任，校長	教員（専門相談教諭を含む），学校専門相談士，学校社会教育福祉士
	中等	スクールソーシャルワーカー	ソーシャルワーカー，教職員等	学校心理士，教員	スクールソーシャルワーカー	心理教育指導教員，学級担任，校長	教員（専門相談教諭を含む），学校専門相談士，学校社会教育福祉士

※上段は，初等学校。下段は，中等学校。

包括的な概念としての学級経営に着目してみると，教員勤務実態調査における教諭の業務の区分，「授業等」「授業準備」「非授業教育活動」「経営関連」「事務作業」「研修」「他」の7区分のうち，「授業等」「授業準備」「非授業教育活動」の3区分は，広い概念としての学級経営と位置づけられます。この視点でもう一度「教員勤務実態調査（平成28年度）」を見てみると，小学校・中学校ともに平成18年度と比較した場合，小学校では37分，中学校では34分，学級経営にかかる時間が増え

たことになり，増加傾向にあることが分かります。

表1からわかるように諸外国では，アメリカ（スクールカウンセラー）やフランス（生徒指導専門員）のように教員は授業に専念し，他の専門職が生徒指導を担当する「水平型分業体制」，韓国のように専門相談教諭，進路進学相談教諭など教員の職種を増やす「教員分化型分業体制」などが見受けられます。また，校種によって分業体制が違う国もあります（藤原，2018）。現在は，必要に応じて教員が専門スタッフ（スクールカウンセラーやスクールソーシャルワーカー）の力を借りて，子どもたちへの指導の充実を図るという「教員サポート型分業体制」を前提とした取り組みも進んでいますが，日本の授業（学習指導）と生徒指導の両方を教員が実施していく指導体制は，他国と比べても特徴的なあり方といえます。

2. 客観的データを生かした予防・開発型学級経営
—心理アセスメントの活用

教師は，日頃の学級経営をリフレクションして次の取り組みの方向性を見いだすことで，学級経営を改善していかなければなりません。その際に大切なのが，学級集団の実態をつかむこと，児童・生徒の一人ひとりの実態を把握することです。しかし，教師の業務は大変多忙であり，立ち止まって自身の教育活動を振り返る時間がない状況ではないでしょうか。また，いったん立ち止まって振り返ったとしても，担当する学級の子どもたちの価値観も多様化しており，日頃の教師の主観的な見取りだけでは拾いきれない子どもの様子や理解しがたい子どもの心理面についての課題が浮き彫りになることもしばしばです。そのような中，自身の学級経営の状態をより的確に把握するために，客観的なデータが役立つと考えられます。教師のリフレクションのために必要な客観的なデータを提供する効果的なツールとして心理テストによるアセスメントが用いられることがあり，現在，Q-U[1]やアセス[2]といったツールが開発され，全国的に利用されています。

ここでは，Q-U を利用した取り組みに注目します。Q-U は，早稲田大学教授の河村茂雄氏が開発した心理アセスメントツールで，広く利用されています。学級の状態を視覚的に理解できることから集団へのアプローチの方針を立てやすいという利点があるだけでなく，気になる子についての個へのアプローチについてもリフレクションできることから，改善の方向性を見出しやすく，学級経営改善を促進する効果的なツールとして活用されています。

例えば，ある小学校の場合，教育委員会の予算措置により年2回の Q-U を実施しています。その学校では，「Q-U 結果を活用する場面」を年間スケジュールの中に位置づけた学級経営の改善のプロセスが確立しています。活用の仕組みも洗練されてきており，夏季休業中には，演習形式で結果の読み取りに焦点を当てた職員研修が実施されますが，およそ60分という短時間の演習で，ほとんどのクラスの担任が自分の学級の課題分析を終えることができます。課題分析の作業の中で，表

---

[1]「たのしい学校生活を送るためのアンケート Q-U：QUESTIONNAIRE-UTILITIES」（小・中学校用）小・中学校の児童生徒の学級生活の満足度や学習意欲の測定に用います。標準化された心理検査です。その結果によって，①不登校になる可能性の高い児童生徒，②いじめ被害を受けている可能性の高い児童生徒，③各領域で意欲が低下している児童生徒，を発見することができます。あわせて，学級集団の状態が推測でき，学級経営の指針に活用することができます（河村，2010）。
[2] 学校環境適応感尺度「アセス」（ASSESS：Adaptation Scale for School Environments on Six Spheres）。子どもがどんなことでどの程度困っているかを測定できます。栗原・井上編著の書籍を購入することで，何度でも，何人でも利用できます。書籍にはすぐに使える CD-ROM がついており，結果を入力さえすれば，すぐに分析結果が出てきます。支援の必要性の緊急度もわかるので，どこから手をつければいいのかが理解できます。

表2　Q-U結果の読み取りを中心にした課題分析の研修の展開例

活動	振り返りの質	具体的な内容
1．日頃の児童・生徒の見取りを振り返る	主観的	気になる子どもや自分の学級経営における困り感を再認識できる。
2．学級集団の傾向の把握・集団アプローチの課題の分析	客観的	ルールやリレーションの確立の程度について視覚的にとらえることができる。
3．日頃の指導・援助のバランスのチェック	主観的 ※チェックリストによりある程度客観的にとらえることも可能。	自身の具体的な行動について確認することができる。
4．集団へのアプローチの改善の方向性の明確化	主観的な気づきと客観的データからの気づきの統合	今後の学級経営において，ルールあるいはリレーションの確立のいずれを意識するのかなど，具体的な方向性を確認できる。
5．個へのアプローチの課題分析	客観的	不満足群の子どもへの実態について確認することができる。
6．個へのアプローチの改善の方向性の明確化	主観的な気づきと客観的データからの気づきの統合	不満足群の子どもへの対応の方向性を確認できる。

2のように，学級についての「教師による見取りを中心にした主観的な理解」と「アセスメントツールが提供する客観的なデータによる理解」を往還する中で，その統合を繰り返し，自身の学級経営実践の理解が進みます。もちろん，次の段階である課題分析を踏まえた手だての決定までには時間を要しますが，少なくとも実態を把握し，集団へのアプローチ，個へのアプローチの方針を明らかにし，指導と援助のバランスの修正について見通しを持つことまでは短時間で実現しています。また，学校組織で対応をするために，共通言語で理解し，「具体的な対応策」を全員で共有できることも，ツールを利用するメリットと考えられます。このときツールで用いられる視点などは，組織対応を実現するための共通言語になります。たとえば，Q-Uでは，ルールやリレーションの確立[3]といった言葉がそれで，教員は，「ルールの確立，先生のクラスではどうしていますか？」「要支援群[4]のA君への対応を相談していいですか？」というやりとりが成立するようになります。視点がそろうことから，教師のディスカッションも盛んになります。そのような教師間のコミュニケーションが起こることで，一人で抱え込まない組織対応が可能になると考えられます。また，そのようなやり取りの結果，さらに教員集団での学級経営の考え方やスキルの共有が進み，教員間の個

---

3) ルールとは，共同で生活するうえでのトラブルを防ぐマナーのことです。Q-Uでは，6項目の質問への回答から被侵害得点を算出し，その確立の程度を判断します。リレーションとは，先生と子ども同士など，学級の中ですべてのふれあいのある人間関係のことです。Q-Uでは，6項目の質問への回答から承認得点を算出し，その確立の程度を判断します。それぞれの得点をもとに児童・生徒を2次元上にプロットし，学級集団の全体を俯瞰します。縦軸にリレーションの確立の程度，横軸にルールの確立の程度を表現し，児童・生徒の回答から算出された得点をもとにプロットしていきます。第一象限にプロットされた児童・生徒は，満足群，第二象限にプロットされた児童・生徒は，侵害行為認知群，第三象限にプロットされた児童・生徒は，不満足群，第四象限にプロットされた児童・生徒は，非承認群とされます。ここで第一象限に70％以上の児童・生徒がプロットされれば，ルールとリレーションが確立している学級，満足型の（親和的でまとまりのある）集団と診断されます。このような学級では，学力が定着する，いじめの発生も抑制される，といった成果が期待されます。一方，第三象限に70％以上の児童・生徒がプロットされる，ルールとリレーションのどちらも確立できていない学級は不満足型の学級と診断されます。いじめの発生や学級崩壊などが危惧されます。
4) 要支援群とは，不満足群にプロットされた児童・生徒のうち，一定の基準よりも被侵害得点が高く，承認得点が低いと診断された児童・生徒を指します。いじめられている可能性や特別支援が必要な可能性などが指摘され，特に個別の対応が必要な児童・生徒であり，教師の主観として気になる児童・生徒としてとらえられていることが多いです。

人差が少なくなり，学校全体として学級経営の成果が高まりやすくなるのです。

　この小学校の場合，取り組みの成果として，5月実施の結果では，満足型（親和的なまとまりのある集団）の学級が17学級中3学級にとどまっていたのに対して，12月実施の結果では，17学級中10学級が満足型の学級に変容を遂げ，学級経営の成果が現れました。教職員の感想では，「客観的なデータでいじめの可能性を予見できる。学級経営の見通しがもてる」「学級を開く雰囲気・チームで育てる雰囲気ができる」「独りよがりな学級経営からの脱却」「学級経営スキルをみんなの財産にできる」といったことが記述されており，客観的データが日頃の実践に生かされることで，取り組みの成果が出てきていることが分かります。

　もし，学級経営がうまくいかなかった場合は，学級崩壊やいじめ，不登校の問題，それに起因する個別対応，保護者への対応など，教員の業務は雪だるま式に増えていくことが予測されます。結果として生じる対症療法的な学級経営には相当なコストを要します。客観的データを生かして，予防・開発型の学級経営にシフトさせ，対症療法的な学級経営にかかるコストを軽減させる必要があると考えます。

　新学習指導要領では，主体的・対話的で深い学びの視点からの授業改善を推進することが求められています。このような学びを実現し，一定の知識のみならず，汎用的能力（キー・コンピテンシー）を，自ら獲得するには，アクティブラーニング型授業に取り組む必要があります。ただし，このアクティブラーニング型授業で成果を上げるためには，従来の教員による説明型の授業と比べると，授業だけではなく，学級づくりと自律性支援的な教員の指導行動とセットで取り組まれなければならず，かなり高度な教育実践になります（河村, 2017）。また，最近の複雑化した教育課題を考えると，学級経営のあり方について見直す時期に来ているのではないかと考えられます。見直しの第一歩は，理論と実践の融合です。これまで経験主義に支えられてきた学級経営を理論化し，客観的なデータを生かして改善を図るシステムを共有することで，学級経営力の向上を図る必要があります。

3. 客観的データを生かす学校レベル・行政レベルでの展開

　客観的データを生かした予防・開発型学級経営を展開するには，特に，客観的なデータの分析を支援する仕組みの整備が必要といえます。心理アセスメントの中には有料のものもあり，実施するには予算化が必要です。教育委員会で予算化されるケースや学校単位でPTAからの予算のサポートなどを受けて実施するケースなどがあります。一方で，無料のツールや学校独自の生活アンケートなどの利用も可能です。その場合は，入力・集計のコストがかかり，働き方改革に逆行するケースも少なくありません。また，入力後の集計についても課題が指摘できます。データの集計（平均値や度数を計算することなど）にはある程度の技術を必要とします。さらに一歩進んだデータの分析（項目間の関係を検討することなど）を行い，今後の教育活動の方針策定に資するような結果を可視化して示すといった技術を身につけるには，一定の専門性やトレーニングを受けていることが不可欠になります。現状では，生活アンケートをそこまで活用できている学校は少ないのではないでしょうか。このような状況に対して，たとえば，入力に関しては，各校でマークシートによるアンケートが実施できるように，高速スキャナーとマークシート読み取りソフトを配置する取り組みを行っている教育委員会も増えているようです。最近の高速スキャナーは機能も向上しており，速いも

表3　介入前の狛江市の学校の課題（河村，2015より作成）

（1）学級経営に関する課題
全体的にみると，ほぼ全国平均並み。 ①学校差，学級差が認められる。 ・学級集団づくりの方法論に共通性が低い。 ・小学校で，高学年と比較して中学年の学級で，難しい学級が認められる。 ②学級集団づくりの問題として，学年の後半に学級集団の状態が悪くなる学級が多い。
（2）学習面に関する課題
全体的にみるとほぼ全国平均並み。 ①全体的に見ると，小学校・中学校ともに，学習意欲が他の友人関係などの意欲に比べて低く，学年の後半からさらにやや低下する傾向がある。 ②学力が一定レベル以上の児童生徒で，満足群にいない児童生徒たちの学習意欲の低さが顕著。 ③学力が一定レベル以上の児童生徒で，かつ満足群にいない児童生徒たちにアンダーアチーバーが有意に多い。 ※小学校・中学校ともに学力偏差値の高い児童生徒たちは全国平均より約10％多いにもかかわらず，全国学力調査の結果はほぼ全国平均レベルであるという実態。

のでは1分間に80枚，通常のタイプでも25枚程度の読みとりが可能です。小学校4年生くらいからマークシート回答が可能と判断した場合，4年生から6年生の3学年（各学年2クラス80名として）240名のデータ入力であれば10分程度で終えることができます。将来的には，データの管理から分析までにたずさわるアナリストが各自治体に配置されるなど，学校のPDCAサイクルをバックアップするシステムも必要と考えられます。

　こういった客観的データの活用は，行政レベルで取り組むことでも成果が期待されます。河村（2015）が報告している狛江市での取り組みでは，客観的データを生かした課題分析[5]を行い，教育改善を実現しました。河村（2015）の場合，狛江市の全児童生徒のQ-Uと標準学力検査NRT，出席日数などのデータを分析し，現状の実態を整理し，課題を見いだしています（表3参照）。河村（2015）は，詳細な実態分析は，各学校の先生の問題意識を教育課題として共有化することに有効で，先生たちが組織的に活動する際のよりどころになると指摘しています。客観的データを提供してくれるQ-Uをはじめとするツールを活用するには，ただ実施してその結果に一喜一憂するだけでは意味はありません。①実態把握した結果を分析し，自分の学級経営の課題を明らかにし，明日からの取り組みに具体的に生かす次の一手を見いだし，②その取り組みを一定期間継続していくことで，初めて成果に結びつくのです。その際のポイントは，実態把握をどれだけ的確にできるか，そしてかつ，その実態把握を基に検討された次の一手を確実にやりきるかどうかといえます（河村，2015）。

　狛江市の場合，客観的なデータの分析によって明確になった課題に基づいて，「年間を通した教員研修プログラム」を中心に「教員の不安感と抵抗感を低下させる取組」「各教員の学級経営のばらつきを小さくする取組」などを計画的に実施し，学級集団の状態の改善，学力問題の改善という成果に結びつけました。

---

[5] 河村（2015）は，①問題の整理，②実態調査，③データの分析，④対策の検討，⑤中間調査（てこ入れ），⑥これまでの成果とこれからの指針の確認，を課題分析の具体的なプロセスとして提案しています。③データ分析では，調査したデータを分析し，問題を生起させている要因を検討します。平均値や標準偏差，学年差や男女差などを明らかにする（記述統計）だけでなく，心理統計を用いて，測定値の変化が意味を有するかどうかの判断（有意差検定）も行いながら検討します。

4. これからの学級経営の在り方

　本稿では，これまでの日本型の学級経営の良さを生かしつつ，客観的なデータを生かすことで，予防・開発型の学級経営にシフトさせることを，これからの教師の働き方のモデルとして提案します。この提案の場合，客観的なデータを生かすことで教育実践を向上させることができるということを教育関係者各位が理解する，あるいは，していることを前提に，客観的なデータの効果的な活用を支援する仕組みを学校レベル，行政レベルで構築することが求められます。近未来，Society 5.0（狩猟社会，農耕社会，工業社会，情報社会に続く，新たな社会。サイバー空間（仮想空間）とフィジカル空間（現実空間）を高度に融合させたシステムにより，経済発展と社会的課題の解決を両立する，人間中心の社会）で実現するであろうEdTech（教育におけるAI，ビッグデータ等のさまざまな新しいテクノロジーを活用したあらゆる取組）を活用した教育実践では，一人一人の児童生徒の基盤的学力や情報活用能力の習得状況の継続的な把握と迅速なフィードバックと教師の気付きを組み合わせ，きめ細かな指導を効果的に実現することや，学習指導・生徒指導・学校経営などさまざまな場面でEdTechを使うことで，指導の質の向上と教師の負担の軽減を両立させ，より良い教育を実現することが期待されています。私たちは，客観的データに基づいた教育実践が当たり前になる社会を見据え，客観的データを生かした教育実践に取り組み，その経験を蓄積していくことが必要です。

　本稿では，教師が授業も生徒指導もどちらもするというこれまでの日本型学級経営を前提にしています。また，「学級経営力の向上」については積極的な提案といえますが，「教員の勤務負担の軽減」については，学級経営がうまくいった暁に好転し結果的に授業時間の確保が可能になるという推測を含んだ消極的な提案といえます。特に「教員の勤務負担の軽減」に着目するならば，客観的データを生かすというだけでは限界があり，分業体制についてなど，もう一歩踏み込んだ検討をする必要があるでしょう。河村（2010）は，日本の学校教育の特性ともいえる次の2点，具体的には，（1）固定されたメンバーで生活面やさまざまな活動を学級で取り組む日本型の学級集団制度，（2）学習指導とガイダンス機能を教師が統合して実施していくという指導体制が，自明のこととして，問い直されることのないまま国の重要な政策として教育改革が進められている，と指摘しています。この指摘について，現在も状況は変わっていないのではないかと考えます。藤原（2018）が指摘するように，もちろん，これまでの「日本型学校教育」にも良さがあります。他方，それが長時間労働をはじめとした教師の献身的犠牲のもとで成り立ってきたということ，持続可能性が問われているということを直視すべきでしょう。政府が進める「働き方改革」の動向も踏まえつつ，「日本型学校教育」の良さを継承しながら，「新しい時代の教育に向けた持続可能な学校指導・運営体制の構築」を推進することが求められていると考えます。「働き方改革」という契機のもと，客観的データを生かすとともに，来るべき新時代を意識しながら，学級あるいは学級経営の在り方について検討することが必要です。

（生田淳一）

〈参考文献〉
○藤原文雄編著『世界の学校と教職員の働き方―米・英・仏・独・中・韓との比較から考える日本の教職員の働き方改革』学事出版，2018年。
○河村茂雄『日本の学級集団と学級経営―集団の教育力を生かす学校システムの原理と展望』図書文化社，2010年。
○河村茂雄『こうすれば学校教育の成果は上がる』図書文化社，2015年。
○河村茂雄『アクティブラーニングを成功させる学級づくり―「自ら学ぶ力」を着実に高める学習環境づくりとは』誠信書房，2017

年。
○栗原慎二・井上弥編著『アセス（学級全体と児童生徒個人のアセスメントソフト）の使い方・活かし方 CD-ROM付き！ 自分のパソコンで結果がすぐわかる』ほんの森出版，2010年。

第4部

学校運営・事務体制

ガイダンス
学校運営・事務体制の見直しの意義

　新しい時代の教育に向けた持続可能な学校指導・運営体制の構築を図るための一つの改善方策が，学校運営・事務体制の見直しです。中央教育審議会学校における働き方改革特別部会は2018（平成30）年6月20日に「学校組織運営体制の在り方について（これまでの議論の整理）」をとりまとめました。「これまでの議論の整理」は，「適正な労務管理の観点からも，『個業型』の組織運営を見直し，学校がこれまで以上に組織として対応していけるように学校の組織体制の在り方を見直す」ことが必要であると指摘しています。その見直しの中心として提案されているのが，①主幹教諭や指導教諭等をはじめとしたミドルリーダーの機能強化と，②事務職員やサポートスタッフ等の機能強化です。「これまでの議論の整理」は，これらの機能強化によって，副校長・教頭の勤務負担を軽減するとともに，学校全体において働き方改革を推進することを提言しています。

　①主幹教諭や指導教諭等をはじめとしたミドルリーダーの機能強化に関しては，管理職のみがリーダーシップを発揮するだけではなく，教師それぞれがその立場や状況に応じて主体性を発揮するというリーダーシップが分散された「日本の学校組織の良さを維持・発展」させ，権限と責任及び専門性をもった主幹教諭をはじめとするミドルリーダーの機能強化を図ることが提言されています。教職員の世代交代によるミドルリーダー候補者不足や学校における課題の多様性・複雑性の増大といった環境変化に対応し，主幹教諭の整備などポジションに基づく公的なミドルリーダー機能を強化しようとする提案です。藤原（2018）が整理しているとおり，ミドルリーダーの機能強化は世界的潮流です。こうした公的なミドルリーダー機能の強化は，副校長・教頭の学校全体を調整しつつ，人材育成を行うという本来的な機能の強化にもつながるはずです。

　副校長・教頭の本来的な機能の強化に関わって提言されたのが，②事務職員やサポートスタッフ等の機能強化です。副校長・教頭が，勤務時間において学校事務に関する業務に多くの時間を費やしていることはよく知られています。「これまでの議論の整理」は，これらの仕事のうち，「総務・財務等に係る知識・見識が必要となる業務」については，「事務職員や，サポートスタッフ等と役割分担を図っていくこと」を提唱しています。これらの業務を同じ教師系のスタッフである主幹教諭や指導教諭に移譲するのではなく，行政職員としての総合的判断力を生かし，お金や情報など有形・無形の教育資源（リソース）を活用して教育及び学校運営の質の向上に貢献する「リソース・マネジャー」（藤原（2018））に移譲するという提案は正鵠を射ています。それぞれの職種の専門性を生かした業務の再配分は学校における働き方改革の骨格とも言える考え方だからです。この他にも，教育委員会の機能強化など学校運営・事務体制の見直しのための方法は多数存在します。

　そこで，第4部では，読者の皆さんが，学校運営・事務体制の見直しによる新しい時代の教育に向けた持続可能な学校指導・運営体制の構築という改善方策について考える上での示唆となるよう，①「学級王国」の文化から脱却する，②管理職チームの力で学校を改善する，③一人で抱えこまない組織づくりを活用する，④教育行政職員の専門性を生かし事務職員の力を生かす，⑤コンサルタントの視点と場づくりを生かす，⑥学校と行政の連結ピンとしての学校経営推進会議を生かす，といった6つの提案を収録します。

（藤原文雄）

第1章 教育資源の有効活用によるカリキュラムマネジメントの推進

【提案】「学級王国」の文化から脱却する

1. 教育資源について

　カリキュラムマネジメントを進める上では，人，モノ，金，時間などの教育資源とは何かを改めて議論し，理解し直す必要があります。またそれらの教育資源をどのように活用するのかが重要な問題となります。近年，学校現場においてもマネジメントの重要性が叫ばれ，学校組織マネジメントテキストの普及など，身近なものとなってきました。しかし，学校において真の意味でのマネジメントは理解され，定着してきているのでしょうか。この問いは，学校現場に教育資源を資源として有効に活用できる前提が整えられているのかということを言っています。

　人，モノ，金という基本的な資源は学校を組織として運営していく上では欠くことのできないものであるということは疑いのないことです。これらの資源がなければ学校の運営は不可能です。学校の運営とは，学校教育目標を設定し，内容を構成し，時数を計画していくという，すなわち教育課程を編成することです。人，モノ，金という資源がなければ教育課程は編成できないはずです。

　では，学校に人，モノ，金という基本的な資源は与えられているか。学校はその目的を達成するために，資源を我が物として投資し，利用するように制度はできているか。例えば，「人」について学校はその目標達成のために必要な人材を配置できているか。このことができるときに，「人」という資源が活用できた状態です。例えば，「金」について学校はその目標達成のために必要な「財源」を組めているのか。このことができるときに，「金」という資源が活用できた状態です。

　現状の日本の公立学校の状況は，これらの在るべき姿から大きくかけ離れていると言わざるを得ません。例えば「人」については，都道府県に人事権は握られたままで，校長の具申権と，校長のその具申を実現するための市町村の内申権は，都道府県の作成した人事計画を市町村が追認して内申しているなど，最も重要視するべきとされている市町村の内申権は有名無実化しているのが現状です。このことは，学校という現場で「人」という重要な資源が，学校から2段階離れたところで計画立案されるわけですから，そもそも「人」という資源の有効性が学校現場の効果ではなく，都道府県教育委員会という組織の効果のために使われていることを意味します。

　同じように，「金」については，市町村に予算の企画立案は握られたままで，学校がしていることは，単なる意見の申出に過ぎません。そもそも予算とは，まず，目標があるべきで，その目標達成のために必要な「金」という資源が予算です。予算が先に示されるという状態は，極端な言い方をすると，その組織は目標を持つ必要はなく，目標は予算を配分する上位組織にあるということです。学校の現状の資源としての「金」は市町村の目標達成のための資源として使われていることを意味します。

　このように，学校はマネジメントに必要な「人」「金」という資源を与えられていないために，目標を設定することができません。しかし，一方では学校も一応組織であるために目標を設定する

ようになっていますし，目標を設定することが求められています。マネジメントに必要な資源の与えられていない組織の設定する目標は，自然と本来組織が設定すべき目標の在り方とは大きくかけ離れた，抽象的で意味不明で，学校教育法の条文や学習指導要領内の文言など，どこかからの借り物の言葉を使わざるを得なくなります。

　学校目標がどこかからの借り物ですから，借りる言葉も同じようなものに着目したり，どこかが強く指導した言葉に着目するので，当然，似たような言葉で学校教育目標が作られてきます。もちろん，学校現場はその目標達成を問われるために，目標を抽象的で意味不明にすることによって，達成の度合いを曖昧にするという評価逃れが起こります。そうすると，評価そのものも本来の評価の機能を失うなど，悪循環に陥ることになります。

　学校教育を推進するためには，「人」「モノ」「金」といった資源を学校現場にまず移す制度への移行が最も重要です。そのためには，都道府県教育委員会や市町村教育委員会がまず，学校教育の本来の在り方に気付いて制度を見直すことが必要です。しかし，遅々と進まない現状下で，学校として現在あるものの見直しはできないのでしょうか。都道府県教育委員会や市町村教育委員会が，過去からの観念にとらわれて現状から脱却できないように，学校現場も認識を変えれば新たな展開が開くはずですが，過去からの観念にとらわれて現状から脱却できないことがあるのではないでしょうか。

2．学校文化の中心「学級王国」

　組織形態を変更することが教員を苦しみから解放する手段の一つであることを，複数の自治体の取り組みから紹介します。

　現在進められている「働き方改革」は学校においても議論が進んできましたが，筆者は「働き方改革」でこのことを進める前に，我が国における学校教育の位置を今一度見直す機会にすべきであると考えています。公教育が始まった明治の初めと比べると，学校の存在意義は大きく違ってきています。さらに，その当時の学校の運営の在り方も大きく違ってきていますが，学校の組織の基本形が変わっていないのです。学校は1世紀半に渡ってその組織の在り方を変えていないのです。その基本形の大きな位置を占めるのが「学級王国」と考えることができます。この「学級王国」の文化を変えない限り，教員の働き方改革の問題は解決することはできないと思います。

　教員の働き方への関わりを考える時に，学級内，学校内（学級の外で学校の内），学校外（学校の外で，行政や地域社会を含む）の3つに分けて考える必要があります。今までの働き方改革や，勤務時間縮減，教員の勤務負担軽減の方策を考えると，そのほとんどは学級内を除く，学校や学校外のことに対する対策であり，学級内に対する対策があまりありません。学級内の働き方に対策を打たない限り大きな効果は生まれない可能性があります。最終的には我が国の教員の文化の大きな部分を占めている「学級王国」文化に手を付けなければ本質に迫ることはできないでしょう。もちろん，中学校や高等学校においては，小学校ほど「学級王国」の意識や文化はないと言われるかもしれませんが，それでも形を変えた「学級王国」文化があるのではないでしょうか。次の節では，筆者が自治体の要請を受けて係わった例を紹介します。平成28年・29年度に係わった北海道A町と平成29年度に係わった北海道C町の例です。

3．事例1（A町の小学校）

　北海道A町は，中核市に隣接した町で，人口約1万人，小学校4校，中学校1校。町の半分は中核市のベッドタウンとして新興住宅地となっています。一方もう半分は山脈の裾野で人口減少の地域です。この中で，ベッドタウンの人口増加地区にあるB小学校で「働き方改革」について改善提案の要請を自治体から受け2年間係わりました。このB小学校の学級編制は次の通りです。

学　年	1年	2年	3年	4年	5年	6年	特支	合計
学級数	3	3	2	2	2	2	3	17
児童数	72	75	72	74	78	75	19	465

校長1　教頭1
教諭29
非常勤講師2

　学年の学級数は2〜3学級の14学級で，これに特別支援学級3学級です。教員数は，校長1，教頭1，教諭29，非常勤講師2の中規模の学校です。この学校において教職員の勤務実態調査を実施したところ，文部科学省の実施した教員の勤務実態調査の勤務時間外の平均は全国平均より若干少ない時数でしたが，ほぼ全国平均といえます。全国平均と言えども大変な時間であることは言うまでもありません。また，時間外勤務時間は教員により偏りがありました。

　この勤務実態調査の質問項目を，先ほどの学級内，学校内，学校外と分類した中に当てはめてみると，教員の時間外勤務のほとんどを学級内に関する業務とそれに付随する業務が占めるのです。教員は時間外勤務のほとんどを学級内に係わる業務に費やしているのです。この学級内の業務に時間外勤務のほとんどを費やしていることこそ，「学級王国」文化の中で学級担当として必死に働く教員の姿を想像させます。ここにメスを入れることが重要です。

（1）提案1（チーム学校）

　2年間の調査研究の結果として，学校の組織の在り方と，財務関係の2点に絞って提案を行いました。学校の組織については，チーム学校を実施するために，校長，教頭，学年団代表，事務職員からなるマネジメントチームと，教員を2学年を1つの学年団とする組織とする提案です（図1）。もう一つの財務関係については，学校予算を従来の教育委員会からの配当方式から，学校で企画・要求・執行する自立型予算とすることを提案しました。そのために，学校事務を町内の1つの組織とする事務の共同実施についても合わせて提案しました。

　このうち，学年団方式についての詳しい内容は以下のものです（図2）。

　教員組織を低学年団（1，2学年），中学年団（3，4学年），高学年団（5，6学年）の3学年団として，教員を3学年団に配分する。3学級の特別支援学級は児童生徒の学年により，いずれかの学年団に入ります。

　そうすることによって，各学年団には平均7学級に対して，教員数31人を3学年団に配分しますので，教員数は平均10人となります。つまり，7学級を10人で見るという姿ができ上がります。さらに，7学級に10人という配置の他に次のような提案2を行いました。

　校内組織については，主任制以前の校務分掌の形である，数十の担当を並べて担当を割り当てる担当制と，主任制導入後によく見られる教務部，生徒指導部，保健体育部等で組織する部制の中間の組織分掌でした。

　これに対して，数十の担当をカテゴリーごとに3つくらいのグループに分けて，各学年団内の教

員を3つのグループメンバーとする案です。

マネジメントチーム
| 校長 |
| 教頭 |
| 事務職員 |
| 主幹教諭 |
| 学年団代表（3名） |

教員団チーム
高学年団	教員10名（学力向上チーム，体力向上チーム，心育成チーム）
中学年団	教員10名（学力向上チーム，体力向上チーム，心育成チーム）
低学年団	教員11名（学力向上チーム，体力向上チーム，心育成チーム）

図1

学年団	低学年団			中学年団			高学年団			合計
教員数	11			10			10			
学級数	3	3	特支	2	2	特支	2	2	特支	17
児童数	72	75		72	74		78	75		465

図2

（2）提案2（時数の考え方）

　教員の1年間の勤務時間は何時間かというと，算定はなかなか難しいのですが，35週×80時間で1400時間としましょう。1400時間の教員が10人いますので，学年団内の教員の総持ち時間は14000時間となります。これに対して，児童生徒の授業時数は年間約1000時間の学級が7学級あるので，7000時間の授業をする必要があります。この14000時間を持つ教員が7000時間授業するという形を基本形として考えていこうというものです。つまり，7000時間が授業，残りの7000時間をどのように使うかという配分の問題です。

　当然，現場の教員からは，そんな単純なものではない，という大きな反論がありました。しかし，あえて単純化することから考えてみることによって，本来の勤務時間の構造が見えてくる可能性があります。初期の時数配分の考え方や計算は複雑かもしれませんが，一度編成してしまえば，後は考え方そのものが確立します。

　もちろん，一番重要なことは授業に対してどのように配分し，残りの時間をどのような優先順位で配分していくかという合意と計算が必要です。授業準備，会議，事務の時間等必要な人と人数に合わせて計画していく複雑さもあります。例えば，授業準備の時間や，事務作業の時間は校内で一斉に設定すればよいし，会議の時間は，全体会議や学年団等の会議は必要時数を長さの違うタイルを貼り付けるように並べていけばできます。

（3）提案3（学級担当から単元担当へ）

　さて，最も重要な授業の考え方です。先に「学級王国」の文化を変えない限り教員の働き方改革の問題は解決することはできない，と書きましたが，任された学級を担任としてすべての授業を行うのが「学級王国」の基本です。このことを崩さない限り「学級王国」の文化は変えることができません。最近，小学校においても一部教科担任制をとっている例が多く見られますが，一部教科担

任制も学級担任制の変形であって、学級担任制には変わりがありません。小学校において今のところ考えられるのは、学級担任制、一部教科担任制の２つだと思われます。一部教科担任制を拡大していけば教科担任制になるのかもしれません。しかし、小学校の特性である、教員がすべての教科を教えることができるという所に着目すれば、さらに新しい形が考えられます。それが、今回提案した「単元担当制」です。

　10人の教員が、学年団（２学年４～６学級＋特別支援学級１学級）の７学級を教科ごとに単元を並べて、並んだ単元を10人の教員が得意とする単元を優先して担当するというものです。もちろん単元によっては、１学年２学級を１つの学習集団として授業することなど、学習集団の形を変えることも可能です。

　学校で子供に授業する時間は基本的に7000時間ですから、10人の教員の総持ち時間14000時間から、この7000時間を優先して差し引きます。もちろん組み合わせの不可能な時間も発生しますので、空白の時間を数千時間加える必要があります。この空白の時間が基本的に授業準備の時間と授業に付随する時間となります。

　子供が学校から帰ってからの残りの数千時間が会議等や新たな時間となります。この残りの数千時間の使い方の再構築こそが鍵となることは言うまでもありません。この再構築の時間こそ、学校が大きく生まれ変わる契機となるはずです。

　放課後や勤務時間終了後の保護者等からの連絡等も時間を費やす大きな問題ですが、本年度、大津市等いくつかの自治体では、夕方５時以降等教員の勤務時間終了後の学校への電話連絡ができないことを通知した例、滋賀県では県立学校の夏休みの特定の日を学校の休校日とするなど（宮崎県五ヶ瀬町では平成20年度から８月13日～15日を学校の閉庁日としていた）、いくつかの例も出てきています。学校への自治体の支援も地域の理解を得る重要な働きとなります。

（４）提案後

　A町のB小学校では提案を受け、学年団の編成に取り組みましたが、結果的に１学年を学年団とする６学年団方式で組織編成を行うという従来の形になりました。また、事務組織も事務チームと名前は変わりましたが、位置づけは従来のままとなりました。一番重要視した、単元担当制についても、従来のままの一部教科担当制を取り入れた学級担任制と前年度と同じ内容となりました。学校現場は時間外勤務を本気で少なくしたいと思っているのか、むしろ、時間外勤務を重要な教員の活動の時間とみているのではないか。または、もしかすると時間外勤務の増大に対する拒否感と、従来の組織体制に対する愛着との相克に苦しんでいるのではないかと思うと、学校現場の価値観を変えることの難しさを改めて実感させられました。

4．事例２（C町の学校）

　北海道C町は、典型的な過疎の町で、人口約5000人、小学校１校、中学校１校。小中一貫教育と、コミュニティ・スクールを始めた町です。2017年度からコミュニティ・スクールと学力向上について改善提案の要請を自治体から受け１年間係わりました。この町のD小学校とE中学校の学級編制は次の通りです。

D小学校

学　年	1年	2年	3年	4年	5年	6年	特支	合計
学級数	1	1	1	1	1	1	3	9
児童数	20	20	30	23	26	27	7	155

校長1　教頭1
教諭16
非常勤講師1

E中学校

学　年	1年	2年	3年	特支				合計
学級数	1	2	1	2				6
児童数	33	26	36	5				100

校長1　教頭1
教諭12
非常勤講師1

　この学校では教職員の勤務実態調査は実施していません。着目したのは，小中一貫教育を行っていることです。しかし，小中一貫教育を行っているとはいえ，その内容は，他の小中一貫教育を行っている大部分の例にもれず，年に数回の合同会議や，年に数回の乗り入れ授業程度でした。このC町の最大の課題は学力向上でした。

（1）提案1（一貫教育）

　このC町で最初に取り組んだのは，一貫教育とは何を一貫することかということに答えを出すことでした。そこで，従来の校内研究を廃止して，小中学校で研究体制を一緒にし，次のことに取り組みました。

①小学校1年から中学校3年までの9年間をすべての教科ごとに教える内容の系統表の作成。
②各教科の系統表作成後，カリキュラム上の難易度の高い箇所を各教科上位10か所を探す。
③さらに，すべての教科10か所の難易度の高い箇所から，全教科の中で難易度の高い上位30か所を探す。
④上位30カ所に対して特別な授業を行う。

　C町の両校の教員は，1年間に膨大な時間を費やして①から④の作業を行いました。その結果，9年間の担当の中で，今自分がしている授業は最終的にどのような力につながっているのかということや，どのような力がついていないと現在の指導が難しいのかといった関連性が理解され，カリキュラムを9年間で見る視点がついてきます。

（2）提案2（学力向上）

　学力向上はすべての学校の大きな課題です。学力向上のターゲットを，学力向上を阻害しているのは，現在のカリキュラムの並び方に起因する問題と，教員の指導力に起因する問題の2点があると仮説を立てて取り組みました。

　現在のカリキュラムの並び方に起因する問題とは，児童・生徒は日々授業を受けていますが，ある時間に難易度が変わる箇所があるということです。この難易度が変わる箇所を見つけるのが，提案1の①から③の作業です。この難易度の高い箇所を意識しないで普段通りの体制で授業を行うことにより，取り残される子供がいるということです。この，普段通りの体制で行う授業とは，前の例の「学級王国」と基本的に40人を対象とする授業手法です。

　そこで，この難易度の高い箇所を子供全員を理解させて通過する授業方法こそが④の特別な授業方法です。従来の一斉指導ではない新しい授業方法の開発に取り組みました。その箇所を担当する

教員は，子供の特性に応じて子供たちをいくつかのグループに分けます。そのグループ数に応じて，その時間，その学級に教員が必要となります。その教員数を確保するために，同じ時間帯に少ない教員数で大人数の子供を授業できる内容の授業を行うことによって，難易度の高い授業に教員を集中させるという方法です。

難易度の高い時間は各単元でどこに現れるかという議論も活発に行われました。その結果，教員はこの授業方法を行わない上位30時間以外の授業でもその意味を理解して授業方法に工夫を加えることでしょう。

もう一つの教員の指導力に起因する問題ですが，教員と言えども苦手な内容があるのは当然のことです。難易度上位30時間は一つの学級に大人数の教員が導入され子供の特性に合わせて細かな指導を行います。しかし，それ以外の授業は普段の授業が進められます。「学級王国」では，苦手な授業も子供達は受け続けなければなりません。その結果がどのようなものであるのか十分に想像ができます。そこで，このＣ町では教員が自分の苦手な単元や内容を表明して，その時間の授業は別の得意な教員がするシステムを提案しました。

従来の価値観ではとても許されるものではありません。当然，校長としても，教員に苦手なことがあってはならない，という価値観があります。そのために研修があったり，改善の方策が組まれなければなりませんが，現実はそのようにはできていません。ほったらかしになっているというのが現実です。

難易度上位30時間の特別な授業完成後は，プラスして，苦手な内容の授業時間を得意な教員と行う授業スタイルも提案しています。苦手であるという自己開示と，得意な教員の授業を一緒に行うということこそ最高の研修であると言えます。それが普段に学校内でできるわけです。

（3）提案後

Ｃ町では提案を受け，次年度から稼働するはずであった難易度の高い授業時間について，年度内に何回かの挑戦を行っています。また，両校の一貫性も高まり，学校教育目標が小中学校で統一されたり，小学校の授業では各単元の中で初期に現れる理論の時間に中学校の教員による授業が増えるなどの変化が現れてきました。

5. おわりに

2つの町の事例は，我が国における学校マネジメントの条件整備が進まない中で，それでも学校には成果が求められている現実を，どう打開すればいいかというための次善の策となるものであって，あくまでも学校に教育の資源となる「人」「モノ」「金」が与えられ，真の意味で学校がマネジメントの力を発揮できることが目的であることは間違いありません。

（日渡　円）

第2章 主幹教諭のマネジメントへの効果的な関わりとその育成のあり方

【提案】管理職チームの力で学校を改善する

1. ミドルリーダーと学校のマネジメント

　ベテラン教師の定年による大量退職が始まり，それに伴い教師の大量採用が全国的に進みつつあります。それにより，学校は，多くの若手教師と少数の中堅教師，ベテラン教師というメンバー構成になりつつあります。すでに東京や横浜などの大都市では，ベテラン教師の多くが退職しています。例えば，図1は横浜市の公立小学校の経験年数別の教師の割合です。若手教師の割合が大きくなっており，ミドル層の教師の割合が少なくなっていることがわかります。若手教師が増えていくことで，学校に活気がでるなど，良い点も考えられますが，一方で，課題もあります。例えば，学校のマネジメントという観点で考えた場合，ミドル層が少ないということは，その担い手が少ないということになり，今後，少数の中堅教師で学校のマネジメントを支えていかなければならない状況が予想されます。

　また，一方で，学校のマネジメントの重要性はこれまで以上に増しています。社会の問題が複雑化していく中で，学校も多くの課題を抱えるようになり，教師個々の力で課題を解決するのは困難になっています。よって，組織として自律的な学校改善が求められるようになっています。また，学習指導要領においては，「社会に開かれた教育課程」の中で，カリキュラム・マネジメントが重視されており，学校は組織として取り組むことが，これまで以上に求められています。

　このように，マネジメントの重要性が高まっているにもかかわらず，その担い手である中堅教師の数は不足しているというのが現在の状況です。中堅教師を，ミドルリーダーとして育成していくことは，喫緊の課題であるといえます。本書のテーマである，学校における「働き方改革」の一つのアプローチとしてマネジメント機能強化があります。マネジメント機能強化の柱として注目されているのが，ミドルリーダーの存在であり，「働き方改革」にとってもミドルリーダーは重要です。そこで，効果的にマネジメントを行っていくためには，ミドルリーダーは何をすべきなのか，そして，ミドルリーダーを育てるにはどうすべきか考えたいと思います。

　本章では，筆者がこれまで株式会社

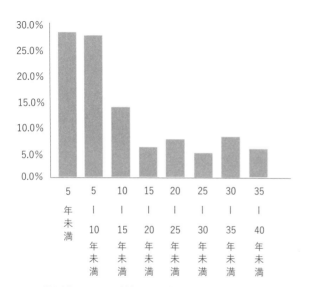

図1　横浜市における教師の経験年数別の構成（長島 2014）

内田洋行と取り組んできた共同研究「アクティブラーニング推進時代に対応したミドルリーダー・管理職に関する調査とサーベイフィードバックによる研修の開発」の成果をもとに，ミドルリーダーの働き方とその育成について考えます。この共同研究では，横浜市教育委員会，横浜市立小学校長会のご協力を得て，横浜市内の公立小学校の校長先生，副校長先生，主幹教諭の先生方を対象に質問紙調査を行ってきました。具体的には，マネジメントに関して，校長や副校長，ミドルリーダーが効果的にマネジメントを行うためにどうすべきか明らかにするための調査を行ってきました（調査で用いたマネジメントの各項目については，脇本ら（2017）で報告されています）。調査では，マネジメントに関する様々な知見が明らかになってきましたが，ここでは，調査の中で，本章のテーマであるミドルリーダーに関する分析結果（横浜国立大学・内田洋行 2018）を報告いたします。ちなみに，学校でミドルリーダーといった場合，具体的には誰を指すのでしょうか。実は，ミドルリーダーの定義は様々で，校務分掌からミドルリーダーを考える場合や，主幹教諭などの役職からミドルリーダーを考える場合，また，校内でのインフォーマルな役割からミドルリーダーを考える場合など，様々です。共同研究では，質問紙調査を行うにあたり，調査対象者を確定させる必要がありました。そこで，主幹教諭をミドルリーダーと定義し，調査を行いました。

2. 学校のマネジメントを効果的に行うための主幹教諭の関わり方

調査を進めていく中で，主幹教諭と管理職の連携がマネジメントにとって重要なことが明らかになってきました。その調査結果を紹介します。調査では，校長，副校長，主幹教諭の連携について分析を行っています。具体的には，校長，副校長，主幹教諭に対して，どのくらい連携がうまくできるのかという連携の効力感について聞いています（「うまくやる自信がある」から「うまくやる自信がない」までの5件法で聞いています）。その結果を，クラスタ分析という，タイプ分けの手法を用いて分析を行った結果，学校の管理職，主幹教諭の連携の効力感には3タイプの分け方があることが明らかになりました（図2）。連携のタイプ1つめが，校長型です。校長のみが連携に自信を感じており，副校長と主幹教諭は自信が低いグループです。2つめは，副校長・主幹教諭型です。副校長・主幹教諭は連携に自信を感じているものの，校長は自信が低いグループです。3つめが，管理職・主幹教諭連携型です。こちらは，校長・副校長・主幹教諭がともに連携に自信を感じているグループです。3グループの割合は，副校長・主幹教諭型が一番多く，次に校長型，管理職・主幹教諭連携型と続きます。

それでは，これら3グループと学校の関係はどうでしょうか。図3は，同僚性，校内の授業の充実度，カリキュラム・マネジ

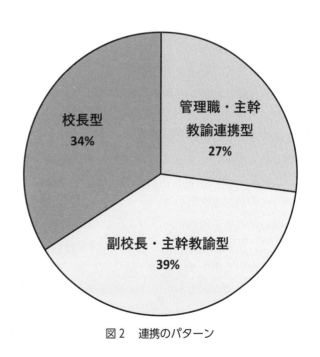

図2　連携のパターン

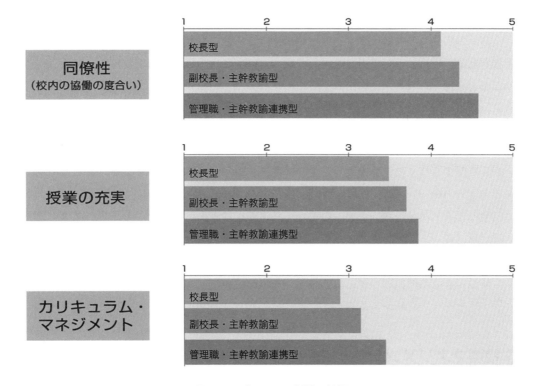

図3　3パターンと学校の状況

メントの状況について，3グループの比較を行っています。どの項目も値が大きいほど，うまくいっています（グラフの値は，校長，副校長，主幹教諭の回答の平均値になります。1が最低で5が最高です）。分析の結果，同僚性，校内の授業の充実度，カリキュラム・マネジメントのどの場合においても，管理職・主幹教諭連携型が成果を上げていることがわかります。

このように，学校のマネジメントを行っていく上で，管理職と主幹教諭の連携の重要性は，これまで主幹教諭をはじめとしたミドルリーダーを対象とした実務書等でも指摘されてきましたが，調査においても，その重要性が実証されました。一方で，連携が効果的だということはわかりましたが，具体的にどのように連携すればよいのでしょうか。調査結果において，管理職・主幹教諭連携型が27パーセントという結果をみると，連携というのはなかなか難しいことと考えられます。また，連携することで，なぜ同僚性が高まり，授業が充実し，カリキュラム・マネジメントがうまくいくのでしょうか。

これらの疑問に答えるために，分析をさらに進めました。校長型，副校長・主幹教諭型，管理職・主幹教諭連携型の3パターンで，主幹教諭のマネジメントに関する行動がどのように異なるのか明らかにするために，3パターンの比較を行いました。それにより，管理職・主幹教諭連携型の学校で，主幹教諭がいったいどのような行動をしているのかを明らかにし，効果的な連携のあり方を考えたいと思います。

結果は，図4のとおりです。管理職・主幹教諭連携型の学校では，まず，主幹教諭が，①学校の状況把握を積極的に行っていることが明らかになりました。具体的には，学校の実態や状況に関する情報を収集し，現状を多面的に把握している（実際の質問紙での質問項目です）ということでした。

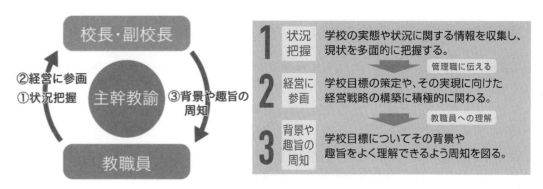

図4 管理職・主幹教諭連携型の主幹教諭の行動

次に、②経営に参画しているということです。具体的には、学校目標の策定や、その実現に向けた経営戦略の構築に積極的に関わる（実際の質問紙での質問項目です）ということです。最後に、③背景や趣旨の周知です。具体的には、学校目標についてその背景や趣旨をよく理解できるよう周知を図る（実際の質問紙での質問項目です）ということです。

これら①から③をつなげていくと、主幹教諭が管理職と教職員のパイプ役になっていることがうかがえます。教職員と距離の近い主幹教諭が、積極的にコミュニケーションをとることで、校内の教職員が何を考えているのか把握し、そして、それらの情報を持ってして、学校の経営に参画している様子が思い浮かびます。例えば、管理職にとって校内の教職員から聞くことが難しい事柄でも、立場が近い主幹教諭であれば聞きやすい可能性があります。また、教職員が学校経営上で管理職に直接伝えることがはばかられる場合であっても、主幹教諭を介してであればできるかもしれません。

このような形で学校経営に参画し、次に、学校経営の中で決まったことを、主幹教諭が教職員に理解できる形で伝えている様子が思い浮かびます。学校目標やそれを実行していくプロセスは、場合によっては教職員に伝わりにくいこともあるかもしれません。決められた経緯や理由などが不透明な状況だと、受け入れがたいと感じる教職員もいるかもしれません。また、若手教師にとっては、難しくて理解できないこともあるかもしれません。このような時に、実際に管理職と仕事を進めている主幹教諭が、教職員に説明することによって、教職員の理解が進み、学校組織としての様々な取り組みがスムーズに進むと考えられます。

このように、管理職・主幹教諭連携型の学校では、主幹教諭が管理職と教職員のパイプ役となっている状況が明らかになりました。パイプ役になることで、管理職は多くの情報を得た上で学校目標の策定が行え、その目標や目標の実現に向けたプロセスについて教職員の理解も進みます。それにより、校内の教職員も協働して取り組めるようになり、それが同僚性の向上性につながり、また、カリキュラム・マネジメントや授業の向上などの成果にもつながっているのではないでしょうか。

調査結果に関連して、横浜市の公立小学校では、主幹会議という主幹教諭と校長の会議を設定している学校もあります。これは、主幹教諭と校長が朝、週2回実施している会議です。学校の様々な情報を校長と共有し、校長からは今後どのように学校経営を進めていくのか、ビジョンについて話し合います。多忙化が進み、本書のテーマでもある働き方改革の中では、時間をとることは難しいことですが、このように、話し合える場を設けていくことは、結果的にはマネジメントのスムーズな実施につながり、マネジメント全体のコストを下げることにつながると考えられます。

3. 主幹教諭の育成を考える

　ここまで，学校のマネジメントを行う上で，校長・副校長・主幹教諭の連携が重要であるということ，そして，その中で主幹教諭がどのように行動することが大事かということを，調査研究をもとに紹介しました。主幹教諭が，校内の管理職と教職員のパイプ役となることで，マネジメントを効果的に行えるようになります。

　それでは，次に，このような主幹教諭を育てるためにはどのような手立てが有効か考えたいと思います。ここでは，コルブが提唱した経験学習（Kolb 1984）という理論を紹介します。経験学習（図5）とは，経験を成長につなげていくための理論で，経験→振り返り→持論化（概念化）→試行という形で進めていくというモデルです。経験を振り返り，それをもとに次にどうすべきか，自分なりの方法を考えます。そして，それを実際に試し，日常に取り入れ，また新たな経験を積むことを繰り返していくことで成長します。主幹教諭は，日々授業を行い，教師として成長しつつ，学校のマネジメントを担うミドルとしても成長することが求められています。そのような多忙の中では，日頃のミドルとしての経験をいかに成長につなげていくのかという視点が大切です。共同研究では，学校のリーダーの効果的な学びを明らかにするために，リーダーの経験と学びについて調査を行っています。具体的には，校長，副校長，主幹教諭を対象に，自身の成長に役立った経験を聞いています。その結果は，図6のとおりです。主幹教諭，副校長，校長の順に確認をしたいと思います。

　主幹教諭は，主幹教諭や管理職といった他者から学んでいることがわかります。経験を効果的に振り返るためには，他者の存在が重要で，他者と対話していくことが有効であることが，これまでいくつもの先行研究で指摘されてきました。それらを支持する結果になったといえます。

　では，副校長ではどうでしょうか。主幹教諭と比較して，子ども・保護者・地域との関わりの値が高くなっていることがわかります。これは，量的，質的，両面から可能性が考えられます。量的には，副校長になり，学校外の渉外が増えることによるものと考えられます。質的には，副校長として仕事を経験する中で，自身の経験をより意識して，学びにつなげている可能性も考えられます。また，他には，他の副校長との関わりについての値も高く，通常副校長が各校に1人しかいないことを考えると，副校長が他者から積極的に振り返り支援やアドバイスを受けていることが想像できます。

　最後に，校長になると，他者との関わりや，子ども・保護者・地域との関わりとの値が高いのは，副校長と同じですが，さらに，情報収集の値が高くなっていることがわかります。主幹教諭，副校長と比較して，校長は積極的に情報収集をし，自らの成長に役立てているといえそうです。

　このように，主幹教諭，副校長，校長となっていくにしたがい，様々な場面から，新しい情報を取り入れながら学ぶようになっていくことがわかりました。これは，校

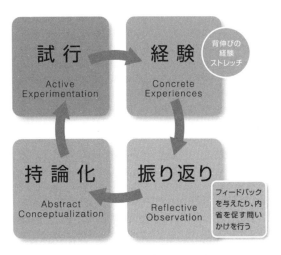

図5　経験学習（Kolb 1984）

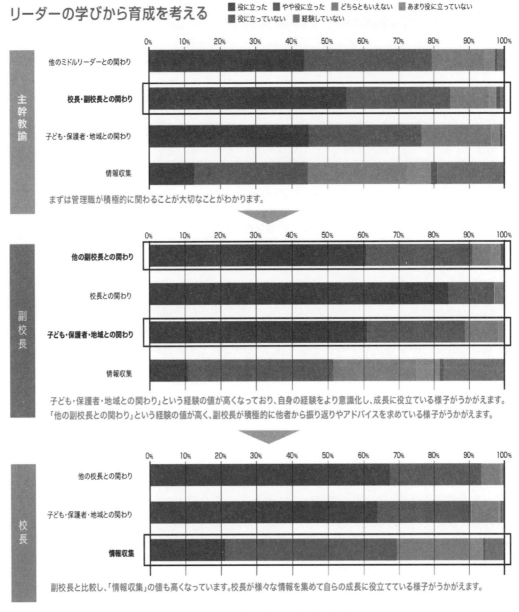

図6　成長に役に立った経験・事項

内での仕事がメインとなる主幹教諭，地域との関わりも増える副校長，より広く社会に関わることが求められる校長というように，関わる対象が拡張していくことで，そのような結果になっているのかもしれません。一方で，経験学習という視点で見ると，様々な経験をし，それを他者と振り返り，その際には新しい情報を取り入れていくというように，リーダーとして，経験学習の質が上がっている可能性も考えられます。そのような習慣を，主幹教諭の頃から身につけることで，リーダーとしてより成長できると考えられます。

　ここまで，調査をもとにリーダーの成長に役立った経験を確認してきました。主幹教諭の育成には，主幹教諭として，マネジメントができるようになるために，具体的な手順や方法を伝えていく

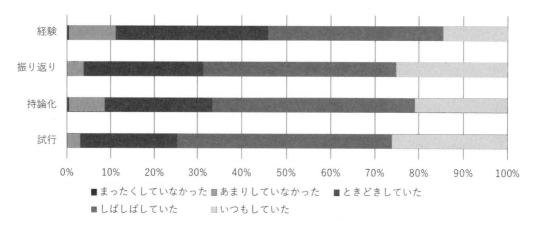

図7　経験学習の実行度

ことも重要ですが，一方で，長期的な視野で見れば，調査結果が示すように，経験学習を自律的にまわせるような支援も必要です。そのためには，主幹教諭が自身の経験を意識化し，日々の仕事の中で自分なりの挑戦が持てるような働きかけが必要です。そして，経験に対して，主幹教諭が，自らの言葉で自分なりの整理ができるような支援が求められます。経験した出来事の本質を見極められるよう，対話によって整理をし，気づきを得られるようにすることが重要です。そして，主幹教諭が自分なりに回答を出し，次に生かしていくよう促していくことが求められます。

しかし，日々自分なりの挑戦をしていくということはなかなか難しいようです。共同研究において，主幹教諭の経験学習のサイクルの各事項の実行度（ここ1年間の状況）について調査を行いました。図7はその結果を示しています。経験は「困難や失敗を恐れず，新しいことに挑戦する」，振り返りは「経験したことを，何かに書きとめて振り返ったり，他の人と話したりする中で，多角的な視点から捉え直す」，持論化は「経験の結果から共通する法則を見つけたり，他のやり方と照らし合わせたりして，他の状況にも当てはまる自分なりの仕事のやり方を見出す」，試行は，「自分のやり方が正しいかどうか，実際に実施する中で検証し，柔軟に修正を加えている」と質問し，それぞれの頻度について聞いています。

どの項目も決して低いわけではないですが，その中で比較すると，経験（困難や失敗を恐れず，新しいことに挑戦する）の割合が低くなっていることがわかります。経験は，他の項目と比べて，時間もかかり，他者を巻き込むことも多いため，そもそも頻度が低くなるのは当然かもしれません。しかし，自分なりに挑戦できるような時間，余裕がない状況を示している可能性も考えられます。多忙化の中で，時間を確保することは難しいことですが，主幹教諭の成長のために，本人にとってチャレンジングな仕事を任せることも時には必要かもしれません。また，時間が許すのであれば，校外で普段できない経験を積んでもらうのもよいかもしれません。例えば，経験5年次を対象とした企業派遣研修を通して，他業種の人たちと働き方や組織マネジメントについて対話することが，校務分掌や組織的対応の仕方など，学校のマネジメントだけなく，授業などの改善などにもつながることを示している研究があります（脇本・町支 2017）。様々な経験をしてもらい，経験学習のサイクルを回す支援を行うことで，主幹教諭にとって，よい循環が生まれ，成長につながっていきます。

4. まとめ

　本章では，教師の年齢構成が大きく変化し，ミドル層の教師が不足していく中で，どのように学校のマネジメントを進めていけばいいのか，主幹教諭の観点から，共同研究をもとに考えてきました。主幹教諭が管理職と教職員のパイプ役になることで，学校のマネジメントが効果的に行える可能性が調査より示されました。また，主幹教諭を育成していくにはどうすべきか，経験学習理論をもとに，調査結果とあわせて考えました。

　主幹教諭がパイプ役になるということは，学校のマネジメントを効果的に，スムーズに行うことにつながりますが，主幹教諭にとっては，さらに仕事を増やすことになります。また，主幹教諭の育成に力を入れるということは，管理職の仕事をさらに増やすことになり，働き方改革という点から考えると，短期的な視野では厳しいかもしれません。しかし，長期的な視点で見た場合には，校内にそのような経営基盤ができてくることは，マネジメント機能強化につながっていくものと思われます。

（脇本健弘）

〈参考文献〉
○長島和弘『ミドル教員の管理職志向に与える要因―横浜市教員のキャリア形成分析から』政策研究大学院大学 修士論文，2014年。
○脇本健弘・木村充・町支大祐・中尾教子・平野智紀・野中陽一・大内美智子『小学校における管理職・ミドルリーダーの職務と成長に関する調査―校長・副校長・主幹教諭の職務の現状と成長機会』日本教育工学会研究会，日本教育工学会研究報告集，JSET 17-2 17巻2号，197-204，2017年。
○横浜国立大学教職大学院・株式会社内田洋行『よりよいマネジメントのための人材育成とは』2018年。
○ Kolb, D.A., *Experiential Learning: Experience as the Source of learning and Development*, Prentice-Hall, 1984.
○脇本健弘・町支大祐『教師の企業等派遣研修の学びのプロセスに関する実証的研究』日本教育工学会論文誌，41巻（2017）Suppl.，137-140，2017年。

第3章 教育課題に対応するための学校組織づくり

【提案】一人で抱えこまない組織づくりを活用する

1. はじめに―学校教育の機能拡大に伴う教員の業務負担の増大

　これまで筆者は，公立小中学校教員を対象に実施された業務負担に関する調査データを分析し，教員の児童生徒に対する指導負担が量・質ともに増大していることを明らかにしました（神林，2017）。教員の多忙はここ数年で社会的・政策的な課題になったのではなく，戦後一貫して指摘されてきたものであり（高木・北神編，2016），例えば，1950～60年代も教員の長時間労働が問題となっていました。その当時よりも，近年の教員の労働時間は長く，とりわけ生徒指導や部活動指導など，正課外での教育活動時間が増大しています。また，児童生徒やその家庭をめぐる課題が多様化・複雑化する中で，教員のメンタルヘルスは悪化し，教員の心理的負担をもたらす大きな要因として，児童生徒への個別的な指導や支援があることを筆者はこれまでの研究で示してきました。

　以上の研究成果を踏まえて，今般の学校における働き方改革で求められるのは，「多様化・複雑化する教育課題に対応できる学校組織をどのように構築するのか」という視点であると筆者は考えています。そこでここでは，「教育課題に対応するための学校組織づくり」で筆者が注目する取り組みとして，神戸市における総務・学習指導担当教員の配置を紹介したいと思います。

2. 神戸市における総務・学習指導担当の配置

（1）総務・学習指導担当を配置した背景―教頭の長時間労働縮減

　これまで各調査で教頭の長時間労働が示されてきました。図1は「平成28年度文部科学省教員勤務実態調査結果（速報）」をもとに，職種別に教員の1週間の学内総勤務時間（平均値）をまとめたものです。ここで副校長・教頭は小学校で63時間34分，中学校で63時間36分と，他よりも長いものでした。

　このような状況を踏まえて，各地で教員の長時間労働対策が議論されてきました。表1は，都道府県や政令市で策定された教育に関する大綱（以下，教育大綱）の中で，教員の業務負担軽減や教員の業務負担軽減の目的の一つとして言及される「子供と向き合う時間の確保」をどのくらいの都道府県・政令市が明示しているかをまとめたものです[1]。表1から，教育大綱で教員の業務負担軽減について言及する都道府県・政令市は，全体の半分程度であることが読み取れます。本稿でとりあげる神戸市は，教育大綱で示した政策方針の1つに「教員の多忙化対策に取組みます」と大々的に教員の業務負担軽減を掲げているところに特徴があります。

　神戸市は，教育大綱が策定される前から教員の業務負担軽減に取り組んできました。「神戸市教

---

[1] 中央教育審議会『チームとしての学校の在り方と今後の改善方策について（答申）』9頁を参照（入手先 URL：http://www.mext.go.jp/b_menu/shingi/chukyo/chukyo0/toushin/__icsFiles/afieldfile/2016/02/05/1365657_00.pdf，最終閲覧日2018年6月30日）。

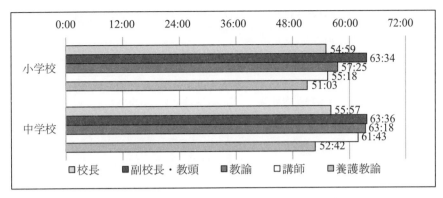

図1　教員の週当たり学内総勤務時間（職種別）

[出所] 文部科学省初等中等教育局「教員勤務実態調査（平成28年度）の集計（速報値）について」をもとに筆者作成。

育振興基本計画」（平成21〜25年度）では，「学校・教職員の力を高める」という目標を設定し，この目標を達成するために「学校の組織力向上と教育環境の整備」に取り組むことを掲げました。具体的には，「神戸市情報教育基盤サービス（KIIF）の活用等による学校事務改善を進め，教員が子どもたちに向き合う時間の確保を図る」というものでした[2]。

しかし「神戸市教育振興基本計画」を見直す際に，学校園に対する期待の高まりや事務業務の増加等によって教職員の多忙化が続いていることが課題にあげられ，「第2期神戸市教育振興基本計画」（平成26〜30年度）でも，教職員の多忙化は「現時点での課題を踏まえ重点的に取り組むべき項目」として位置づけられました。具体的には，「教員を支え伸ばす学校の組織力の充実」として「教職員の多忙化軽減のためのICT活用」や「学校事務処理体制の見直し」などが盛り込まれました[3]。さらに「同計画」は，平成29年度からの県費負担教職員の給与負担，および教職員定数や学級編制基準の決定権限の指定都市移管も活用して，教職員の多忙化解消に向けた環境づくりを着実に進めることにも言及しています。

教員の業務負担軽減に向けた政策は，平成28年1月に策定された「神戸市教育大綱」に継承されました。「同大綱」は，教員が子供に向き合う時間を確保し，教員自身の指導力や授業力を高め，学級経営等を円滑に行えるように，教員が事務処理から解放され，自分でコントロールできる時間を確保できるようにすること，また，幅広い人間性を身に付けるためにワーク・ライフ・バランスの実現が重要であるという考えのもとで，学校，教育委員会，市長部局が教員の多忙化対策に取り組むことを掲げました。

さらに「神戸市教育大綱」で「まずは現状について正確に把握するため，アンケートの実施，ホットラインの設置などを行う」と示されたことから，神戸市は平成28年6〜8月にかけて，神戸市立学校園と教育委員会事務局に勤務する教職員を対象に，「『教職員の多忙化について』アンケート」を実施しました[4]。同アンケートでは，「休暇を取得した教員の代替がおらず，教頭が穴埋め

---

2) 神戸市教育委員会事務局総務部教育企画課・指導部指導課『神戸市教育振興基本計画』（入手先 URL：http://www.city.kobe.lg.jp/information/project/education/sakutei/img/kyouikushinkoukihonkeikakuleaflet.pdf，最終閲覧日2018年6月30日）。
3) 神戸市『第2期神戸市教育振興基本計画』（入手先 URL：http://www.city.kobe.lg.jp/information/project/education/sakutei/img/kyouikushinkoukihonkeikakusasshi2.pdf，最終閲覧日2018年6月30日）。
4) 神戸市『「教職員の多忙化」についてのアンケートの実施』（入手先 URL：http://www.city.kobe.lg.jp/information/press/2016/05/20160531840101.html，最終閲覧日2018年6月30日）。

表1 教員の業務負担軽減を掲げる都道府県・政令市が策定した教育大綱

	大綱の対象期間	該当項目名
北海道	H30年度〜	子どもの学びの環境を整える【3頁】
宮城県	H29〜38年度 ※「第2期宮城県教育振興基本計画」	基本方向8　安心して楽しく学べる教育環境づくり―（2）教職員を支える環境づくりの整備【64頁】
山形県	H27〜31年度	3　社会を生き抜く力を育む教育の推進―①一人ひとりを大切にする教育体制の整備【4頁】
群馬県	H28〜31年度	自ら学び，自ら考える力を身に付け，「たくましく生きる力」をはぐくむ教育―5信頼される魅力的な学校づくり【4頁】
神奈川県	H27〜30年度	3　豊かな学びを支える教育環境づくり【2頁】
富山県	H28〜32年度	方向性④教員の資質向上【17-18頁】
福井県	H27〜31年度	方針5　福井の教育を支える教員の指導力をさらに向上―（3）学校マネジメントの向上と専門性を持つ人材の活用を推進【8頁】
長野県	Ⅰ H25〜29年度 ※「第2次長野県教育振興基本計画」	Ⅰ 4　安全・安心・信頼の学校づくり―（2）教員の資質能力向上―④働きやすい環境づくり【67頁】
	Ⅱ H30〜34年度	Ⅱ 4　地域との連携・協働による安全・安心・信頼の環境づくり―（2）教員の資質能力向上と働き方改革【71-72頁】
岐阜県	H28〜30年度	基本目標7　魅力ある教職員の育成と安全・安心な教育環境づくりの推進―（1）優秀な教職員の確保・育成と研修・人事システムの構築【12頁】
愛知県	H28〜32年度	（5）学びがいのある魅力的な教育環境づくりを進めます【3頁】
三重県	H28〜31年度	8　地域に開かれ信頼される学校づくり―9　業務の簡素・効率化を図り，教職員が子どもたちと向き合える時間を確保するなど，教職員が意欲的に教育活動に取り組む環境をつくります【24頁】
滋賀県	〜H30年度 ※「第2期滋賀県教育振興基本計画」	柱2　子どもたちの育ちを支える環境を作る―2　教職員の教育力を高める―（3）教職員の健康管理と働きやすい職場づくりの推進【56頁】
京都府	H28年度〜	学校の教育力・組織力の向上への取組【3頁】
大阪府	H25〜34年度 ※「大阪府教育振興基本計画」	基本目標7　学校の組織力向上と開かれた学校づくりを進めます―重点取組33　校務の効率化【41頁】
兵庫県	H26〜30年度 ※「第2期ひょうご教育創造プラン」	基本方針3　子どもたちの学びを支える仕組みの確立―学校の組織力及び教職員の資質能力の向上【31頁】
鳥取県	H27〜30年度	学校を支える教育環境の充実〜安全・安心に学べる教育環境づくり〜【4頁】
広島県	H28年〜5年間	【7】教職員の力を最大限に発揮できる環境の整備―教育水準の向上【11頁】
徳島県	H27〜30年度	重点項目Ⅱ一人ひとりが輝く！徳島の未来を育む教育の推進―①確かな学力，豊かな心，健やかな体の育成―教職員の負担軽減と経営感覚の醸成【11頁】

香川県	H28～32年度	4　元気で安心できる学校づくり―②教員が子どもと向き合う環境づくり【9頁】
高知県	H28～31年度	基本方向5　安全・安心で質の高い教育環境を実現する―対策（4）教育の情報化の推進【75頁】
長崎県	H27～30年度	5　一人一人に目の行き届いた対応と関係機関における連携強化【12頁】
熊本県	不明	「夢」を支える教育環境の整備―（2）子供たちが安全・安心に学ぶことができ，信頼される学校をつくります【2頁】
沖縄県	H29～33年度	2　自ら学ぶ意欲を育む学校教育の充実（学校教育の充実）―（11）学校現場におけるICT活用を促進し，わかりやすい授業の実現による学力向上や，教員の校務負担軽減による児童生徒と向き合う時間の確保など，学校教育の充実を図る【3頁】
仙台市	H27～32年度	いじめの撲滅に向けた施策の総合的な推進―③教職員が子どもに向き合える体制づくり【7頁】
横浜市	H27～29年度	重点方針3　子どもの豊かな学びを支える教育環境づくり【2頁】
川崎市	H30～33年度 ※「かわさき教育プラン第2期実施計画」	基本方針Ⅴ　学校の教育力を強化する―施策1　学校運営体制の再構築【72頁】
静岡市	H27～34年度 ※「第2期静岡市教育振興計画」	信頼される学校づくりを進める―施策14　教職員の資質向上と多忙解消【30頁】
大阪市	H25～28年度 ※「大阪市教育振興基本計画」	第2学校教育の質の向上―1　学校の活性化―校務負担を軽減するための環境整備，教職員の健康管理【36-37頁】
	H29～32年度 ※「大阪市教育振興基本計画」	施策8　施策を実現するための仕組みの推進―校務負担を軽減するための環境整備，教職員の健康管理【81-82頁】
神戸市	不明	4　教員の多忙化対策に取組みます
岡山市	H29～32年度	施策の実施に当たっての環境整備【6頁】
福岡市	H21～30年度 ※「新しいふくおかの教育計画」	公教育の福岡モデルを支える基盤となる施策―（2）教員が子どもと向き合う時間の確保③教職員の事務担当等の軽減【32頁】
熊本市	H28～31年度	（3）教員が子どもと向き合うための体制を整備【13頁】

［出所］筆者作成。

をしている学校がある」「学校の鍵を教頭が閉めるような雰囲気がある」「誰の仕事かわからない仕事は教頭の仕事になっている」など，教頭の過重な業務負担に関する指摘があり，教頭の業務負担軽減に向けて，教頭の補佐役を創設することに関する提案も寄せられ，この結果は神戸市総合教育会議でも紹介されました[5]。

そして，平成29年度神戸市予算で「教員の多忙化対策」費用が計上され，「担任を持たず，教頭の補佐や学力向上の取組等を担う教員」として総務・学習指導担当を，平成29年度より小学校に順次配置することになりました[6]。小学校では学級担任を持たない教員の数が少なく，あらゆる業務

---

[5]「平成29年度第2回神戸市総合教育会議 会議録」（http://www.city.kobe.lg.jp/child/education/sougoukyouikukaigi/img/281115_sougou_kaigiroku.pdf，最終閲覧日2018年6月30日）を参照。

が教頭に集中してしまうという実態を踏まえて，小学校に総務・学習指導担当を配置することになりました[7]。

（2）総務・学習指導担当の業務内容

　平成29年度に総務・学習指導担当が配置された小学校は69校でした[8]。平成29年度の神戸市立小学校は163校ですので[9]，全体の42.3％に総務・学習指導担当が配置されたことになります。

　2017年に神戸市教職員組合は「総務・学習指導担当の実態調査」（以下，実態調査）を行い，総務・学習指導担当教員の受け持ち業務，授業への関わり，配置の効果と課題を報告しています[10]。以下では，この調査報告を参照し，総務・学習指導担当の業務内容や配置の成果と課題について考察します。

　まず，総務・学習指導担当の業務内容は，神戸市教育委員会「主任等の設置に関する規則」第2条の2第2項で，「円滑な学校運営の推進等のため，校長副校長及び教頭を助け，命を受けて校務の一部を整理し，教育指導の改善に関する事項をつかさどり，当該事項について連絡調整及び必要に応じて指導助言に当たる」と規定されています。さらに同条第3項は「総務・学習指導担当が整理する校務は，校長が決定し，教育委員会に報告しなければならない」と定めています[11]。法令上，総務・学習指導担当には，管理職の補佐役として学校運営に関する業務にあたりながら，教育指導の改善をリードする役割が期待されていますが，具体的な業務内容は各学校の実態に応じて決められています。

　なお，「総務・学習指導担当は，当該学校の主幹教諭又は教諭のうちから，校長が担当させる」（主任等の設置に関する規則第7条）という規定から，主幹教諭が総務・学習指導担当を担う場合もありますが，将来管理職を担え得る教諭を配置し，学校のマネジメントを経験させ，管理職養成を行うという目的もあるようです[12]。

　表2は「実態調査」で総務・学習指導担当が受け持つ業務で多数回答があったものや総務・学習指導担当の授業への関わりに関する回答をまとめたものです。表2より，総務・学習指導担当の業務について，大きく2点が指摘できます。

　第1は，期待されていた教頭の補佐役としての役割を果たしていることです。学校だよりの作成やホームページの更新，保護者対応や地域連携などの外部対応，休暇・休職や出張等による欠員の緊急対応など，通常教頭が行うような業務を総務・学習指導担当が担っている実態が読み取れます。

　第2は，授業，学習指導，生徒指導でも大きな役割を担っていることです。総務・学習指導担当は生徒指導や，準備の負担が大きい理科の授業を担当したり，学習支援が必要な算数の授業に入ったり，補習，別室での学習指導など，児童の状況に応じた学習指導を行っていることが窺えます[13]。

---

6) 神戸市『平成29年度当初予算に置ける主要施策』75頁（入手先 URL：http://www.city.kobe.lg.jp/information/about/financial/yo-san/img/29shuyosesaku.pdf，最終閲覧日2018年6月30日）。
7) 平成28年第2回定例市会（2016年12月7日）における雪村新之助教育長（当時）の発言より。
8) 神戸市教職員組合『神戸教組新聞』（号外 No.25，2017年9月12日）を参照。
9) 神戸市「神戸市立学校園・学級数・児童生徒数等（2017年5月1日）」（入手先 URL：http://www.city.kobe.lg.jp/child/education/children/index.html，最終閲覧日2018年6月30日）。
10) 前注8）と同様。
11) 神戸市教育委員会「主任等の設置に関する規則」（入手先 URL：http://www1.g-reiki.net/city.kobe/reiki_honbun/k302RG00000900.html，最終閲覧日2018年6月30日）。
12) 前注7）と同様。

表2　総務・学習指導担当が担う業務・授業への関わり

《受け持ち業務》生徒指導，放課後学習，学校だより発行，HP更新，支援員の配置業務，校務支援システム，学校評価，初任研を含む研修担当，保護者・来客・電話応対，地域との連携
《授業への関わり》学習支援が必要な算数，授業準備が大変な理科の担当，算数を中心とした複数指導，全体的な補助，欠員等の緊急対応に備え，授業担当はない，別室での学習指導，他教科（社会，英語，体育，家庭科，総合，道徳など）も含めた高学年の教科担任

［出所］「総務・学習指導担当に関する実態調査結果」（神戸市教職員組合『神戸市教組新聞号外No.25』〔2017年9月12日〕）をもとに筆者作成。

（3）総務・学習指導担当を配置した成果と課題

次に，総務・学習指導担当を配置した成果として，表3が示すように，総務・学習指導担当がいることで負担軽減が図られているという声も見られますが，具体的な成果として，次の2点があげられます。

第1は，管理職の補佐役としての学校運営の改善です。表3では，「教頭が，これまでよりも学校全体を見られるようになる」「担任と管理職をつなぐことで，円滑な業務ができる」「若手教員の補助に入り，学級経営や授業の悩みを聞くことができる」「担任の授業支援のみならず，［中略］校務分掌等に大きな効果が表れている」といった回答が見受けられます。管理職の補佐役を総務・学習指導担当が担うことで，管理職がより学校運営に関する業務に集中できるようになり，また，総務・学習指導担当が教員の悩み相談にのることで，教員のメンタルヘルス対策に寄与できると考えられます。

第2は，指導や保護者対応の改善もうかがえます。表3には，「学年から『支援に入ってほしい』という声をかけやすい」「特に生徒指導面において，臨機応変に素早く対応できる」「各学年の生徒指導に入ることで，様々な学年の子どもと関わることができる」「担任という枠を超えて児童と関わることができる」といった意見がありました。総務・学習指導担当は学級担任を受け持たないので，ある学級に特別な支援・援助が必要な児童がいる場合には，その学級の支援に入ることができます。総務・学習指導担当が指導上の困難を抱えこみやすい教員を支援することで，教員の業務負担は軽減され，また学級担任以外の教員も含めた複数の教員の目で児童を見ることは，いじめ予防・対策としても期待できます。

表3には「保護者に対しても，きめ細やかな対応ができる」という回答もあります。学級担任を受け持つ教員に比べて，総務・学習指導担当は，保護者対応に余裕をもってあたることができ，きめ細やかな保護者対応につながっていると推察されます。

他方で，表4に示したように，総務・学習指導担当配置の課題も指摘されています[14]。表4より，総務・学習指導担当の業務内容が曖昧であり，そのことが総務・学習指導担当の業務負担の大きさにつながっているというものです。教頭自体もあらゆる業務を引き受けて多忙である側面が指摘されますが，「教頭との仕事の配分が難しい」「何でも屋になっている」という実態調査の回答に象徴

---

13) 同じ指定都市である横浜市では，昭和48年度から全市立中学校に生徒指導専任教諭を配置しています。生徒指導専任教諭の週当たり授業時数を10コマ以内に収めることで，生徒指導に専念させています（文部科学省初等中等教育局児童生徒課『生徒指導メールマガジン』第5号，http://www.mext.go.jp/a_menu/shotou/seitoshidou/04121503/1370011.htm，最終閲覧日2018年6月30日）。

14) 本稿執筆時点（2018年6月末）で，総務・学習指導担当の配置は2年目を迎えたのに過ぎないため，今後も継続して総務・学習指導担当の配置による成果と課題に関する検証が求められます。

表3　総務・学習指導担当配置による効果

○総務学習指導担当がいればかなりの負担軽減につながる。
○保護者に対しても，きめ細やかな対応ができる。
○欠員のところに代替がすぐにつかなくても初期対応は可能となる。
○学年から「支援に入ってほしい」という声をかけやすい。
○若手教員の補助に入り，学級経営や授業の悩みを聞くことができる。
○教頭が，これまでよりも学校全体を見られるようになる。
○担任と管理職をつなぐことで，円滑な業務ができる。
○3〜6年生の理科を担当すると，系統立てて授業を行うことができる。
○担任の授業支援のみならず，教材準備・学級経営・生徒指導・校務分掌等に大きな効果が表れている。
○特に生徒指導面において，臨機応変に素早く対応できる。
○各学年の生徒指導に入ることで，様々な学年の子どもと関わることができる。
○中学年から高学年にかけ，教科担任制をとることができる。
○担任という枠を超えて児童と関わることができる。

[出所]「総務・学習指導担当に関する実態調査結果」（神戸市教職員組合『神戸市教組新聞号外No.25』〔2017年9月12日〕）をもとに筆者作成。

表4　総務・学習指導担当配置の課題

○教頭が補佐業務をしてもらって当たり前と思って，要求が多いため，次に総務・学習指導担当を担う先生がいなくなってしまう。
○教頭との仕事の配分が難しい。
○教頭補佐の仕事内容がはっきりしないため，予定が立ちにくい。
○担任としての業務がないことで，校務分掌の受け皿になりがちである。
○教頭がどんな人かによって仕事量が変わってくる。仕事内容の線引きはある程度必要。
○教頭の業務を補助する，ということに責任を感じる。
○誰もができる役割ではない。年齢や経験年数を考慮した上での配置が必要。
○関わるクラスが多くなるのはいいことだが，逆に，子ども一人ひとりに対して，じっくりと関わることができなくなる。
○必要なところに呼ばれることが多く，結果として全体が見えなくなる。
○クラスが乱れ始めるとそこのクラスに重点的に入ることになり，担当の授業ができなくなった。
○教科を担当すると，臨機応変な動きがとりにくくなる。
○担当教諭の特性が活かされにくい。
○5，6年の担任と同じ授業数を受け持ちながら，総務の業務をこなすのはかなり負担がある。
○プール，運動会，校外学習等，体力を要する支援の機会が多い。
○年間を見通した運用ではなく，場当たり的な運用が多い。
○新学習システムの枠が削減され，加配の実感が無い。
○この立場の仕事に対して検証する材料・資料・情報が何もない。

[出所]「総務・学習指導担当に関する実態調査結果」（神戸市教職員組合『神戸市教組新聞号外No.25』〔2017年9月12日〕）をもとに筆者作成。

されるように，その補佐役である総務・学習指導担当も，さまざまな業務を抱え込みやすい状況がうかがえます。

　また「予定が立ちにくい」「場当たり的な運用が多い」という回答から推察されるように，総務・学習指導担当はある学年や学級で何かトラブルが発生した際にそのサポートに入ることが多く，そのため突発的な業務も多いと考えられます。突発的な業務は教員の多忙感を発生させるため，総務・学習指導担当の業務負担についても，管理職は十分に留意する必要があります。

3. おわりに―教頭や担任で抱え込まない組織づくりとしての総務・学習指導担当の可能性

　以上，神戸市の総務・学習指導担当について紹介してきました。教頭の補佐役として，学校運営に関する業務を担うことで，教頭の業務負担軽減と教頭が余裕をもって学校運営に当たることができるという成果も確認されました。さらに，総務・学習指導担当が，授業や生徒指導の面でも教員の業務負担軽減にも一定の成果がうかがえる点も特筆されます。

　小学校では，学級担任を受け持つ教諭がほとんどすべての授業を行い，授業以外にも休憩時間や給食の時間も教室に残ることも多く，たくさんの時間を児童とともに過ごしています。これによって，児童の生活全般について指導をするという小学校の重要な役割が果たされ，今後もこのような小学校教育の重要性は変わることもないと思います。

　ただ一方で，今日の学校には，複雑化・多様化する子供やその家庭の課題に対応することが求められています。このような中で，学級担任を受け持つ教諭は，教育課題が多様である子供たちと一緒に，日中の大半の時間を過ごし，授業や指導を行い，また多様な事情や背景をもった保護者と会って話をするのは，教諭にとって非常に負担が大きいことは容易に想像できます。教諭が健康を害さないようにするためにも，時に休むことが重要です。その際に学級担任に配慮しサポートに入ることができる神戸市の総務・学習指導担当のような存在は，今後の学校組織づくりを考える上で，示唆に富むと考えます。

　また，課題が多様である児童や保護者に向き合わなければならないからこそ，学級担任が一人であらゆることを抱え込むのではなく，複数の教員や組織的に対応することが重要です。今回の総務・学習指導担当のような学級担任ではない教員が学級に入ることで，学級担任一人では見えなかった児童生徒の様子の変化をとらえられ，授業や指導の改善にもつながると思われます。学級担任が一人で抱え込まない組織づくりとして，神戸市の総務・学習指導担当から多くを学ぶことができるでしょう。

（神林寿幸）

〈参考文献〉
○神林寿幸『公立小・中学校教員の業務負担』大学教育出版，2017年。
○高木亮・北神正行編『教師のメンタルヘルスとキャリア』ナカニシヤ出版，2016年。

第4章 教育行政職員による学校運営事務改革（事例：京都市教育委員会）

【提案】教育行政職員の専門性を生かし事務職員の力を生かす

1. 教育行政職員

　平成27（2015）年に中央教育審議会は「チームとしての学校の在り方」としての答申を取りまとめました。この答申は，一方では新しい指導要領の実施や子供の貧困問題，特別支援教育など多様な子供の学習を充実させるため，学校の総合的な組織能力を高める必要があるということ，他方，教員の勤務実態が深刻であり，長時間労働の是正並びに教員の質的転換を図る必要があるという背景に基づくものでした。このチーム学校の答申を踏まえ平成29（2017）年4月1日から学校教育法37条14項が改正され，事務職員の職務規定は，事務職員は「事務に従事する」から「事務をつかさどる」に変更されました。事務職員制度が発足した昭和22（1947）年のちょうど70年に当たる年に改正されました。このつかさどる事務職員の職務規定の転換というのは，事務職員の活躍の場を広げることとして大きく期待されます。しかしながら，学校マネジメントコンサルタント（学校業務改善アドバイザー）妹尾昌俊氏は，「事務職員に対する期待は大きくてもインセンティブが弱い」と指摘しています[1]。例えば，事務職員自身の意欲や資質能力の向上のほかに学校内の校長の理解，校内組織などの整備といった学校レベルの解決策も必要だと筆者は考えます。そして他方で，もう一つ重要なことは教育委員会の学校事務への理解や市町村全体の学校事務体制の整備を図ることです。事務職員の立場からすると，教育委員会の理解や事務遂行体制の整備については極めて大きいものがあります。

　教育委員会の立場からみても，まだまだ改善の余地があるという認識のようです[2]。全国の都道府県・政令指定都市教育委員会に対し調査を行った国立教育政策研究所（2015）によれば，事務職員の職務・人事・人材育成という観点で現状を評価した際，「良い（3自治体）」「どちらかといえば良い（13自治体）」「どちらかといえば課題がある（38自治体）」「課題が多い（9自治体）」という結果となっています。このようにつかさどる事務職員を具現化するうえで教育委員会の在り方については，新潟市や豊橋市の事例等いくつか報告されています。これらの事例というのは事務職員出身の管理主事や指導主事の配置という面でさまざまな取組が評価されておりますが，もう一つ教育委員会と学校が連携した継続的な事務改善という興味深い視点で取り組んでいるのが，京都市です。そこで本稿では，京都市の事例として京都市教育委員会総務部学校事務支援室の事務遂行体制の仕組みと事務職員の人材育成について報告します。そして最後にその仕組みを支える教育委員会職員の採用や人材育成，働き方等について説明します。また，以下で述べる考察については，筆者の個人的な考えであり，京都市教育委員会としての見解でないことを申し添えておきます。

---

1) 学校における働き方改革特別部会第12回議事録（2018）。
2) 義務教育諸学校の学校事務職員の職務の明確化・人事・人材育成に関する調査報告書（2015）。

2. 京都市学校事務支援室の概要

　本節では，具体的に学校事務支援室の取組について紹介していきます[3]。京都市では「一人一人の子どもを徹底的に大切にする」という教育理念の下，市民ぐるみ・地域ぐるみによる「開かれた学校づくり」を推進するとともに，すべての教職員がその職種の専門性を生かしながら学校教育活動の活性化を図っています。また，指導部門と管理部門の両輪が相互に連携するようバランスよく機能することを心がけ，早くから管理部門の事務機能強化とその中心となる事務職員の力量の向上について注目しています。そして学校で唯一の行政職である事務職員を中核とした学校事務体制の確立を中心に据え，教育行政改革の一つとして平成25年4月，京都市教育委員会総務部に「学校事務支援室」を設立しています。学校事務支援室は，従来の「指導部情報化推進総合センター」と「教職員給与課」を合併して改編し，学校運営費を担当する調査課学校経理係を加えてスタートしました。学校事務支援室の目的は，事務職員の積極的な学校経営への参画と円滑かつ効率的な事務機能強化による「学校マネジメント力の向上」と「教員の事務負担軽減」を目指しています。そして小学校171校（うち分校3），中学校76校（うち分校1），高等学校10校，支援学校8校，児童生徒数97,888名，教職員数8,489名（平成29年5月1日現在）に対し，総勢約50名のスタッフが学校経理，ICT環境整備，給与事務，学校文書等について執務を行っています。設立当初は，平成29年度からの給与移譲における諸問題に対応するため，新人事給与システムを稼働し，三手当認定事務や旅費事務の一部を民間委託にするなど定型的事務の効率化を図り，システム改善することで事務機能を強化させました。また，学校事務支援担当に事務職員出身の主任指導主事を配置し，学校マネジメント力の向上を図っています。学校事務支援室が行っている主な業務は表1のとおりです。

（1）教頭の業務負担軽減という視点における取組

　全国公立学校教頭会の調査（2019）によると，副校長・教頭の「疲労やストレスを感じる職務」のトップが「文書処理・各種調査依頼への対応」という結果となっています。京都市では，教頭が「文書主任」として職指定され，文書受付や発送についての業務を担っています。近年，文書や調査報告が増加傾向にあり，精選や方法の工夫改善が問われていますが，京都市は，いち早く教頭の業務負担軽減について注目しており，その中でも「文書事務」と「調査」の業務改善に取り組んでいます。以下ではこの2つの業務改善事例について説明します。

（2）「教育文書処理システム」

　学校ネットワークを利用した「教育文書処理システム」が学校・事務局の総合的な情報化の一環として開発され，平成15年4月に全面運用しています。紙媒体による文書については，手作業で処理しますが，電子メールではなく，このシステムを利用して件名，文書の添付，コメント，処理期限を入力し，文書発送することで，文書管理に必要な情報が一元的に自動管理されます。文書の収受についてもシステムで行うことで，文書処理簿等の必要な帳票が自動的に作成・記載されるため，文書受付や文書の検索も容易に行うことができます。さらに平成19年4月の「京都市文書管理システム」運用開始に伴い，「教育文書処理システム」に学校園向けの電子決裁機能が実現しています。

---

[3] 京都市教育委員会作成「平成29年度学校事務にかかる学校間連携ガイドライン」。

表1　学校事務支援室の主な業務

担　当	主な業務	ねらい
学校事務支援担当	① 事務職員の研修・資質向上 ② 学校事務に係る実態調査（抽出調査7月〜2月） ③ 事務職員への指導・助言 ④ 学校事務研究会活動への支援 ⑤ 学校間連携（中学校区単位）の促進	マネジメント機能強化による組織的・一体的な学校運営の展開を図る。事務職員を中核とした事務機能強化を推進する。
学校経理担当	① 公金関係 ② 学校預り金（保護者徴収金）関係 ③ 学校の物品管理・契約関係 ④ 学校財務事務に係る指導・助言 ⑤ 新設校及び増改築校の初度調弁	学校財務マネジメントによる学校裁量権の拡大。効率的・効果的な財務事務を推進する。
情報担当	① 学校ホームページ作成支援（CMS） ② 電算協議会・個人情報保護審議会 ③ 校務事務電算化システム導入（教員の負担軽減） ④ 情報セキュリティ対策 ⑤ 情報統計 ⑥ 校内LAN・コンピュータ教室の整備 ⑦ 教育ネットワーク運用管理 ⑧ 文書事務	学校の役割や教員が担当すべき業務の見直しを行い，ICTを活用した業務改善や効率化を図る。教育の情報化の推進と機能的な情報管理と情報の活用の整備を推進する。
給与担当	① 教職員並びに事務局及び教育機関に勤務する嘱託員及び臨時的任用職員の給与支給事務 ② 学校及び幼稚園に勤務する教職員の旅費支給 ③ 教職員の職員証及び職員徽章 ④ 教職員の福利厚生（職員厚生会） ⑤ 給食調理員・管理用務員の被服貸与 ⑥ 給与事務センター（民間業務委託）との連携	給与支給事務のシステム化及び一部民間委託の導入による効率的かつ安定的な運営体制を推進。

（出典）京都市教育委員会提供資料とインタビューを基に筆者が作成

　立案，回議，決裁，発送等の電子化は，教頭の業務負担軽減だけでなく，決定行為の確認や記録が明確化されることにより，文書事務管理の徹底と適正化を図ることが可能となります。また軽易な連絡文書は，「掲示板システム」で朝，すべての連絡文書を掲示し，それ以降は届かないように設定しています。つまり，朝一度掲示板を確認した後は，効率的に他の業務に携われるよう工夫し，さらなる負担軽減を行っているのです。

　このように文書管理のシステム化を図る取組は，京都市のみならず全国の学校において，正確で迅速な業務改善を推進するためだけでなく，コンプライアンスの確立にも有効でしょう。各自治体に規定されている文書管理規則に則り文書や情報を収集・管理・活用することは，子供の教育保障や情報公開の確立，説明責任を果たすためにも重要であると考えます。

（3）「ｅアンサー（学校情報回答集約）システム」

　京都市は，簡潔に回答・集計することができる「ｅアンサー（学校情報回答集約）システム」を平成22年から導入しており，調査・照会の業務改善を推進しています。このシステムは，文書主任である教頭を介することなく，各担当主任が電子回答した後，校長が決裁するシステムです。従来のエクセルや紙ベースの調査とは異なり，回答を選択，入力し，送信するだけで回答業務が完了します。また回答結果は，教育委員会においてリアルタイムに自動集計できる仕組みになっているた

め，学校の状況について迅速かつ容易に把握することができます。教育委員会において，調査や照会そのものの精選は必要ですが，システムを導入するなど，その方法や仕組みを簡易にすることで，情報を迅速に整理・共有でき，大幅な事務負担の軽減を行うことができます。このことは，さまざまな事故や災害などが発生した場合においても，迅速な対応を可能とし，結果，子供の安全を守り，危険を回避するためのリスクマネジメントの一つとしても有効だと言えます。

(4) システム化を支える教育行政

さまざまなシステムを導入した後も教育委員会におけるアフターケアが重要になってきます。京都市では，学校事務支援担当がシステムや発送文書についての注意点を整理し，定期的に学校へ周知しています。例えば，①繁忙期における文書量の調整，②時候のあいさつの省略やひと目でみて文書内容がわかるルール付け，③回答期限や方法・回答先の明確な指定，④印刷設定や用紙サイズの指定，⑤明確な閲覧者の指定，⑥保存期限と保存先の指定などです。煩雑になりがちな文書収受における事務処理がスムーズにできるよう仕組みづくりが徹底されています。業務改善に対するシステム化の成功は，導入されたら必ず有効に活用すること，教育委員会が学校現場の視点を持ち，これらのルールをシミュレーションすること，問題や課題を見つけたらすぐに改善し，現場からの意見を聞く姿勢を持つことなどがポイントです。

3．学校財務マネジメントの取組

京都市は，学校の裁量権の拡大と特色ある学校づくりを進める中で，予算を有効に活用できるように学校財務マネジメントに関するさまざまな取組を文部科学省の「新教育システム開発プログラム」事業の採択を得て，全国公立小中学校事務職員研究会と連携し，共同研究を行っています。その中でも「働き方改革」という視点で紹介したい取組が「校内予算管理システム」についての事例です。京都市では平成23年度から校内予算管理システムを導入しています。このシステムは，京都市立学校事務研究会（以下，研究会）が開発した「校内予算管理ソフト」がベースになっており，大きな特徴は3つに整理されています。まず第1に「事務の平準化」です。全市で同じシステムにて予算管理することで，異動があっても速やかに校内予算の状況が把握できるようハード面の環境整備を行っています。第2は「より有効な予算執行」を可能とすることです。このシステムは校内予算の残額を一目で確認することができるため，年間執行計画等を確認したり，必要な時期に必要な物品を購入しているか適宜確認したりするなど予算執行の適正化と有効活用について時間をかけることなく行うことができます。そして第3は「公金と預り金の連携」です（平成24年度より運用開始）。各学校では公金と預り金（私費）を結びつけ，教科・領域ごとに執行管理を行い，教育費全体のPDCAサイクルにより，学校の課題解決に向けた計画や評価，教育効果の分析を予算委員会や毎月設定している「学校経理の日」に実施しています。さらに「預り金システム」を導入し，事務職員が預り金事務を主に担当しているため，教員の負担は軽減されています。既に平成17年度から財務会計も電算化されており，学校財務に関する事務は大幅に効率的なシステム化が進み，事務職員の負担軽減が行われています。このような学校財務のシステム化は，特色ある学校づくりのために学校裁量の幅を広げ，さまざまな京都市ならではの学校財務に関する取組に発展しています（表2）。これらの取組については，学校財務マネジメントパンフレット「学校経営のための発想」

表2　特色ある学校財務の取組

取組内容	取組説明	効　果
合算執行	各予算項目の枠にとらわれず，年間予算の内示額（試算額）の範囲内で，各学校が状況に応じた予算の編成を可能としている。平成16年度から光熱水費をはじめ学校運営費全般に拡大している。特定事業を行うための予算配分を除き，便所清掃費は上限，図書整備費は下限を設けるなど，教育活動を保障するための必要最低限の制約を設定している。	校長のリーダーシップの下，特色ある学校づくりを行うことができる。学校の実態にあった教育活動の展開が実現可能である。
費目調整	学校運営予算に関して，各学校が提出した「試算書」に基づき年度当初に予算配分を行うが，毎月15日までに申請すれば翌月に費目（節・細節）を変更できる。この制度は流用ではない。	急な支出に対応し，予測不可能な事態にも柔軟に対応できる。
学校予算キャリー制度	当該年度の予算を，一定の範囲で次年度に活用できる制度。翌年度への繰越ではなく，費目調整と同じく年度内の全市の学校予算内での配分調整による運用である。	駆け込み・使い切りの無駄な執行を避け，教育活動のために実態にあった執行が可能になった。
学校物品有効活用システム	各学校で貸出や譲渡が可能な物品をシステムに登録し，互いに貸出や所管換が行えるシステム。	教育資源の有効活用や予算の節約と教育活動の充実を図ることができる。
みやこ学校エコマイレージ	環境に関する実践・成果を基にポイントを付与する。1ポイント当たり10円相当額を学校予算として還元している。ポイントの付与は光熱水費の削減や学校物品有効活用システムの利用によって各学校からの申請により行っている。	環境に優しい教育活動の展開が実施されている。

（出典）京都市教育委員会提供資料とインタビューを基に筆者が作成

（平成19年度発行），「学校預り金ハンドブック」（平成20年度発行）として全教職員に配布しています。このように管理職と財務事務担当者（事務職員）のみならず，教職員全体で目的を共有することは，協働するという「働き方」の転換を行うためにも重要ではないでしょうか。

4．京都市の学校間連携

　京都市では平成23年度から全中学校区で小中一貫教育を実施しています。その小中一貫教育の取組の中で，事務職員の一人配置によるさまざまな課題を解決するため，中学校区単位（ブロック）内の事務職員の組織化を「学校間連携」として平成26年度に2ブロックで試行，平成28年度から全市展開しています。事務職員が連携・協働することで事務体制や事務機能の充実を図り，ブロック内全体の学校経営力を高めています。また，事務職員同士がチームを組み，若手とベテラン職員が経験知を共有し，力量を高めることにより各校の教育課題の解決と資質向上を図っています。

　この学校間連携については，学校事務支援室が「学校事務に係る学校間連携ガイドライン」を作成し，推進しています。このガイドラインは学校間連携の方向性を示し，チームリーダーを中心とした組織での取組を平準化する効果があります。また，ガイドラインがあることで管理職・事務職員をはじめとする全教職員に学校間連携の取組について理解を深めることができ，学校の教育力・経営力の向上を実現することができます。今までに推進してきた小中一貫教育の取組に加え，事務職員が連携することにより，中学校区の管理職や小中連携主任等によるブロック連携が足並みを揃

え，初めて効果的な取組となったのではないでしょうか。このガイドラインがあることは，学校間連携が事務職員間の事務処理で完結するのではなく，学校間の課題を共有し，事務職員が学校運営に参画できる機会となる大切なポイントです。さらに，ガイドラインのほかにもブロック内の事務職員に対して「兼務発令」が教職員人事課から全員に発令されています。この兼務発令があることで管理職の理解が進み，事務職員の力が発揮できるようになりました。管理職の理解があることは，チームリーダーがブロック内の各校の財務状況等を把握し，担任事項として各校の学校経営について進言することを可能としました。このような職務を遂行することがまさに「つかさどる」事務職員の働き方の一つと言えます。京都市が小中一貫教育を土台に学校事務に係る学校間連携を発展させたことと，管理職の理解を得て，教職員を巻き込む姿勢は，学校教育を改革する上で大きく貢献しています。

　また，平成29年4月に「義務教育諸学校等の体制の充実及び運営の改善を図るための公立義務教育諸学校の学級編制及び教職員定数の標準に関する法律等の一部を改正する法律」（平成29年法律第五号）では，「二以上の学校の運営に関し相互に密接な連携を図る必要がある場合として文部科学省令で定める場合には，二以上の学校について一の学校運営協議会を置くことができる」と定めています。今後の課題として，次世代の学校・地域を創生していく中で学校間連携が，小中一貫教育のさらなる充実とコミュニティ・スクールの発展へと寄与するために「共同学校事務室」に進化する可能性も考えられます。そのためには，事務職員の果たす役割，職務内容や権限等を見直すことも必要でしょう。

5．事務職員を中核とした取組

（1）事務職員出身の「主任指導主事」と「学校事務支援主事」

　京都市教育委員会では，昭和61年11月から全国で初めて事務職員の経験のある指導主事を配置しています。現在，学校事務支援室に配属されている主任指導主事の業務は「学校運営組織の活性化」と「学校事務機能の充実」を図ることであり，大きく3つに分類されます。まず第1は「学校事務」をとおして事務職員をはじめ，管理職への指導，助言を行うことです。定期的に学校訪問を実施し，各学校園における学校事務の進捗状況を把握して指導助言を行います。新任管理職の研修講座を担当し，講座内容を映像配信するなど，初任者や校内研修にも活用できるような企画も実施しています。第2は教育委員会及び学校での事務改善に向けて調整等を行うことです。学校業務に関する手引きやマニュアルの充実，研究会や事務長会の窓口として教育委員会との連絡調整も行っています。教育委員会と研究会が共通理解をすることは，次世代を担う学校事務について同じ目標を持つという意味でとても重要です。そして第3は，事務職員の研修を計画し，実施することです。採用1年目，2年目，3年目，学校運営主査研修の指名研修と新規臨時任用者研修や全事務職員対象の課題研修の任意研修を担当しています。これらの研修は，学校間連携の取組とリンクさせながら，学校事務支援室に配置されている事務職員出身の「学校事務支援主事」とともに行っています。この研修制度については，後に詳しく述べます。全国において事務職員出身の指導主事や管理主事はまだ数が少ないのが現状です。京都市のように事務職員だけでなく管理職や教員に対しても指導助言や研修の企画立案を行っていることは，先進的な事例の一つです。また，教育委員会が多くの学校事務に関する情報発信を行っており，マニュアルやガイドブック，パンフレットのように可視

化し，情報共有をすることで大きな成果を上げています。事務職員である経験知を生かした主任指導主事の働き方は，行政職員の良さを生かし，事務職員の資質・能力を向上させるだけでなく，学校のマネジメント機能強化を確立しています。

(2) 事務職員の研修制度と資質向上のために

　学校経営に参画し，事務職員を中核とした学校事務体制を確立していく上で，事務職員自身が行政職員としての資質向上や力量を高める必要があります。しかし，京都市の現状は，今後10年間で事務職員の約半数が定年退職をする時期を迎え，人材確保と若手職員の育成が喫緊の課題です。このような状況のもと，京都市は優れた事務職員を養成していくために新たなステージを想定した研修制度を確立させています。京都市における事務職員としてのあるべき姿「公のために働く誇りと使命感を持ち，保護者・地域からの信頼に応えること」を念頭に掲げ，事務職員の意義や役割を採用当初から育み，志高い人材の育成を目指した研修プログラムを実施しています。この研修プログラムは，「研修会ハンドブック」として初任者に配付し，事務職員としての基礎・基本や「なりたい姿」や「あるべき姿」を目指す事務職員像をイメージして学び続ける大切さを示しています。

　採用1年目は，指導・育成者との複数配置制とし，OJTによる実務を学ぶ人事配置を実施しており，2〜3年目は所属を異動し，研修だけでなく管理職，学校間連携によるサポート体制を充実させてチームによる育成を実施しています。その育成を支えるため「指導・育成ガイドライン」を作成し，属人的でなく京都市としての「指導・育成方針」を共有し，事務職員としての資質と共にコミュニケーション能力を高めることを目指しています。このガイドラインは，事務職員を取り巻く関係者全体で共有し，人事担当者，学校，学校間連携チーム，教育委員会，研究会との相互理解による素晴らしい連携プレーで初任者をバックアップする体制が構築されています。

　また，2〜3年目の事務職員がチームとなり，初任者研修の講師を務めています。研修内容については，チームにより給与，福利厚生とさまざまですが，本番までに教育委員会による研修資料のチェック，主任指導主事と学校事務支援主事を中心としたプレゼンの内容確認と入念なリハーサルにより，徹底した指導を行っています。新任研修を取材した際，特に印象的だったのが，全員が必ず自校紹介を行っていたことです。生き生きと勤務校を紹介する事務職員の姿を見て，「客観的な目で学校を振り返る」「学校の良さを確認し，紹介することで仕事に誇りを持つ」「新たな気持ちで姿勢を正す」などOJTだけでは得られない要素を取り入れており，この研修の意義を感じました。このような研修制度は，先輩後輩共にリーダーシップやフォロワーシップを育む機会だけではなく，子供たちの幸せのために事務職員として頑張る意欲（エンジン）を育んでいるのではないでしょうか。

　さらに京都市では，実践に顕著な成績を収めた教職員を表彰する取組等に加えて，「教育研究・研修マイスター」という制度があります。この制度は教職員の資質及び実践的力量の向上を図り，研修内容を充実させるため，教育長が教科，職種ごとにマイスター（研修推進員）を委嘱しています。職務内容は，主に主任指導主事と連携し，研修会の企画・運営，研修会の際の指導助言を行っています。そして教職員表彰の受賞者や中央研修受講者を学校事務支援主事に起用したり，研修会の講師に派遣したりするなど「スーパー事務職員」の育成にも力を注いでいます。このような取組は，目指す事務職員像を次代に示すことで事務職員の資質向上の効果が期待されます。

6. 教育行政職員の在り方

　市町村教育委員会事務局職員の多くは，首長部局が採用した行政職員が定期的な人事交流により配属されることが，青井（2016）より報告されています。配属された職員は一般的な行政職員としての資質・能力がある前提ですが，教育に関する知識が十分あるとは言えない状況で教育行政に従事していることがうかがえます。そして，ようやく慣れた2～3年程度で異動することが多く，常に教育に関する専門的内容に不安感のある職員が事務に従事している状況だと推測されます。また小さな町村ほど事務局体制が脆弱なため，多忙でさまざまな問題を抱える学校を支える教育委員会事務局も同じように多忙であると言えます。このような状況のもとでは，質の高い教育を行うための業務改善や見直しをすることを教育委員会が牽引することは難しいと考えます。

　このような自治体が大半を占める中，京都市では採用段階から多くが教育委員会事務局内のみを異動する職員で構成されており，教育に関する知識を蓄積した教育行政のプロパー集団が学校教育を支えています。青井（2016）が報告しているこのような「教委プロパー型」の採用区分は，全国的にも珍しく京都市のみで運用されています。教育行政プロパーとして教育委員会事務局に長期に在籍し，教育委員会内の異動を繰り返しながら歩むキャリアパスは，中央省庁の人事システムに近いと青井（2016）は述べています。この人事システムに関する違いは非常に大きく，ここに京都市ならではの教育に対する姿勢を垣間見ることができます。このようなキャリアパスが，経験知の高い教育行政プロパーとしての人材育成を確立させ，教育に対するプロ意識や質の向上のために理想と情熱をもって職務にあたるマンパワーを育んでいます。このようなマンパワーはどんなシステム改善より大きな力です。ヒト・モノ・カネ・情報が揃っていてもマインド（こころ）がなければ，長い期間変わらず培われてきた学校組織体制を改革する勇気と原動力を奮い立たすことはできないでしょう。

　今後，教育委員会事務局職員はさまざまな教育課題に対応するために，教育法規や教育の専門知識を身に付けるだけでなく，首長部局の福祉課や財務課等に連絡調整や学校と地域をコーディネートする力，地方創生と学校の役割を考える力などさらに必要ではないでしょうか。そのためには，採用の在り方や資質能力を向上するためのキャリアパスについて，改善し，教育行政職員の在り方についても見直す時期がきているのかもしれません。

7. まとめ

　以上，今回紹介した京都市教育委員会は，組織的，継続的に学校と教育委員会，研究会が連携して「学校経営」という視点でさまざまな取組を早くから実施しています。教育行政プロパー集団が教育改革をリードしている京都市において，学校を巧みにマネジメントしていることが学校事務機能強化につながり，学校教育の充実と活性化が行われています。またインタビューの中で学校事務支援室川井室長はこう述べています。「学校現場に一番近い組織をつくりたい。行政職（事務職員も同じ行政職）が一緒になって，教育活動を支えていきたい」。これこそが最大の強みであり，マンパワーの重みが伝わってきた一言です。人材の確保は学校現場のみならず，教育委員会にも必要であり，「教育行政のプロ」の育成について今後の課題と言えます。

　また，新しい時代の教育に向けた持続可能な学校指導・運営体制の構築のための学校における働

き方改革に関する総合的な方策について（中間まとめ）には，「教師の長時間勤務については，教師自身においても自らの『働き方』を見直していくことも必要である。その一方で，教師個人の『働き方』のみに帰結するものではなく，教師一人一人の取組や姿勢のみで解決できるものでもない。学校における働き方改革は，各学校の校長，服務監督権者である教育委員会等，給与負担者である教育委員会等，国のそれぞれに関わる問題であり，さらには家庭，地域等を含めた全ての関係者がそれぞれの課題意識に基づいて，改革に向けた取組を実行しなければならない」とあるように「働き方」を変えるためには，教育委員会の実行力が必要とされています。そのような中，学校現場の情報と行政職員の力を持っている事務職員が学校現場の意見を翻訳し，教育と行政をコーディネートする働き方が，今回改正された「事務職員は事務をつかさどる」ことの本意であるのかもしれません。

　最後になりましたが，快く取材にご協力いただいた京都市教育委員会総務部担当部長（学校事務支援室・川井室長）はじめ職員のみなさま，京都市立桃山中学校教職員のみなさまに感謝申し上げます。

（谷　明美）

〈参考文献〉
- 青井拓司「教育委員会事務局指導部門の組織及び行政職の人事・職務―京都市教育行政職を中心として」『日本教育行政学会年報』No.42，2016年。
- 第49回全国公立小中学校事務研究大会京都大会実行委員会編集『第49回全国公立小中学校事務研究大会　京都大会　研究集録』2017年。
- 水口裕隆「次代の学校を担う学校事務について」『学校事務』学事出版，2017年3月号。
- 水口裕隆「『チームとしての学校』を実現する教職員人材育成について―京都市の取組」『学校事務』学事出版，2017年12月号。
- 現代学校事務研究会『学校財務改革をめざした実践事例―自主的・自律的な教育活動を保障するために』学事出版，2014年。

第5章 コンサルタントの眼から見た，学校の働き方の成功と失敗の分かれ道

【提案】コンサルタントの視点と場づくりを生かす

1.「会議を見直しました」だけではダメ

　今や，日本の学校が「ブラック」であることは多くの人が知るところとなりました。最近は全国各地で学校の働き方改革が進もうとしています。

　しかし，学校や教育行政で，働き方改革や業務改善というと，どうでしょう，何が行われているでしょうか。よく聞くのは，次のような話です。

- タイムマネジメント研修をして教員の意識改革に取り組んでいます。
- 会議の数や進め方を見直しました。
- ノー残業デーやノー部活デーをつくっています。

　こうしたことが必ずしも悪い，効果が薄いというわけではありませんが，これらだけでは十分な効果にならなかったり，一時的なものにとどまり，いずれトーンダウンしてしまったりする可能性が高い，とわたしはにらんでいます。もしも，それほど簡単なものならば，多くの教員が過労死ラインを超えるほどの，この過重労働の問題はとっくに解決されていたはずです。

　ご存じのとおり，現実はその逆で，国が実施した教員勤務実態調査等を見ても，学校の長時間労働は悪化しています。この10年間，文科省も教育委員会も，教員の負担軽減や業務改善，チーム学校などと散々言い，多少なりとも予算をつけてきたにもかかわらず！

　まず，この反省，つまり，これまでの取組の何がまずかったのか，足りなかったのかの検証，振り返りが大事なのだろうと思います。ですが，学校も教育行政も，貴重な税金を使っているわけですし，議会等から責任を追及されても大変なので，これまでやってきたことが「悪うございました」とは，めったなことでは言いません。これでは，過去の失敗を繰り返すことになりかねないと思います。

2．間違いだらけの働き方改革になっていないか？

　本稿の主題は，学校の働き方改革に外部コンサルタントは役に立つのか，もしくは，どうすれば有益なものとなるのか，という点を分析，解説することです。

　結論のひとつを先取りするならば，学校や教育行政といった"身内"だけでは，反省が甘いままで，あるいは現状と過去を肯定的にとらえがちなままで進もうとしますが，外部者はしがらみのない立場，視点から切り込むことができる，という利点があります。

　さて，過去を検証，反省するという意味では，働き方改革が先行している企業の典型的な失敗か

らも学べることは多いと思います。白河桃子（2017）では，こんな"残念な"ケースが紹介されています。

◎10時消灯，ノー残業デー，パソコン強制終了など，「早く帰れ」のかけ声のみ
　⇒サービス残業，持ち帰り残業の増加
　⇒社員のモチベーションダウン
　⇒離職率アップ
◎若手だけが帰る
　⇒管理職がオーバーワークに
◎いっさいの残業を厳格に禁止
　⇒雑談もなく新規提案もない，ギスギスした職場に
◎「好きで働きたい人は良いのでは」と，例外を認める
　⇒なし崩し的に残業が増える。また，好きで働く人でも，長時間労働だと生産性は落ちる

　学校でも同じ轍を踏むことは避けたいものですが，現実としては，似たような，間違いだらけの，自称「働き方改革」が横行しようとしています。とりわけ，公立学校の教員の仕事の場合，事態は企業などよりも複雑かつ深刻です。
　なぜなら，以下の事情があるからです。

● 教育委員会等からの管理と指導が厳しくなることで，校長等は，働き方改革をやっている"ふり"をするようになる。
● 見かけ上は時間外勤務が減っているように見えても，実際は自宅残業等によりカバーしているケースが多々ある。
● 給特法（公立の義務教育諸学校等の教育職員の給与等に関する特別措置法）のもとで時間外勤務手当が出ないこともあり，正確な勤務実態が記録されていない学校が多い。また，記録があっても，過少申告されているケースもある。つまり，実態把握すらままならない。

　残念ながら，校長をはじめとする教職員，ならびに教育委員会職員は，企業等の実践や知見に詳しいわけではありません。むしろ，ガラパゴス諸島の生物のごとく，世の中の動きとはかなり隔絶されて，独自進化しているのが日本の学校なのかもしれません（これには功罪両方あります）。外部コンサルタント等を雇う意味のひとつは，このような失敗，反省に関する知見や社会の動きを踏まえて，学校にアドバイスできることです。

3.「子どもたちのためになるから」で思考停止してはいけない

　わたしは，全国各地に出かけて，教職員や教育委員会，私立学校法人等に，講演，研修，コンサルテーションを行っていますが，学校の働き方改革は，企業や行政の働き方改革以上に難しさがあると感じています。その一部は前述したことですが，もうひとつ重要なことがあります。
　それは，教職員は（教育行政も），子どものためによかれと思って仕事を増やしているという側

面が強いことです。たとえば，平日の時間外や土日をつぶしてでも，部活動指導や宿題等の丁寧なチェック・添削，補習や模擬試験監督などを行っている学校，教員は多いです。

　よかれと思ってやっていることなので，軌道修正はききにくく，どんどん深みにはまったり，やめられなかったりするわけです。

　実際にある学校（複数）で聞いたことですが，地域との共催行事（マラソン大会など）をやめたい，見直したいというとき，あるいは少子化と教員の負担増に伴い部活動の一部を休部にしたいというとき，決まって出てくるのは「そんなことをしたら，楽しみにしている児童生徒がかわいそう」「やれるうちは，やったほうがよい」「これまでやれていたのに。本校の伝統や特色がなくなるのは残念」といった言葉です。保護者や地域の方，場合によっては地方議員等も巻き込んで反対の嵐が吹きます。

　もっと手前では，職員室のなかでも。教員からの反対意見ひとつで，改革，改善のアイデアがしぼんでしまうという例をわたしは多々見てきました。

　学校教育では，ともすれば，こうした感情的な論調，あるいは信念が幅をきかせることが多々あります。この「児童生徒のためになる」，「教育効果があるのに」というのは，学校や教育行政では"殺し文句"のようになっていますが，わたしはそれで思考停止せずに，疑ってみる必要があると思っています。

　実際，わたしが講演，研修をするときは，「子どものためになるから，教育効果があるから，やめるべきではない，減らすべきではない」といった論調に「あなたなら，どう答えますか」というワークをよく入れています。読者のみなさんは，いかがでしょう，どう考えますか？

4．事例①：部活動のあり方を考える（高知県）

　この問題について，事例を含めて解説しましょう。先日，高知県教育委員会からの依頼で，県立高校校長等向けに研修をしました。そのとき，次ページ図・写真1のグループワークをやってもらいました。読者のみなさんもご自身で考えてみてください（よかったら，校内研修等で議論してみることをオススメします）。

　コンサルタントが大事にする思考法であり，ここでもポイントとなっているのは，目的と目標を確認するということです。このワークでは①の問いです。

　このコツが使えるのは，別に部活動に限りません。たとえば，こんなふうに。

○運動会はなんのためのものでしたっけ？（保護者を喜ばせることがメインじゃないですよね。）
○修学旅行って，修学になっているのでしょうか。遊園地などに行くのは楽しいと思いますが，どんな学びにつながっているのでしょうか？
○この授業研，公開研のそもそものねらいは？（指導案が書けることじゃないですよね。）

5．その活動，手段は妥当か，代替案と比べてどうなのか

　学校には，伝統，前例，慣習が多く重たいのですが，そもそもの目的と目標を再確認しましょう。ともすれば，当初の目的，目標が忘れられ，手段が目的化しているような例はないでしょうか。た

図・写真1　部活動の在り方について考えるワークショップの例

①そもそも，部活動は何のためのものでしょうか？　主たるねらいは何ですか？
②その目的ないし目標は，部活動でないと実現できないことでしょうか？
③部活動に入っていない生徒はどうします？
④部活動に大きな意義，効果があるとしても，いまの時間，負担でいいでしょうか？
★教員の負担や24時間という視点から，どんな問題があるでしょうか？
★生徒の負担や24時間という視点から，どんな問題があるでしょうか？

（当日の様子）

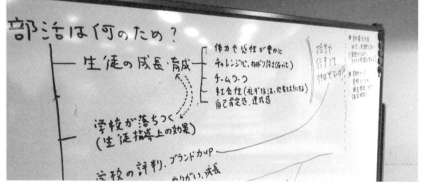

とえば，「ブラック校則」などと呼ばれることもありますが，生徒指導の一部なども手段が目的化しているものがありそうです。

次に，その活動，取組が妥当なのかどうかを考えます。目的や目標の達成には別の手段，取組のほうが有効であるかもしれないからです。

たとえば，"ゼロ時限目"と呼ばれる早朝の補習（朝課外）を行っている高校等があります。これは学力向上などを狙っているものですが，早朝来させることは，生徒の睡眠不足を誘発して，学力向上の点ではむしろ効果的でない可能性もありますし，米国等の研究ではマイナス影響のほうが大きいと示唆するものもあります（つまり，別の手段のほうが妥当である可能性が高いということです）。

高知県での研修に戻ると，意地の悪い質問だなとは思いつつも，ワークショップでは②，③の問いを入れました。部活動熱心な先生ほど，部活動の教育効果を強調しがちです。生徒の成長になる，自信がつく，社会性が身につく，チームワークを学べるなどです。それはそうかもしれませんが，

そうした効果は，行事や学級活動，あるいは保健体育などの授業でも推進できるのではないでしょうか。それに部活動に入っていない子はその恩恵を受けられないのに対して，教育課程内の取組のほうがほぼ全員が体験できるわけですし。部活動の教育的意義は共感しつつも，部活動がすべてではない，という当たり前のことを確認することが大切です。

6. 時間やコストとの見合い（"温泉理論"でひも解く）

次に，代替案の検討とも重なりますが，今の手段，取組にかけている時間やコスト，負担についても見ます（④の問い）。学校では教育効果ばかりを強調して，時間やコストを過小評価する，あるいは無視する向きがあります。

ここでは，最初に目的と目標を確認しておいたことが役立ちます。部活動について言えば，誰も「試合に勝ちたいから」ということは一番には言いません。前に述べたとおり，社会性が育つ，自己肯定感が高まるなどということがよく出てきます。そこで，わたしはこう続けます。「その目的が主なのでしたら，休みなく毎日ぶっ続けでやるという理由はないですよね？ 週末だって何時間もやる必要性はありませんよね？」。

とはいえ，試合に勝てたほうが達成感もあり，その目的達成につながりやすいのではないかという反論もあり得ます。そのときも，時間やコストとの見合い，バランスを見ながら，休みなくやるのが本当に妥当と言えるのかどうかを考えてもらいます。

ここでは，朝課外のときの睡眠不足のように，負の影響や副作用も考えることが望ましいでしょう。部活動について言えば，長時間の練習では，その活動を嫌いに思ってしまう生徒が出てきたり，怪我をしやすくなったりすること，生徒たちのほかの時間（家族や友人と過ごす時間，学習時間等）が減ってしまう影響なども検討します。

わたしはよく温泉旅行にたとえた話をします（遊び心で"温泉理論"と呼んでいます）。この湯は，肩こりに効くとか，美容によいなど効用があるとしても，1日に4つも5つも温泉につかったらどうなりますか？

のぼせてしまいますよね。つまり，効果だけを強調して意思決定したり，運営したりするということでは不十分だし，危険なのです。負担や時間のことも考えなければいけません。こんな基本的なことは，旅行をするときなら当たり前です。ですが，なぜか，学校現場や教育行政のこととなると，「子どもたちのために」という思いや声で，負担や時間を考慮する重要性がかき消されてしまうのです。

必ずしも外部のコンサルタントがいないと，こうした検討ができない，というわけではありません。ですが，次の点でヨソ者には利点があります。

● 学校文化，教員文化に染まっていない視点から，そもそもという議論や疑問，もっとこんなふうに考えてはどうかという提案等を投げかけやすい。思考力があり，多面的な見方ができるコンサルタントであれば，当人たちでは気づかないことを提案できる。
● 参加者，関係者と特段の利害関係はないので，忌憚のない議論を行いやすい。当人同士だけでは（例えば，部活動大好きな教員とそうではない教員とのあいだで）話しにくいことも，ヨソ者が入ることで話しやすくなることもある。

7. 事例②：カエル会議で定期的に見直す（埼玉県伊奈町）

　外部コンサルタントが入った学校改善の事例として，埼玉県伊奈町の動きが加速しています。2017年度は小室小・小針中の2校をモデル校に，株式会社ワーク・ライフバランスの協力を得て「カエル会議」を開催しました。18年度はこの取組を町内全校に広げるべく進めています。

　「カエル会議」とは教職員の代表（この事例では各校で6，7名ほど）が集まり，働き方の見直しをする場です。「早くカエル」「仕事のやり方をカエル」「人生をカエル」という3つの意味を込めて，こう呼んでいます。まずは，どんな学校にしたいのかというビジョンについてのアイデアを出し，共有したうえで，学校の課題について議論。そのビジョンと課題を踏まえて，次の仕事を洗い出します。

○捨てる仕事
○協力することで時間を短くできる仕事
○やり方を変えることで成果の質を上げられる仕事

　これら3点について，カエル会議では解決策のアイデアを出していきます（次ページ写真2）。
　例えば，伊奈町では校務支援システムの導入ができていないため，通知表，指導要録，出席簿等の諸表簿の電子化が遅れていました。いきなりシステム予算化まではできませんが，表計算ソフトを用いて効率化することにしました。また，日直の教員が一人で30分以上かけていた校内の見回りは，手分けして行うようにしました。さらに，カエル会議のメンバーは，教職員にアンケート調査を実施し，そこから出てきた課題についても検討しました。例えば，行事や研究授業の提案資料，学習指導案の作成などで時間を費やす若手教員が多いことが分かったため，過去の関連資料を共有フォルダ上にまとめて，参照しやすいようにしました。
　こうしたアイデア出しの会議，ワークショップは，外部からの支援がなくても実施することは十分に可能です。ですが，伊奈町では，外部のコンサルタントが「その仕事ってなんのためですか？」「その手順は必要ですか？」「なぜこれまで改善しなかったのでしょう，本当の問題は別のところにあるのではないでしょうか？」などと問いかけることで，視点や議論が広がり，深まりました。ここでも，学校文化，教員文化に染まっていない視点が効果を発揮します。

　カエル会議に参加した中島晴美・小室小教頭（現在は小針小校長）はこう述べています。

> 　当初は半信半疑でした。と言うのも，教職員の中には，働き方改革や業務改善と言われても「現場だけでは難しい。きっと無理」と，あきらめモードな気持ちもあったからです。しかし，外部コンサルタントの方が入ってくださることで，わたしたち現場の気持ちやアイデアを教育行政にも橋渡ししてくれました。また，「留守番電話など，できっこない」と思っていましたが，他地域の事例を紹介していただいたことで「うちの学校でもできるかも」という気持ちに変わっていきました。「本気の改善の風」を吹かせてくれたと思います。

写真2　伊奈町の学校におけるカエル会議の様子

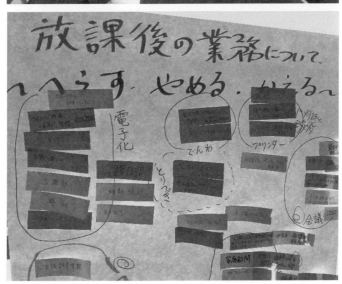

8. 振り返り・進捗確認なくして改革・改善なし

　このカエル会議の事例から学びたいことは，もうひとつあります。それは，定期的な振り返りと進捗確認の大切さです。この手のアイデア出しをしても，学校では目の前の急ぎのこと（授業や行事の準備，部活動，生徒指導，保護者への連絡等）が多く，かつ忙しいため，いつの間にか，改善案がどんどん後回しになりがちではないでしょうか。

　企業等においても事情は似ていて，クリス・マチェズニー他（2016）では，こうした緊急事項のことを"竜巻"と表現しています。"竜巻"が起きたときのごとく，企業でも学校でも，常に今日，明日のこと，次の行事のことなどが優先します。重要だけれど，緊急性の低いものは実行できないでいるのです。

　"子どものためになるから"と言ってビルド＆ビルドな学校経営となっていることと，頻繁に"竜巻"に巻き込まれてしまっていることが，多くの学校で長時間労働を改善できないでいる，大きな背景，要因であると，わたしは観察しています。

　そこで，カエル会議では，必ず，その日の会議のうちに「翌月までに」「誰が」「何を行うか」を確認します。そして，月に1回のペースで続けるのです。このごくごく地道なことが，上記の理由

から学校でも大変重要であると思います。しかも，外部の専門家が同席しますので，その都度アドバイスが得られて改善が進みやすくなりますし，緊張感もあります。できない理由ばかり並べて"なあなあ"で済ませてしまう会議にはなりません。

伊奈町を支援している（株）ワーク・ライフバランスの田川拓麿さんはこう述べています。

> 5W1Hを決めるのって，人間，だれにとってもつらい，厳しいものです。しかし，行動につなげないと働き方は何も変わりません。カエル会議では，学校の先生方には「いきなり100点の解決策は出てこないですよ。70点の解決策を実行して振り返り，修正をして80点，90点にしていくことが成功のポイントです」とよく伝えています。

9. 外部コンサルタントが有効になるには

以上，本稿で見たように，外部コンサルタントは，うまく活用すれば，次の利点があります。

- 過去，現在の反省をする場をつくりやすい。
- 他業界の知見なども活用しやすく，働き方改革のプロの目からアドバイスが得られる。
- 学校文化に染まっていない多面的な視点からの見直しができる。当事者だけでは言いにくいことなども議論しやすくなる。
- 緊張感のある振り返りと進捗確認を仕組み化しやすい。

逆に言えば，外部者を雇うのであれば，以上の点で活躍できるように，"賢く"進めなければ，損ですし，働き方改革は成功しません。たとえば，講演をワンショットやってもらうだけなどでは改革，改善に自ずと限界があります。

もうひとつ，考えてほしいことがあります。ヨソ者は助けにはなりますが，当事者にはなりません。イギリスのことわざで，「馬を水辺に連れて行くことはできても，水を飲ませることはできない」というのがあります。

学校の働き方改革では，校長はもちろんのこと，教職員の納得感と本気度が高まらなければ，いくらアイデアを出しても，アドバイスをもらっても，そのうちトーンダウンしてしまうでしょう。紙幅の関係で詳細は拙著・妹尾（2017ab, 2018）にゆずりますが，働き方改革についても，「なんのためか」という目的と目標をしっかり確認，共有して，具体的な行動につなげる必要があります。

今回紹介した実践はほんの一部です。あなたの学校の改革，改善を応援，伴走してくれる人は，あちこちにいるのです。

（妹尾昌俊）

〈参考文献〉
○白河桃子（2017）『御社の働き方改革，ここが間違ってます！』PHP新書。
○クリス・マチェズニー他（2016）（竹村富士徳訳）『実行の4つの規律―行動を変容し，継続性を徹底する』キングベアー出版。
○妹尾昌俊（2017a）『思いのない学校，思いだけの学校，思いを実現する学校―ビジョンとコミュニケーションの深化』学事出版。
○妹尾昌俊（2017b）『「先生が忙しすぎる」をあきらめない―半径3mからの本気の学校改善』教育開発研究所。
○妹尾昌俊（2018）『先生がつぶれる学校，先生がいきる学校―働き方改革とモチベーションマネジメント』学事出版。

第6章 学校と行政を両輪とした教職員の働き方改革

【提案】学校と行政の連結ピンとしての学校経営推進会議を生かす

1. はじめに

　横浜市では，2013（平成25）年度に実施した教職員の業務実態に関する調査を契機として，教職員の労働環境を改善し，子どもと向き合う時間を少しでも多く確保していくための働き方改革を推進してきました。しかしながら，さまざまな負担軽減策を進めてきても長時間労働の抜本的な改善には至っていないのが現状であると言わざるを得ません。そこで横浜市は，学校の勤務環境の改善や働き方改革をさらに推進するため，2018（平成30）年3月に4つの達成目標，具体的な取組及び各工程表を示した「横浜市立学校教職員の働き方改革プラン」を策定しました。
　教職員の働き方改革は，各自治体でさまざまな趣向を凝らして展開されています。しかし，あらゆる状況に対して万能に機能する手法はありません。一方で，あらゆる状況においても働き方改革を推進するための基盤は「意識改革」にあるのではないでしょうか。いかにして教職員自身の，学校をマネジメントする校長の，そして保護者を含めた教職員を取り巻く環境にある人々の，教職員の働き方やワークライフバランスに対する意識を変えていくか。それが学校における働き方改革の第一歩ではないでしょうか。
　本稿では，横浜市における教職員の働き方改革においてこの意識改革をいかにとらえ，改革を展開してきたのかに着目しました。そこでみえてきたのが，学校と行政が両輪となった改革の姿です。横浜市では，業務改善支援，専門スタッフなどの人員配置の充実，県費負担教職員の政令都市への移管等による教育体制のさらなる充実といった取組を推進していますが，教職員の働き方改革の推進にあたっては「教育委員会と学校の取組を車の両輪として捉える」[1]というスタンスに立ち，市内各区に設置されている学校経営推進会議等での校長と教育委員会の担当主事等との意見交換といった学校現場と行政との対話を重ねることで，働き方改革における校長のリーダーシップを高めながら，行政としての次の一手の検討を進めています。本稿では，こうした改革の推進プロセスを描写することで，学校における教職員の働き方改革のアプローチのあり方を検討していきます。

2. 横浜市における「教職員の働き方改革」の推進プロセス

（1）教職員の労働実態把握

　横浜市における教職員の働き方改革は，学校現場の実態把握からスタートしました。2013（平成25）年度に「横浜市立学校　教職員の業務実態に関する調査」（以下，実態調査と略）を実施し，教職員の負担軽減（当時は「働き方改革」という表現ではなく「負担軽減」）に向けて，まずは教職員の

---

1) 横浜市教育委員会（2018）『横浜市立学校教職員の働き方改革プラン』10頁。

表1　平成25年度「横浜市立学校　教職員の業務実態に関する調査」の調査内容

調査内容	調査対象	調査方法	実施時期
教職員の業務に関する実態と意識の調査	市立小・中・特別支援学校の全県費負担教職員（正規）14,068人	アンケート調査	平成25年11月27日～12月25日
教職員の業務に関する意識調査【一般教職員対象】	市立小・中・特別支援学校の全県費負担教職員（正規）のうち，校長・副校長を除く13,059人	アンケート調査	平成26年1月15日～1月28日
教職員の業務に関する意識調査【管理職対象】	市立小・中・特別支援学校の全県費負担教職員（正規）のうち，校長・副校長1,009人	アンケート調査	平成26年1月15日～1月28日
タイムスタディ調査	市立小・中・特別支援学校34校の県費負担教職員【小学校：16校　中学校：16校　特別支援学校2校】	タイムスタディ調査（15分刻みで業務内容を選択して記入する形式）	平成25年12月1日～平成26年1月31日の間で学校ごとに任意の1週間を2回選択して回答
グループインタビュー調査	小学校，中学校，特別支援学校，計7校の教職員	各校において職位等のグループに分かれて聞き取り調査	平成26年1月24日～2月18日

（出典：横浜市教育委員会事務局『横浜市立学校教職員の業務実態に関する調査報告書分析・改善編』をもとに筆者作成）

労働実態の把握に乗り出しました。この調査はかなり大規模に実施され，表1のような多岐にわたる調査が実施されました。

このうちグループインタビュー調査では，以下のような生々しい教職員の勤務実態が報告されています[2]。

● （小規模校の体制について）人が少ないので，1人が何役も担っている。教材研究をしたくても日々の雑多な業務に追われている。若手は誰かに相談をしたくても周りも多忙なので難しい状況にある。
● （組織改善について）教員の仕事は生徒をみることであるが，その時間が取れない。組織の中に総務部門を確立し，教員がやらなくてもよいことを切り分けて対応してくれないと教員の負担は減らないだろう。
● （負担になっている業務について）職員室の電話番として1人（教員である必要性はない）を置いていただければ多忙感の5割は解消する。職員室に誰もいなければ，居合わせた教員が職員室にいるしかなくなる。電話番がいれば，その分，若手教員のフォローもできる。
● （ICT活用について）パソコンが1人1台あるが，夜まで開くことはない。例え，iPadが1人1台導入されたとしても状況は変わらないだろう。

これらの実態調査の結果分析から，表2-1に示したような課題が浮き彫りになり，それらに対する対応策として表2-2にある改善の方向性と具体的取組が提示されました。

---

[2] 横浜市教育委員会「教職員の業務に関する実態と意識の調査グループインタビュー結果要旨」(http://www.city.yokohama.lg.jp/kyoiku/toukei-chosa/4.pdf （2018年7月20日最終確認))。

表 2-1　平成25年度「横浜市立学校　教職員の業務実態に関する調査」結果にみる課題

事務改善	①「調査・報告」や「会議・打合せ」等に負担を感じている。 ②勤務時間内に、「授業準備」等にかける時間が十分でない。
働き方への意識の見直し	③管理職と教職員の間で時間管理や業務改善に対する意識の差がある。 ④産休、育休者等の増加に伴う学校運営上の課題。
教職員の人員配置	⑤副校長が学校運営や教職員の育成に十分に携われていない。 ⑥外部人材の活用や地域連携を行うにあたって負担を感じている。
保護者や児童生徒対応	⑦多様化する保護者への対応に多忙や負担を感じている。 ⑧特別な支援を必要とする児童生徒の増加に多忙や負担を感じている。
若い教職員の支援	⑨若くて経験の浅い教職員の負担が大きく、悩みを抱えている。 ⑩部活動に関する時間的・心理的負担が大きい。

(出典：横浜市教育委員会（2013）「教職員の業務実態に関する調査結果に基づく課題と方向性」をもとに筆者作成)

表 2-2　改善に向けた方向性と取組案

事務局業務の見直しと学校支援	○事務局からの調査依頼業務の見直し・削減　○事務局主催の研修の見直し ○公印の簡略化等の事務軽減の取組　○学校ウェブページ作成支援システムの導入 ○電話対応時間の設定や留守番電話の設置　○共通物品制度の導入 ○学校・地域コーディネーターの養成や学校支援ボランティアの活動経費支援等による地域連携の推進　○経験の浅い教職員に対する支援の充実 ○国際交流ラウンジや児童相談所など関係機関との連携による支援の充実
学校の実態に合った人員配置	○小学校へのカウンセラー派遣の充実　○小中一貫型カウンセラー配置の拡充 ○スクールソーシャルワーカー配置の充実　○学校の経営組織体制の充実 ○ICT専門家の学校派遣の充実　○栄養職員未配置校への栄養士有資格者の配置 ○産休・育休者等の増加に対応する体制整備の検討
教職員の働き方への意識の見直し	○学校閉庁日の実施　○会議や事務、執務スペース等の改善の試行の実施 ○部活週休日の設定等、部活動のあり方の検討　○定時退庁日の実施 ○ワークライフバランスの推進　○経験の浅い教職員へのサポート体制の充実 ○学習活動や学校行事における外部人材の活用や地域連携の積極的な推進
個別の教育施策で対応	○中学校における部活動のあり方の検討　○総合的な研究・研修体制の構築 ○特別な支援を必要とする児童生徒の増加への対応 ○ニーズが多様化する保護者への対応

(出典：横浜市教育委員会（2013）「教職員の業務実態に関する調査結果に基づく課題と方向性」をもとに筆者作成)

(2) 改革推進に向けた学校と行政を両輪とした協働推進体制づくり

　実態調査以降、教職員の負担軽減は教育政策の重要な柱の一つとして位置づけられ、「第2期横浜市教育振興基本計画」（2014（平成26）年12月策定）、「横浜市中期4か年計画2014〜2017」（同年12月策定）、「横浜市教育大綱」（2015（平成27）年9月策定）においても、それらが明記されました。また、浮き彫りになった課題に確実に対応していくために、2014（平成26）年4月に教育長を本部長とする「教職員の負担軽減推進本部」が設置され、同年6月には統括校長[3]と教育委員会事務局

---
[3] 校長相互の協力体制を構築し、校長に対する学校経営上の指導・助言、教育委員会が定める方針等の周知・情報提供等をすること等を目的として、2010（平成22）年度から、意欲が高く能力や実績に優れた校長の中から小・中学校においては全区に1名ずつ、特別支援学校及び高等学校にも各1名を配置している。

の経営責任職からなる「教職員の負担軽減プロジェクト」を立ち上げ，学校現場の実態をふまえつつ，より実効性のある取組を検討し，できるところから迅速に取組を開始するための学校と教育委員会による協働推進体制が作られました。さらに2015（平成27）年度からは，市内全区の学校経営推進会議（後述）において教職員の負担軽減をテーマとして設定し，学校間での意見交換・情報共有を促す体制も作られました。

（3）教職員ヒアリングを生かした「教職員の働き方改革プラン」の策定

　こうして教職員の負担軽減に向けたさまざまな取組が展開されたわけですが，長時間勤務の抜本的な改善等は容易ではなく，学校を安定的かつ持続可能な環境に変えるには至らないのが現状でした。そこで次のステップとして，学校の勤務環境の改善に向けた達成目標を具体的に明示した，5年程度を見据えた「教職員の働き方改革プラン」（以下，改革プランと略）の策定に着手しました。

　改革プラン策定にあたっては，校長会等の機会はもちろんのこと，管理職だけではなく一般の教職員とも意見交換の機会をもち，そこで得た現場の声をふまえてプランの方向性や優先順位を確認するとともに，内容にも反映していきました。ヒアリング対象者は教務主任や児童支援専任，主幹教諭等の中核的立場の教員，子育て中の教員，経験年数5年未満・初任校等の若手の教員，管理職等でした。ヒアリングを通して，教職員が現場で感じている不安，不満，改善への願い，改善に向けたアプローチ（施策）について以下のような賛否両論の意見が浮き彫りにされました[4]。

- やればやるだけ，子どものためになると感じてしまう。校長が働き方改革を進めてもなかなか難しいのはそういったところに起因するのではと感じる。
- 定時には帰れないが多忙な状況について管理職がきちんと把握をしていることが重要。
- 職員室業務アシスタントは非常に素晴らしい。これほど助かる人材はいない。
- 事務職としてこのプランの全体については非常に賛成したい。ただし，業務の適正化，あり方見直し，事務職の職務分担については，丁寧に進めてほしい。また，職員室業務アシスタントが非常に有効だと感じている。
- 研究活動についてもあり方は本気で見直しが必要と考えている。常に本当に子どもたちのためになっているかを考えて研究活動をしていく必要がある。
- 「総合学校支援システム導入」，「業務のアウトソーシング」は非常にありがたい。教員がやらなくても良い業務を切り出すことが重要。
- 職員室業務アシスタントは他校からも非常に良い評判を聞いているので，ぜひ中学校にも広げてほしい。

　こうしたヒアリング結果や校長会議での意見交換，さらには教育委員会事務局内の横断的なプロジェクトでの議論を経て，2018（平成30）年3月に改革に向けた4つの達成目標，具体的な取組及び各工程表を示した「横浜市立学校　教職員の働き方改革プラン」が策定されました。

---

4) 横浜市教育委員会，内部資料。

3.「改革プラン」の概要

(1) 働き方改革を進める理由

「改革プラン」のサブタイトルには,「先生のHappyが子どもの笑顔を作る」とあります。まさに,「学校における働き方改革」の神髄を表すフレーズと言えるでしょう。学校において教職員の働き方改革がなぜ必要なのか,その理由について改革プランでは次のような点を指摘しています。

第一に,前述の実態調査や国の「教員勤務実態調査」の結果（小学校約34%,中学校約58%の教員が週60時間以上の勤務（月80時間の時間外勤務相当））からも明らかなように,教職員の業務実態が「看過できない非常に厳しい状況」にあるという事実です。この背景には,学校現場がより多様化・複雑化する一方で,より「個」に応じた教育への転換を目指した教育課程の変更への対応やそれに伴う学習評価の変更,いじめ防止対策,アレルギー対策,学校安全対策等への新たな対応が求められている現状があります。第二に,新学習指導要領の着実な実施に向け,これまで以上に教職員自身が自ら学び,幅広い経験・研鑽を積み,実社会に触れることが必要です。しかし,長時間労働により教職員の学びの時間が十分に確保できていないのが実情です。第三に,育児や介護等を抱える教職員が増加しています。現在10年以下の経験年数である若い教員が約5割という状況にある中で,今後,これらの層が学校の中核を担うミドル層に移行していくと同時に,「出産・子育て」世代となり,また「介護」に携わる教職員の増加も予想されます。このように,これから10年先を見越した時に,学校における「これまで通り」の働き方は通用しないのです。

(2) 達成目標と重点戦略

「改革プラン」には,①時間外勤務月80時間超の教職員割合0%,②19時までに退勤する教職員の割合70%以上,③健康リスク・負担感指数の全国平均未満,④年休取得日数全員10日以上,という4つの達成目標が明示されています。この達成目標の設定にあたっては,先に述べた教職員のヒアリング結果が反映されています。そして,これらを達成するための4つの戦略と具体的取組が提示されています（表3）。

表3 「教職員の働き方改革プラン」の戦略と具体的取組

4つの戦略	取組	具体的内容
【戦略1】学校の業務改善支援	ICT等を活用した業務改善支援／働きやすい物的環境の整備／家庭と仕事の両立支援	総合学校支援システム／eラーニング研修／調査依頼業務の見直し／テレワーク等実施検討／教職員版フレックスタイム制度の試行実施
【戦略2】学校業務の適正化,精査・精選	学校業務の適正化／学校業務の精査・精選	勤務時間外の留守番電話／部活動休養日／冬季学校閉庁日の設定／市主催行事等のあり方検討
【戦略3】チーム体制の構築と人員配置の工夫・充実	教職員配置の工夫,チーム体制の構築／学校をサポートする専門スタッフ等の配置	小学校高学年における教科分担制の試行導入／職員室業務アシスタント・部活動指導員の配置の拡充
【戦略4】教職員の人材育成・意識改革	勤務実態の把握,マネジメントの推進／意識啓発・研修	ICカードによる勤務実態の把握／メンタルヘルスセルフチェック

(出典：横浜市教育委員会（2018）『横浜市立学校教職員の働き方改革プラン』をもとに筆者作成)

これらを推進していくために，2018（平成30）年度については教育委員会の関係部署内に各取組内容に応じた検討チーム（①学校支援システム検討チーム，②調査依頼業務見直し検討チーム，③家庭と仕事の両立支援チーム，④業務の精査・アウトソース検討チーム，⑤市主催行事のあり方検討チーム，⑥市全体の研究活動あり方検討チーム，⑦計画的な休暇等の取得促進検討チーム）が設置され，「改革プラン」に提示されている工程表に基づき作業が展開されています。

4.「教職員の働き方改革」の推進プロセスにみる改革推進の「鍵」

（1）横浜市における「学校支援」の考え方

　横浜市における「教職員の働き方改革」の推進プロセスを見てきましたが，このプロセスにおける改革推進の「鍵」はどこにあるのでしょうか。「改革プラン」には，以下のような文章が書かれています。

> 「教職員の働き方改革プラン」の推進にあたっては，PDCAサイクルの下，学校と教育委員会事務局が両輪となり，家庭や地域と課題解決の重要性や目指すべき理念を共有しながら，各取組の工程表に基づいて着実に実施していきます。

　改革推進の「鍵」はたくさんありますが，最も重要なのは学校と行政を改革の「両輪」と位置づけている点にあると筆者は考えています。学校と行政を「両輪」と位置づける以上，両者の協働的姿勢なくして，この働き方改革は達成不可能ということになります。それが最初に述べた「意識改革」を促すことにもつながるのではないでしょうか。

　横浜市がこうしたスタンスに立つ背景には，横浜市の学校支援の考え方があります（福本（2016））。約500校を所管する横浜市教育委員会は，2010年に「現場主義」に立脚した教育委員会の組織再編を行い，より教育の現場に近いところで柔軟かつ機動的・専門的支援を実施するための拠点として市内4か所に学校教育事務所を設置しました。学校の自律的な学校運営のための「適確・迅速・きめ細かな学校支援」が学校教育事務所の使命と位置づけられたのです。この使命を果たすために，学校教育事務所は常に学校と向き合い，円滑な関係づくりを模索しています。これが教職員の働き方改革の展開においても生かされて，改革推進の「鍵」となっています。

（2）校長と教育委員会との共通理解と協働促進体制づくり―学校経営推進会議の果たす役割

　学校と行政が改革の両輪となるためには，両者の共通理解，協働性が不可欠です。横浜市の改革推進プロセスにおいて，それらを形成していく場の一つとなっているのが学校経営推進会議[5]です。学校経営推進会議は，学校をめぐる諸課題に関する現状把握を行い，それら教育諸課題に対応する学校経営のあり方等について検討することを目的として，小学校・中学校については区ごと，それ以外は校種ごとに設置されています。会議のメンバーは校長及び担当指導主事とされ（必要がある場合は，学校教育事務所職員や区役所職員，その他の関係職員が出席する場合もあります），統括校長が会長となり，担当指導主事は会議の運営支援を行います。月1回，会議が開催されます。

　2018（平成30）年度の各区の学校経営推進会議の開催予定をみると，「働き方改革の効果的な実践及び経過報告」「各校における働き方改革の取組」といった議題が複数回設定されており，学校

5）学校経営推進会議については，横浜市教育委員会学校経営推進会議設置要綱（平成21年3月17日制定）による。

経営推進会議の場を活用して，学校と行政が改革の経過や学校での効果的な取組事例等，働き方改革に関するアップデートな情報を共有していることがわかります。また，学校経営推進会議は単なる情報共有の場ではなく，それ以上に校長が自身の学校マネジメントについてのヒントを得たり，相互に学校マネジメントについて語る場にもなり得るものです。つまり，学校経営推進会議は校長のマネジメント力の向上に資する機会として機能できる場でもあるわけです。各学校における教職員の働き方改革は，校長のマネジメント力と深くつながっています。そうした意味でも，この学校経営推進会議を効果的に活用することは，改革の推進という面で大きな意味をもつことと言えます。

（3）教育委員会から教職員に向けたアプローチ―「働き方改革通信：Smile」の発行

校長との協働促進と合わせて，横浜市教育委員会では2018（平成30）年4月から学校，教職員向けに「働き方改革通信：Smile」を刊行しています。A4サイズで両面印刷1枚もののニュースレターです。働き方改革の進捗状況（毎月の時間外勤務の実績，「改革プラン」の達成目標との比較）と，各学校での取組に関する事例紹介等を掲載しています。進捗状況については，「時間外勤務月80時間超の教職員の割合」（目標0％）と「19時までに退勤する教職員の割合」（目標70％以上）という2つの達成目標に対して，退勤管理を導入した小・中・特別支援学校におけるICカードによる記録から機械的に算出した集計結果が前月比とともに掲載されています。達成目標を「絵に描いた餅」に終わらせず，教職員にとって身近なものにしていくための啓蒙活動と言えます。また教職員へのメッセージとして「できることから少しずつ，教育委員会と学校が両輪となって…前進！」「ほとんどの項目で前月より改善されています。ゴールデンウイークの影響もあるかと思いますが，運動会や体育祭，修学旅行等の行事等があったのも事実です。今後の推移を見守ります」といった一文が添えられています。さらに各学校での取組事例紹介は，勤務校以外についての情報が入手しづらい職員にとっては貴重な情報源となります。「どの学校でもチャレンジできそうな身近で小さな取組」は，時として埋もれがちです。そうした取組を拾い上げ，ニュースレターとして広く情報提供していくことは，教職員一人一人の意識改革につながる小さなステップになり得るでしょう。

5．おわりに

「先日，ある統括校長会議に出ていましたが，何の話題を話していても自然と働き方と絡めて校長先生方が話されるようになったなあと感じました」という話を聞きました。「働き方の視点が当たり前なものになっていくことが何よりの浸透」という言葉が心に残りました。教職員の働き方改革は喫緊の課題です。一方で，改革の本来の目的を見失い，ツールの活用にばかり意識が行ってしまう危険性を孕んでいます。学校と行政が向き合い対話を重ねながら改革を推進していく姿勢を，横浜市の取組事例からは学ぶことができるのではないでしょうか。

※本稿の執筆にあたり，インタビュー調査に快くご協力くださった横浜市教育委員会事務局総務部教育政策推進課担当課長島谷千春氏に心より御礼申し上げます。　　　　　　　　　　（福本みちよ）

〈参考文献〉
○横浜市教育委員会事務局教育政策推進課（2016）『教職員の負担軽減に向けた取組』．
○横浜市教育委員会（2018）『横浜市立学校教職員の働き方改革プラン』．
○福本みちよ（2016）「横浜における分権型教育行政組織の再編整備による学校支援体制の構築」日本教育行政学会『教育行政学研究と教育行政改革の軌跡と展望』教育開発研究所，pp.85-91．

コラム ③　学校事務職員が進める学校における働き方改革

　現在，義務教育諸学校や高校等の教員（以下，教員）は，指導業務のみならず付随したさまざまな事務業務も担っています。一方，大学において教員（以下，大学教員）が担う業務は，相対的に学生への指導と研究の割合が大きく，教員の業務と大きく異なります。この理由の1つが，大学の事務職員（以下，大学職員）と義務教育諸学校や高校等の事務職員（以下，学校事務職員）の担う業務範囲の違いによると考えられます。総合大学では100人以上の大学職員が配置されていることもありますが，小中学校のほとんどの学校事務職員の配置は1人であり，高校でも2〜6名程度がほとんどです。特に義務教育の学校については，ようやく戦後になって事務職員が1名配置されるようになったという経緯があるので，今なお，教員が校務分掌の中で事務を担うことについて，大きな違和感なく認識されているのです。

　しかし，教員が担わなくてはいけない業務と，必ずしも教員が担わなくてよい業務を洗い出し，後者の業務のうち，むしろ学校事務職員が担うことが望ましい業務については，学校事務職員への移行を進める業務分担の再編は，働き方改革を進めるにあたって効果が大きいものとして捉えるべきです。

1. 授業の実施（教育課程）面で学校事務職員が進める働き方改革

　近年の教員勤務実態調査長時間勤務のなかで，その従事時間が増えたもののなかに「授業準備」があります。授業時数がそもそも増加していることと，「総合的な学習の時間」の導入を含めて体験的学習の重視や，最近では，道徳や小学校の外国語など，新たな授業が必要になってきたという経緯があります。こうした授業準備のうち，例えば，体験的な学習の準備のなかには，学校事務職員が担える部分もあり，そのことで，学校事務職員が学校での働き方改革を進められるのです。

　過去に取り組んだ私の経験ですが，職場体験学習の実習先の確保や大部分の調整について，教員と連携を図りながら学校事務職員が担っていました。職場体験学習は，児童生徒には印象の深い教育活動ですが，教員には，学校外の事業所との調整など渉外業務などがあり，負担，負担感とも大きな業務です。特に，受入実習先の開拓といった業務を，授業の合間に事業所を訪問して，ねらいや児童生徒の状況，学校側の熱意を伝えて，受け入れの理解を得るまでを行うのは困難です。

　一方，学校事務職員には，授業によって時間に制約されない利点や，業務上，普段から比較的，地域情報を有していて渉外業務を担うことが多く，相対的には，よりスムーズにそうした業務を進められるという利点があるのです。大学では，大学職員が就職先企業の開拓を行ったり，就職相談業務を担っていることからも，必ずしも教員が担うことが必要でないという理解の参考にできます。

　また，「わかる授業」づくりを学校事務職員が教育環境整備の面から支援して，授業が円滑に進むようになることでも，スムーズな授業を教員が行うのに資することとなります。結果として，授業準備の負担を減らす結果に連なり，働き方改革を進めることになるのです。一例としては，学習理解に効果の大きい教材や事務機器の導入を進めていくことも「わかる授業づくり」につながります。他の例では，授業への集中力を高めるために，遮光性の高いカーテンなどの整備を進めて黒板

を見えやすくしたり，サーキュレーター・扇風機の設置や蛍光灯への配慮など，温度や照度を適切な教室環境とすることで，授業への集中力を高めることができ，「わかる授業づくり」につながるのです。

2. 生徒指導面で学校事務職員が進める働き方改革

　近年の教員勤務実態調査長時間勤務のなかで，時間の割合が大きいものの1つに「生徒指導」があります。こうした状況を改善するには，生徒指導事案を減らす未然防止の取り組みを行うことが方策の1つとして考えられます。その未然防止のためには，国立教育政策研究所による調査では，「規律」「学力」「自己有用感」が教育活動によって児童生徒にもたらされていることが重要であるとのことです。

　「規律」の面は，施設や備品の整備の要素によって，大きく影響を受けます。例えば，靴箱や掃除用具入れの中が日々，整理整頓されているか乱雑な状態かは，児童生徒の規律感の育成に大きな影響があります。ところが，この整理整頓ができている状態かどうかは，施設や物品の仕様に大きな影響を受けている場合が往々にしてあるのです。靴箱を例にすると靴のサイズより靴箱のサイズ（幅や奥行き）が小さいと，整えて靴を収納することが困難であることがあります。また，掃除用具入れを例にすると，掃除用具入れの中に，清掃用具をかけるためのフック等がついている状態だと，その中は整理整頓されますが，ただ清掃用具入れがあるだけでは，乱雑に収納される可能性が格段と高くなるのです。

　学校事務職員が，こうしたことを踏まえた上で，自らの業務である施設や物品の整備を進めると，良い結果をもたらす可能性が格段に高まります。結果的に，生徒指導の課題が減り，教員がそれに対応する時間を減らしうるという面からも，学校事務職員が働き方改革の役割を担えるのです。

3. 地域とともにある学校づくりと，学校事務職員が学校の働き方改革を進められるために

　コミュニティ・スクールや地域学校協働本部といった，地域とともにある学校づくりは，学校の教育活動の面でも大きな効果がありますが，教員の中には根強く負担感があるものです。こうした中で，一部の学校では，地域とともにある学校づくりを中心的に進める立場である地域連携担当教職員を学校事務職員が担っている事例があります。学校事務職員が地域連携担当教職員を担う利点は，教員がその任に当たらずによいということに加えて，財務や法務の知識もあり，行政職として期待されている資質である渉外や調整業務に長けている学校事務職員は，地域と学校の間に立って調整することに適しているのです。今後，地域とともにある学校づくりは，一層，進んでいくと思われますが，その際にも，学校事務職員は地域連携の業務を担いうる存在であり，そのことで教員の働き方改革に資することができるのです。

　もっとも，学校事務職員も小中学校ではほとんどが1名配置の現状のなかで，既に各人の業務量は飽和状態にあり，実現は容易ではありません。小中学校では原則1名配置という現状の定数改善を進めることが大原則です。しかし，同時に教育委員会事務局にて，学校現場でなくても処理可能な事務を処理することとし，学校事務職員が学校現場特有の事務である上述の業務を担う余裕を作

る必要もあります。

　学校で必ずしも担わなくてよい教育委員会事務局で担える事務の例を示すと，給与・旅費関係の届け出は，各教員の公務PCからの各自発生源手続きとすることが可能です。また，公費契約に関する支出事務については教育委員会事務局で一元的に担うことが効率的といえます。さらに，給食費の公会計化と併せて学校徴収金の徴収や未納対応業務を教育委員会事務局で担うことも可能です。こうして，学校事務職員が学校現場特有の事務を担うような余裕を作って従事するようにすることで，教員も学校事務職員もそれぞれが「餅は餅屋」としての業務を担う職務分担となります。結果として，学校事務職員が学校における働き方改革を進めることができるのです。

（坂下充輝）

学校の労働安全衛生管理と時間外勤務抑制に向けた制度措置の在り方

　学校現場に勤め始めて25年近く経過しましたが，この間の職員室の光景は様変わりしました。25年前は，放課後の職員室や小会議室兼休憩室などでは，教員が，小テストやドリルなどの確認をしながら，業務上とも雑談ともつかない会話が行われていました。しかし，現在は，公務支援PCの導入により，黙々と成績や出欠，保健などの情報の入力や，学級通信や教材作成を行う光景に変化しています。しかも，この間，教員の学校の在校時間は長くなっているのです。業務は密度も量も増大し，職場での会話も少なくなるような変化のなかで，教職員が心身の健康を損なわないように働くために，職場環境の整備を行う労働安全衛生管理の視点は，一層，重要になってきています。

　このような変化は，さまざまな要因が積み重なって影響した結果ですが，学校現場にいた感覚では，特に影響を与えたと感じているのが，「説明責任」「体験的な活動の重視による諸準備の増加」「授業内容の増加による教材準備のための時間増」「授業時数の増加に伴い，相対的に授業時間以外に充てられる時間の減少」「個人情報保護への適正な対応」です。これらへの対応が，この25年の間に増加してきたために，教員は順次，対応してきました。しかし，「ゆでガエルの法則」のごとく，それも今や限界に達しています。

　とりわけ，1998年4月の中教審答申以来，大きく登場した「説明責任」への対応のための時間は大きく増大しました。児童生徒の評価の根拠となるデータの記録，児童の怪我の対応の記録，また児童生徒間のいじめ問題を含んだ生徒指導上の問題の記録を細かに作成することが必要になったからです。

　例えば，成績評価に係っては，従来以上に提出物の状況や小テスト，授業中の発言などを事細かに，記録を行うようになったのです。こうしたなか，一方，個人情報保護という視点の重視がされ個人用PCの持込が禁止されたにもかかわらず，公務用PCが個人ごとでなく共用であったり，そもそも，USBメモリなどの記録媒体などによって自宅に持ち帰って業務を処理することすらできないようになってきたのです。結果として，在校時間は増え，教職員の業務の負担感は，より増大するに至りました。

1. 職場環境整備で労働安全衛生管理

　在校勤務時間が増大するなかで教職員のストレスは増大し，学校現場の労働安全衛生管理は，より重要なものとなります。労働安全衛生管理の中心は，教職員のメンタルヘルス対策を行うことですが，ストレスチェックの実施に代表されるソフト面だけでなく，ハード面を充実させて，ストレスを感じづらい職場環境づくりを行うことも方策となります。教師にとって，ハード面でストレスを感じづらい職場づくりの方策の中には，学校設置者として行政が主導して行う学校へのクーラー設置の促進や，個人毎の公務用PCの整備のようなものもありますが，学校レベルで取り組めるものも多く存在します。

　学校レベルで取り組める内容の第1は，職員室を中心とした管理棟の執務環境を，より良いものにすることです。コピー機や拡大プリンターなどの学校事務機器は，その導入状況によっても，また，1台あたりの教職員数によっても，教員の勤務時間や負担感を減らすことが可能です。他にも，管理棟内について疲労感の少ない照明や色彩の配置や事務椅子などの導入も考えられます。これらの結果としてより良いメンタルヘルスの状況を実現できるからです。

　また，職員室のレイアウトなどの工夫を行い，教職員の動線を効率的なものとしたり，教職員間のコミュニケーションをより活性化することで，メンタルヘルスの効果をもたらせます。職員間のコミュニケーションを活性化するために，職員室の机の袖机を抜いて職員間の距離を近いものとする工夫が考えられます。

　また，職員室で公務処理をルーチンに行っているエリアについては，個人情報保護のために教職員以外立ち入り禁止とし，その代わりに一部のエリアを渉外ゾーンとして児童生徒や保護者，関係業者といった部外者の対応を行うようにする工夫もあります。この工夫は，児童生徒の個人情報の保護に加えて，個人情報に係る公務処理を行っている教員は，部外者が入ってくると，作業を一時中断するなどをせざるを得ません。この工夫により業務効率を下げずにすみ，結果として在校時間に影響があるのです。

2.「わかる授業作り」のための環境整備で労働安全衛生管理

　すべての児童生徒にとって「わかる授業作り」のための教材整備を行うことも，教員のメンタルヘルスという面から労働安全衛生管理上の効果をもたらします。なぜなら，教員がストレスを抱える原因で最も大きなものが「困難な児童・生徒への対応」です。そうした児童・生徒が抱える課題の原因として「授業が理解できないことによる自尊感情の低さ」ということが考えられます。逆に，すべての児童生徒にとって「わかる授業作り」を行うことで，児童生徒が授業によって自尊感情が高まった状態で，学校生活を送れるようにすると，困難な児童・生徒は減る可能性は高く，教員のストレスを減らすことができるのです。

　ハード面での「わかる授業作り」のための環境整備を進めるという視点では，例えば，児童生徒の学習理解に有効になる教材―ICT機器に代表される―の整備を進めることがあります。また，教室環境整備という視点からは，発達障害の児童生徒を意識して教室内の掲示物などを減らして情報刺激を減らして落ち着いた学習環境を整備したり，カーテンを遮光性の高いものにして黒板を見えやすくする工夫を図ったり，さらには，教室内に環境管理型温湿度計を設置したり，扇風機の設

置をすることで空気環境への配慮を高めて，児童生徒の授業への集中力を高める工夫を図ることも考えられます。

3. 労働チームとして取り組む労働安全衛生管理

　労働安全衛生管理は法的には50人以上の職場では衛生管理者が中心になって，衛生委員会を設置し，産業医と連携を図りながら進められるものです。一方，職員数が10～49人の職場では，衛生推進者を選任して，進めていくものとされるに留まっています。50人以上の学校での衛生管理者には，養護教諭や中学校・高校の保健体育の教諭が，その任にあたることになっていて，10～49人の職場でも，衛生推進者には，衛生管理者見合いで，養護教諭や保健体育の教諭か教頭が選任される事例が一般的です。そうした中，小中学校の多くは，49人以下の職員規模であり，実態としては，労働衛生管理に対する認識は，市町村教育委員会も各学校も低いです。

　こうした49人以下の規模の小中学校でも，労働衛生管理の意識をもって運営する必要があります。ソフト面での労働衛生管理では，管理職や養護教諭，さらにミドル・リーダーである主幹教諭や主任級教員と，スクールカウンセラーや産業医が中心になって進められるものです。一方，ハード面での環境整備による場面では，さらに学校事務職員や学校用務員などの知見も活かして，進めることでより効果が上がります。いずれにせよ，労働衛生管理の工夫の具体は，各学校の状況や課題によって変化するものであり，教職員がチームとなって，学校全体で取り組むことが重要です。

（坂下充輝）

エピローグ──EdTechによる「学びの革命」と「働き方改革」

　今般，進められている学校における働き方改革は，教師が児童生徒に対して総合的な指導を担う「日本型学校教育」の良さを維持しつつ，その枠内で教師がよりプロフェッショナルとしての働き方ができるよう，業務の質的転換を図り，「限られた時間の中で，教師の専門性を生かしつつ，児童生徒に接する時間を十分確保し，教師の日々の生活の質や教職人生を豊かにすることで，教師の人間性を高め，児童生徒に真に必要な総合的な指導を持続的に行うことのできる状況を作り出す」ことが狙いです。

　もちろん，今後とも，無理なく，勤務時間内外を問わず，子供や授業のことを考え続ける教師像は理想であるべきでしょう。こうしたプロフェッショナルとしての働き方を実現する上では，業務の質的転換や教師を始め多様な教職員の専門性や高度情報技術（ICT/AI）を生かしたスマートな（賢い）学校運営組織の構築が必要なのです。

　こうしてみれば，今般，進められている学校における働き方改革は，これまでの「日本型学校教育」の抜本的改革を目指すものではなく，それを発展・継承し，新しい時代の教育に向けて現実的な改善を図ろうというものと理解することができるでしょう。この点に関わって，中央教育審議会学校における働き方改革特別部会の委員を務める青木栄一は，「改善策を考える際には，抜本的改革という用語法から脱却すべきである。そのような発想を持ち続けるかぎり，根拠のない期待を中教審，文部科学省，設置者に抱いてしまう。現行制度を前提とした，地に足の着いた発想こそが必要である」と述べ，「抜本的改革」（青木（2018））という発想で改善を期待することを戒めています。

　「改善」という発想によって学校における働き方改革を進める際，国や教育委員会等が取り組むべき事柄もありますが，各学校において取り組めることも多いはずです。国や教育委員会等，特に，制度改正など国が進める改善は本来，画一性かつ理想的なものです。また，学校における働き方改革は，これまで曖昧にされてきた職務と非職務の線引きをすることにつながり，働き方という観点で一人一人の教職員の裁量を狭めることになることも否定できません。そこで，こうした国や教育委員会等が行う改善動向を確実に踏まえた上で，各学校の実情に応じて，保護者や教職員の「納得」を得つつ，学校における働き方改革を具体的に進める校長などスクールリーダーの役割が重要となってきます。

　ところが，現実は理想通りに進んでいないとの意見もあります。教師の働き方に詳しい安藤知子は中央教育審議会『新しい時代の教育に向けた持続可能な学校指導・運営体制の構築のための学校における働き方改革に関する総合的な方策について（中間まとめ）』が警鐘を鳴らした「勤務時間管理は，働き方改革の『手段』であって『目的』ではない。勤務時間の把握を形式的に行うことが目的化し，真に必要な教育活動をおろそかにしたり，虚偽の記録を残す，又は残させたりすることがあってはならない」という状況が「多くの学校でこうした事態に陥っているのが実情ではないか」（安藤（2018））と指摘しています。

　こうした状況が生み出される背景として，教師が日中は「やらなければいけない仕事」「突発的な仕事」に追われ，「やりたい仕事」は勤務時間外に取り組まざるを得ない状況にあること，また，「育児と職務の両立に必死になっている職員や，子供の手が離れようやく思う存分『やりたい仕事』をできるようになった職員」など，教職員一人一人によって勤務スタイルが違うことなどを挙げています。その上で，学校における働き方改革を進めるには，教職員のニーズを正しく把握し進める

とともに、そのニーズの背景にある教職像や教師の働き方に対する常識を組み替えるよう働きかけるといったスクールリーダーの役割の重要性を指摘しています。

　この指摘はまさに慧眼と言えるでしょう。改善という発想による学校における働き方改革は、国や教育委員会等の取組とともに、各学校における大胆かつ繊細な取組によって初めて実現するものなのです。

　他方、「日本型学校教育」を発展・継承し、現実的な改善を図るというアプローチに対し、その有効性を疑問視する意見もあります。例えば、北神正行は、「抜本的改革」を進める立場から「現在の学校教育を支えている教員の長時間労働を形成している『日本型学校教育』システムそのものの検討がなされる必要がある」（北神（2018））と指摘し、学校規模の縮小化に伴う教職員定数の削減を考慮した新たな学校マネジメントモデルの構築や、地域や学校の実態・要望等に合わせて選択できる新たな学校支援システムの設計といった視点による検討が必要であると指摘しています。

　こうした学校規模の縮小化に伴う教職員定数の削減や地域による実情の違いといった背景以上に、確実に「日本型学校教育」の変容をもたらす可能性を有しているのが、EdTech（教育におけるAI、ビッグデータ等のさまざまな新しいテクノロジーを活用したあらゆる取組）です。

　2018（平成30）年6月にとりまとめられた文部科学省「Society 5.0に向けた人材育成に係る大臣懇談会　新たな時代を豊かに生きる力の育成に関する省内タスクフォース」『Society 5.0に向けた人材育成〜社会が変わる、学びが変わる〜』は、AI等の先端技術を活用した一人一人の能力や適性に応じて個別最適化された学びの実現を提案しました。また、経済産業省も、「『未来の教室』とEdTech研究会」を設置し、2018（平成30）年6月に『第一次提言』をとりまとめています。このEdTechを効果的に活用すれば、教師に過度な負担をかけることなく、児童・生徒の学習・生活状況を的確に把握し、一人一人の状況に応じたきめ細かい指導（アダプティブ・ラーニング）を実施したり、指導を改善できたりするようになります。

　日本においても大きな影響力を持った『Life Shift―100年時代の人生戦略』の中でロンドン・ビジネススクール教授のリンダ・グラットンとアンドリュー・スコットは、テクノロジーの進歩によって、教育分野で「破壊的イノベーション」の機が熟しているというクレイトン・クリステンセン教授（ハーバード・ビジネススクール）の言葉を紹介しています。今後、EdTechがどの時点でどの程度、「日本型学校教育」に変容をもたらすのか未だ分かりませんが、EdTechが「学びの革命」と「働き方改革」に大きなインパクトを与えることは必至です。日本型学校教育の良さや導入になるリスクを深く理解した上で、EdTechによる「学びの革命」と「働き方改革」を積極的に進めることが求められます。

　最後に、本書の刊行に当たり、お世話になった方々に心より感謝の気持ちをお伝え致します。編者は、時代の風をしっかりとつかみ、新しい研究や実践に取り組み、レア（貴重）な提案をし続ける研究者や実践者の著作物を読むのが大好きです。こうした観点から執筆者を選択させていただきました。ご多用の折、原稿を寄せてくださった執筆者の皆様に感謝申し上げたいと思います。また、出版事情が厳しい折、刊行してくださった学事出版の花岡萬之副社長、木村拓さんにお礼の気持ちをお伝えしたいと思います。

　本書が、執筆者の皆さんにとっても次なる実践に向けて一歩前へ果敢に進むきっかけとなりますことを願っています。

（藤原文雄）

引用・参考文献

プロローグ―プロフェッショナルな教師の働き方とスマートな学校運営組織を目指して
・神林寿幸『公立小・中学校教員の業務負担』大学教育出版，2017年。
・国立教育政策研究所『Co-teaching スタッフや外部人材を生かした学校組織開発と教職員組織の在り方に関する総合的研究（外国研究班）』2013年。
・国立教育政策研究所『諸外国の教員数の算定方式に関する調査報告書』2015年。
・国立教育政策研究所『学校組織全体の総合力を高める教職員配置とマネジメントに関する調査研究報告書』2017年。
・藤原文雄編著『事務職員の職務が「従事する」から「つかさどる」へ―学校教育法第37条第14項「事務職員は，事務をつかさどる」とはどういうことか』学事出版，2017年。
・藤原文雄編著『世界の学校と教職員の働き方―米・英・仏・独・中・韓との比較から考える日本の教職員の働き方改革』学事出版，2018年。
・藤原文雄『スクールリーダーのための教育政策入門―知っておきたい教育政策の潮流と基礎知識』学事出版，2018年。

第1部　学校・教師の業務
・小川正人「業務改善等による負担軽減に加え、持ち授業数削減や給特法の見直しが不可欠」『総合教育技術』72(9)，小学館，2017年，12-15ページ。

第2部　教育課程実施体制
・小川正人「業務改善等による負担軽減に加え、持ち授業数削減や給特法の見直しが不可欠」『総合教育技術』72(9)，小学館，2017年，12-15ページ。
・藤原文雄編著『世界の学校と教職員の働き方―米・英・仏・独・中・韓との比較から考える日本の教職員の働き方改革』学事出版，2018年。

第3部　生徒指導実施体制
・藤原文雄「新しい時代における持続可能な生徒指導体制の構築」徳久治彦編著（森田洋司・山下一夫責任編集）『新しい生徒指導を始めよう』学事出版，近刊。

第4部　学校運営・事務体制
・藤原文雄『スクールリーダーのための教育政策入門―知っておきたい教育政策の潮流と知識』学事出版，2018年。
・坂下充輝『結果を出してやりがいを実感！　学校事務職員の仕事術』明治図書出版，2018年。

エピローグ― EdTech による「学びの革命」と「働き方改革」
・青木栄一「教員の長時間労働の原因と改善策の方向」『教育展望』64(5)，教育調査研究所，2018年，11-15ページ。
・安藤知子「教職員の時間管理と意識改革による学校の働き方の改善」『教育展望』64(5)，教育調

査研究所，2018年，31-35ページ。
・北神正行「教員の労働環境と働き方改革をめぐる教育政策論的検討」『学校経営研究』43，大塚学校経営研究会，2018年，1-10ページ。
・リンダ・グラットン，アンドリュー・スコット（池村千秋翻訳）『LIFE SHIFT（ライフ・シフト）―100年時代の人生戦略』東洋経済新報社，2016年。
・苫野一徳『教育の力』講談社現代新書，2014年。
・落合陽一『超 AI 時代の生存戦略―シンギュラリティ〈2040年代〉に備える34のリスト』大和書房，2017年。

執筆者一覧

執筆順，文献は主な著作

藤原文雄（国立教育政策研究所総括研究官）　はじめに・プロローグ・エピローグ・各部ガイダンス〈編著者紹介参照〉

内田　良（名古屋大学准教授）　第1部第1章
　『ブラック部活動──子どもと先生の苦しみに向き合う』東洋館出版社，2017年
　『教育という病──子どもと先生を苦しめる「教育リスク」』光文社，2015年

柏木智子（立命館大学准教授）　第1部第2章
　柏木智子・仲田康一編著『子どもの貧困・不利・困難を越える学校』学事出版，2017年
　柏木智子「ケアする学校教育への挑戦」末冨芳編著『子どもの貧困対策と教育支援』明石書店，2017年，109-138頁

川口有美子（公立鳥取環境大学准教授）　第1部第2章
　「学校づくりと教職員の協働」小島弘道編著『学校教育の基礎知識』協同出版，2015年，383-397頁
　「子どもの発達と社会」佐藤博志編著『教育学の探究──教師の専門的思索のために』川島書店，2013年，81-107頁

諏訪英広（兵庫教育大学大学院准教授）　第1部第3章
　「参加参画による学校マネジメントと学校評価改革」日本教育経営学会編『現代の教育課題と教育経営』学文社，2018年，13-23頁
　「教員集団におけるソーシャル・サポート」露口健司編『ソーシャル・キャピタルと教育』ミネルヴァ書房，2016年，172-187頁

本山敬祐（東北女子大学講師）　第1部第4章
　「フリースクール」日本教育経営学会編『教育経営ハンドブック』学文社，2018年，70-71頁
　本山敬祐・本図愛実「官民協働が可能にした学習機会の保障」青木栄一編『復旧・復興へ向かう地域と学校』東洋経済新報社，2015年，259-279頁

志々田まなみ（国立教育政策研究所総括研究官）　コラム1
　「学校・家庭・地域の連携・協働と社会教育の役割」国立教育政策研究所社会教育実践研究センター編『生涯学習概論ハンドブック（二訂）』ぎょうせい，2018年，180-188頁
　「これからの『地域と学校の連携・協働』の方向性」日本生涯教育学会編『日本生涯教育学会年報37──特集 生涯学習社会における学校と地域の連携・協働』，2016年，87-102頁

露口健司（愛媛大学大学院教授）　第2部第1章
　『「つながり」を深め子どもの成長を促す教育学』ミネルヴァ書房，2016年（編著）
　『学校組織の信頼』大学教育出版，2012年

押田貴久（兵庫教育大学准教授）　第2部第2章
　大桃敏行・押田貴久編著『教育現場に革新をもたらす自治体発カリキュラム改革』学事出版，2014年
　押田貴久「教育課程に関する法令」黒川雅子・武井哲郎・坂田仰編著『教育課程論』教育開発研究所，2016年，22-29頁

大天真由美（美咲町立加美小学校事務副参事・事務長）　第2部第3章
　「学校事務職員は子どもたちのために存在する」『月刊生徒指導』学事出版，2016年7月号
　「子どもたちの笑顔のために―岡山県美咲町の共同実施」『学校事務』学事出版，2018年9月号

佐久間邦友（日本大学助手）　第2部第4章
　末冨芳編『子どもの貧困対策と教育支援』明石書店，2017年，163-192頁
　「過疎地域における公費支援型学習塾の可能性と今後の課題～秋田県東成瀬村「英語塾」を事例として～」『教育学雑誌（日本大学教育学会）』第45号，2010年，139-155頁

二宮伸司（国立教育政策研究所社会教育調査官）　コラム2
　「青少年教育施設等の指導系職員」浅井経子編著『生涯学習概論―生涯学習社会への道』理想社，2010年，120-124頁
　「放課後子供教室のボランティア」田中壮一郎監修，鈴木眞理・馬場祐次朗・松村純子編『入門子供の活動支援と青少年教育ボランティア』学文社，2016年，50-52頁

久我直人（鳴門教育大学教職大学院教授（学校業務改善アドバイザー（文部科学省）））　第3部第1章
　『教育再生のシナリオの理論と実践―確かな学力を育み，いじめ・不登校等を低減する「効果のある指導」の組織的展開とその効果』現代図書，2015年
　『優れた教師の省察力（2018版）』ふくろう出版，2018年

藤平　敦（国立教育政策研究所総括研究官）　第3部第2章
　滝澤雅彦・藤平敦・吉田順編著『「違い」がわかる生徒指導』学事出版，2018年
　藤平敦『研修で使える生徒指導事例50』学事出版，2016年

山下　絢（日本女子大学准教授）　第3部第3章
　山下絢「学校選択制とソーシャル・キャピタル」露口健司・編『ソーシャル・キャピタルと教育：『つながり』づくりにおける学校の役割』ミネルヴァ書房，2016年，140-154頁
　山下絢・中村亮介「親の学校参加と子どもの学力：ソーシャル・キャピタルは学力形成にどのような影響を与えるか？」赤林英夫・直井道生・敷島千鶴・編『学力・心理・家庭環境の経済分析：全国小中学生の追跡調査から見えてきたもの』有斐閣，2016年，205-221頁

宮古紀宏（国立教育政策研究所主任研究官）　第3部第4章
　「第2章　職業としての教師」八尾坂修編著『新時代の教職概論　学校の役割を知る　教師の仕事を知る』ジダイ社，2018年
　「カリフォルニア州のオルタナティブ学校評価制度に関する一考察―ASAMの課題と展望―」『アメリカ教育学会紀要』第27号，2016年

生田淳一（福岡教育大学教授）　第3部第5章
　生田淳一・増田健太郎「学習指導における『つながり』の醸成と教育効果」露口健司編『「つながり」を深め子どもの成長を促す教育学』ミネルヴァ書房，2016年
　生田淳一「メタ認知と学習方略」「授業の過程」永江誠司編『キーワード教育心理学』北大路書房，2013年

日渡　円（兵庫教育大学大学院教授）　第4部第1章
　八尾坂修編『新たな教員評価制度の導入と展開』教育開発研究所，2005年（共著）
　日渡円『教育分権のススメ』学事出版，2008年

脇本健弘（横浜国立大学准教授）　第 4 部第 2 章
中原淳監修／脇本健弘・町支大祐著『教師の学びを科学する―データから見える若手の育成と熟達のモデル』北大路書房，2015 年
中原淳編『人材開発研究大全』東京大学出版会，2017 年

神林寿幸（明星大学常勤講師）　第 4 部第 3 章
『公立小・中学校教員の業務負担』大学教育出版，2017 年
神林寿幸「未導入教育委員会にとってのコミュニティ・スクール導入の条件」佐藤晴雄編著『コミュニティ・スクールの全貌』風間書房，2018 年，109-118 頁

谷　明美（勝浦町立横瀬小学校事務長）　第 4 部第 4 章
学校事務実務研究会編集，日本教育事務学会編集協力『―小・中学校―Ｑ＆Ａ学校事務実務必携』ぎょうせい，2017 年，第 8 節
「教育政策は学校を変えることができるのか　上・下」『週刊教育資料』日本教育新聞社，2018 年 10 月 22 日号・11 月 12 日号

妹尾昌俊（教育研究家，学校業務改善アドバイザー（文部科学省委嘱））　第 4 部第 5 章
『先生がつぶれる学校，先生がいきる学校―働き方改革とモチベーションマネジメント』学事出版，2018 年
『「先生が忙しすぎる」をあきらめない―半径 3 ｍからの本気の学校改善』教育開発研究所，2017 年

福本みちよ（東京学芸大学教職大学院教授）　第 4 部第 6 章
『学校評価システムの展開に関する実証的研究』玉川大学出版部，2013 年（編著）
坂野慎二・湯藤定宗・福本みちよ編著『学校教育制度概論』玉川大学出版部，2017 年

坂下充輝（札幌市立北野平小学校学校事務職員）　コラム 3・4
『結果を出してやりがいを実感！　学校事務職員の仕事術』明治図書出版，2018 年
『日本教育事務学会年報』第 4 号「ドイツ・ベルリン州 JOHNNA-ECK-SCHULE におけるスクールソーシャルワーカーとその業務について」学事出版，2017 年

【編著者紹介】藤原 文雄（ふじわら・ふみお）

1967年生まれ。東京大学教育学部教育行政学科卒業後，民間企業勤務を経て，東京大学大学院教育学研究科博士課程単位取得退学。国立大学勤務を経て，2010年1月から国立教育政策研究所初等中等教育研究部総括研究官。

文部科学省「学校の第三者評価のガイドライン策定等に関する調査研究協力者会議」委員，文部科学省「学校教育の情報化に関する懇談会」委員，文部科学省「教育再生の実行に向けた教職員等指導体制の在り方等に関する検討会議」委員，文部科学省「小中一貫教育等の実態及び成果・課題の分析に関する協力者会議」委員，文部科学省「小中一貫教育協力者会議」委員，中央教育審議会「チームとしての学校・教職員の在り方に関する作業部会」専門委員，国土交通省「海事教育推進検討委員会」座長，港区教職員の働き方改革検討委員会委員長等を歴任。

近著として，『校長という仕事・生き方』（編著，学事出版，2016年），『事務職員の職務が「従事する」から「つかさどる」へ―学校教育法第37条第14項「事務職員は，事務をつかさどる」とはどういうことか』（編著，学事出版，2017年），『世界の学校と教職員の働き方―米・英・仏・独・中・韓との比較から考える日本の教職員の働き方改革』（編著，学事出版，2018年），『スクールリーダーのための教育政策入門―知っておきたい教育政策の潮流と知識』（学事出版，2018年）等がある。

「学校における働き方改革」の先進事例と改革モデルの提案

学校・教師の業務／教育課程実施体制／生徒指導実施体制／学校運営・事務体制

2019年2月23日　第1版第1刷発行

編著者　藤原文雄
発行人　安部英行
発行所　学事出版株式会社

〒101-0021　東京都千代田区外神田2-2-3　電話　03-3255-5471
HPアドレス　http://www.gakuji.co.jp

©FUJIWARA Fumio, 2019　Printed in JAPAN

編集担当　木村　拓
装　　幀　精文堂印刷デザイン室／三浦正巳
印刷・製本　精文堂印刷株式会社

落丁・乱丁はお取り替えします。　　ISBN978-4-7619-2513-0　C3037